本书系国家民委人文社科重点研究基地少数民族教育发展研究基地2016年招标项目"内蒙古地区高等院校学前'蒙汉'双语师资培养研究"(项目编号：JYJD201618)的阶段性研究成果

# 当代幼儿教师职业道德反思

何 菲 著

科学技术文献出版社
SCIENTIFIC AND TECHNICAL DOCUMENTATION PRESS

·北京·

## 图书在版编目（CIP）数据

当代幼儿教师职业道德反思 / 何菲著. —北京：科学技术文献出版社，2018.10（2019.11重印）
ISBN 978-7-5189-4866-6

Ⅰ.①当… Ⅱ.①何… Ⅲ.①幼教人员—职业道德—研究 Ⅳ.① G615

中国版本图书馆 CIP 数据核字（2018）第 232029 号

## 当代幼儿教师职业道德反思

| 策划编辑：张　丹　责任编辑：廖晓莹　崔灵菲　责任校对：张吲哚　责任出版：张志平 |

| 出　版　者 | 科学技术文献出版社 |
|---|---|
| 地　　　址 | 北京市复兴路15号　邮编　100038 |
| 编　务　部 | （010）58882938，58882087（传真） |
| 发　行　部 | （010）58882868，58882870（传真） |
| 邮　购　部 | （010）58882873 |
| 官 方 网 址 | www.stdp.com.cn |
| 发　行　者 | 科学技术文献出版社发行　全国各地新华书店经销 |
| 印　刷　者 | 北京虎彩文化传播有限公司 |
| 版　　　次 | 2018年10月第1版　2019年11月第2次印刷 |
| 开　　　本 | 787×1092　1/16 |
| 字　　　数 | 241千 |
| 印　　　张 | 10.75 |
| 书　　　号 | ISBN 978-7-5189-4866-6 |
| 定　　　价 | 48.00元 |

版权所有　违法必究

购买本社图书，凡字迹不清、缺页、倒页、脱页者，本社发行部负责调换

# 前　言

中华民族历来是最重视教师道德价值的民族之一。当今社会，文化多元化推动多元价值观形成，在交织的多元价值观中，传统的"学高为师，身正为范"教师道德价值观念面临挑战，部分教师在其从事教育活动中，有违背道德规范、行为准则、道德观念、情操和品质的行为。因教育对象、工作内容特殊性等问题，幼儿教师师德价值取向尤为重要，近年来幼儿教师师德偏向问题受到人们普遍关注。

正确的价值取向是幼儿教师在承担教育任务中应具备的特质化品质，是教师在长期的实践中凝聚而成的高尚品德，其核心是教师的善良、公正、自信、职业信念等。陈鹤琴先生曾经说过，幼儿教师应该具有"慈母的心肠"与"爱的性情"。恰当的价值取向是尊重理解幼儿生命发展的规律，懂得生命蕴含的价值，懂得幼儿园教育对幼儿的独特意义，有助于建立师幼之间的情感，有助于把握教育的规律，有助于实现教育的公平，促进幼儿生命的生长。在现实的工作中，幼儿教师受到多元价值取向的影响，在争论教师是"技能至上"还是"文化底蕴"，是"教授管理"还是"引导合作"的时候，幼儿教师的高尚德行极容易被掩盖和忽视。实则，幼儿教师伦理规范和对生命意义的审思，对幼儿教师本身和我们的幼儿教育都具有重要的价值。

近几年，各种新闻媒体都有关于幼儿教师失德的报道，其中教师价值取向偏误是重要因素之一。据《河南商报》公开报道的不完全统计，仅2009年到2012年不到4年的时间里，教师体罚幼儿造成幼儿身心受到严重伤害并公开见诸报端的事例就有二十几起，使得幼儿教师这个群体饱受争议。人们在议论这些案例的时候只注意事件本身，而忽视了造成这种"失德"现象的深层次原因。笔者试图从幼儿教师这一群体出发，探讨现象背后幼儿教师自身的价值选择。这一群体中的职业倦怠、心理健康、专业技能欠缺、生存状态差等基本的现实问题，影响了幼儿教师做出正确的道德选择。若"只见树木，不见森林"，对幼儿教师所面临的真实困境不全面了解的话，就无法对幼儿教师师德问题进行辩证的分析，无法提出有效解决办法。笔者旨在通过文字传达幼儿教师价值选择所应注意的一些方面，希望通过自我效能感提升、职业理想、外部政策力量等来使幼儿教师群体满血回归，树立高尚的师德情操，提高我国幼儿教师队伍的素养。

本书共分为四章。第一章论述了幼儿教师研究及专业标准；第二章探讨了幼儿教师错误价值取向下的几种典型不良行为；第三章分析了形成典型不良行为的原因；第四章解释了提升自我效能感、职业幸福感等正确的价值选择。本书以一些调查及值得反思的现状为出发点，说明幼儿教师应从自身出发，做出正确的道德选择。

我国虽出版过稍有涉及这方面内容的专著，但没有系统性的研究，且内容有些陈旧，新近的文章虽然不少，但都比较分散，且各有侧重点，一些观点尚未反映在著述中。编著一本实践剖析并具有现实意义的专著，是笔者一直想做的事情，但因水平及能力所限，殷切希望读者批评指正。本书在阐述前人的理论和方法方面不求多求全，而力求内容能够新颖和切合实用。本书的内容有少部分来自笔者近年来发表的一些研究和学习心得及指导学生的成果，并吸收了国内外同行的研究成果。本书可作为一线教师及高校学生的参考书。在本书的研究和形成过程中，笔者曾得到陕西师范大学赵微导师的指导，也得到内蒙古民族大学白红梅、蒋极峰教授的指点和帮助；吉首大学杨翠娥教授、内蒙古民族大学少布老师为本书提供了相关资料；还有几位同学也做了相应的工作，笔者在此一并向他们表示深深的感谢。

# 目 录

## 第一章 幼儿教师研究的走向及专业标准探索 ... 1

### 第一节 我国幼儿教师研究热点与走向 ... 1
一、前言 ... 1
二、数据搜集及研究方法 ... 1
三、研究结果 ... 2
四、讨论 ... 6
五、结语与展望 ... 8

### 第二节 幼儿园教师专业标准阐析 ... 9
一、《幼儿园教师专业标准（试行）》颁布背景 ... 9
二、《专业标准》的内容理念 ... 10
三、《专业标准》的基本内容 ... 14

### 第三节 幼儿教师职业道德规范初探 ... 17
一、幼儿教师职业道德规范概述 ... 17
二、幼儿教师职业道德规范发展沿革 ... 19
三、美国 NAEYC《幼儿教师伦理操守准则与承诺声明》的特点及启示 ... 21

### 第四节 家长心目中理想幼儿教师形象的调查 ... 26
一、问题的提出 ... 26
二、家长心目中理想幼儿教师形象 ... 29
三、影响家长心目中理想幼儿教师形象的因素 ... 31
四、结论及研究反思 ... 32

## 第二章 幼儿教师行为道德失范窥探 ... 34

### 第一节 幼儿教师体罚行为论析 ... 34
一、相关概念界定 ... 34
二、研究综述 ... 35
三、研究方法 ... 37
四、幼儿教师体罚幼儿造成的危害 ... 38
五、幼儿教师体罚幼儿的原因分析 ... 40

　　　　六、预防幼儿教师体罚幼儿的对策 …………………………………… 41
　第二节　幼儿教师虐童行为的原因分析及对策 ……………………………… 43
　　　　一、概述 ……………………………………………………………… 43
　　　　二、幼儿教师虐童行为的原因分析 …………………………………… 46
　　　　三、防控幼儿教师虐童行为的对策 …………………………………… 52
　第三节　幼儿教师"语言暴力"现状阐释 …………………………………… 55
　　　　一、幼儿教师"语言暴力"内涵阐释 ………………………………… 56
　　　　二、幼儿教师"语言暴力"的现象 …………………………………… 58
　　　　三、幼儿教师"语言暴力"的原因分析 ……………………………… 61
　　　　四、幼儿教师"语言暴力"的消解对策 ……………………………… 64
　第四节　幼儿教师负面情绪表达及对策 ……………………………………… 68
　　　　一、幼儿教师情绪表达概述 …………………………………………… 68
　　　　二、幼儿教师负面情绪表达的方式 …………………………………… 69
　　　　三、幼儿教师负面情绪形成的原因分析 ……………………………… 71
　　　　四、反思与建议 ……………………………………………………… 73

## 第三章　幼儿教师行为失范成因透视 …………………………………………… 76
　第一节　影响幼儿教师心理健康的因素及对策 ……………………………… 76
　　　　一、引言 ……………………………………………………………… 76
　　　　二、影响幼儿教师心理健康问题的因素 ……………………………… 77
　　　　三、提升幼儿教师心理健康水平的措施 ……………………………… 79
　第二节　幼儿教师的社会地位及其改善 ……………………………………… 81
　　　　一、引言 ……………………………………………………………… 81
　　　　二、幼儿园编制外幼儿教师社会地位的现状 ………………………… 82
　　　　三、原因分析 ………………………………………………………… 84
　　　　四、提升编制外幼儿教师社会地位的对策 …………………………… 85
　第三节　幼儿教师职业倦怠成因及消解对策 ………………………………… 86
　　　　一、引言 ……………………………………………………………… 87
　　　　二、幼儿教师职业倦怠的含义及表现 ………………………………… 89
　　　　三、公办幼儿园教师职业倦怠现象的原因分析 ……………………… 90
　　　　四、公办幼儿园教师职业倦怠的消解对策 …………………………… 94
　第四节　幼儿教师情绪管理的研究 …………………………………………… 98
　　　　一、幼儿园教师情绪管理现状调查 …………………………………… 98
　　　　二、职前幼儿教师情绪觉察的眼动研究 ……………………………… 105

## 第四章 幼儿教师的价值选择 ·········································· 118
### 第一节 幼儿教师自我效能感的培养 ································· 118
一、幼儿教师自我效能感的表现 ································· 118
二、影响幼儿教师自我效能感的因素 ····························· 119
三、提升幼儿教师自我效能感的对策 ····························· 120
### 第二节 幼儿教师职业幸福感的提升 ································· 125
一、引言 ····················································· 125
二、影响幼儿园新教师职业幸福感的因素 ························· 127
三、提升幼儿园新教师职业幸福感的建议 ························· 131
### 第三节 幼儿教师正确专业伦理的树立 ······························ 134
一、幼儿教师专业伦理的内涵及意义 ····························· 134
二、幼儿教师专业伦理失范 ····································· 136
三、幼儿教师专业伦理失当的原因分析 ··························· 137
四、对幼儿教师专业伦理规范建设的建议 ························· 140

## 附 录 ···························································· 142
附录1 关于家长心目中理想幼儿教师形象的调查问卷 ················ 142
附录2 幼儿教师的访谈提纲 ······································ 144
附录3 编制外幼儿教师的访谈提纲 ································ 145
附录4 关于幼儿教师职业倦怠状况的调查问卷 ······················ 145
附录5 关于幼儿教师职业倦怠的访谈提纲 ·························· 148
附录6 关于幼儿教师情绪管理现状的调查问卷 ······················ 149
附录7 关于蒙古族幼儿园双语教师教学能力的调查问卷 ·············· 150
附录8 关于蒙古族幼儿园双语教师教学能力的访谈提纲 ·············· 154

## 参考文献 ·························································· 155
## 后 记 ···························································· 163

# 第一章

# 幼儿教师研究的走向及专业标准探索

## 第一节 我国幼儿教师研究热点与走向

### 一、前言

近年来,我国政府十分关注幼儿教师这一职业群体,幼儿教师队伍不断扩充。《国家中长期教育改革和发展规划纲要(2010—2020年)》《国务院关于当前发展学前教育的若干意见》要求大力加强幼儿教师队伍建设,《幼儿园教师专业标准(试行)》《关于加强幼儿园教师队伍建设的意见》对幼儿教师提出更规范的要求。据统计,2013年全国幼儿园教职工已达283万人,比2010年增加98万人,增长了53%,是近几年我国教师队伍中增长最快的部分。改革现实需求和政策要求,指引诸多学者纷纷将目光聚焦在对幼儿教师的相关研究上,研究成果数量逐年攀升。那么,幼儿教师研究现状到底如何?取得哪些成果?存在哪些问题?有哪些可借鉴的经验?是我们亟待了解的问题。

博硕论文能较好地代表学术研究领域的前沿性、创新性,具有内容涵盖广、专业性强、应用价值高的特点,可以在一定程度上反映该领域的发展动态、热点及趋势。故本书选取2003—2012年以"幼儿教师"为主题的博硕论文,采用文献计量、内容分析、共词分析、社会网络分析等计量学方法,对10年间我国幼儿教师领域发展状况进行述评。

### 二、数据搜集及研究方法

#### (一)文献搜集

本书以CNKI资源总库中博硕学位论文库和北京师范大学数字图书馆北师大博硕学位论文库为数据库源,检索条件输入"主题"为"幼儿教师/学前教师/保育员",年限设定为"2003—2012年",共检索到1179条记录。以是否侧重体现幼儿教师研究为标准,筛选出论文682篇,作为计量分析原始数据。由于我国研究者对幼儿教师和学前教师的定义存有争议,不乏作者在论文中混用。本书据《中国学前教育百科全书·教育理论卷》将幼儿教师界定为"受社会的委托,在幼儿园或其他幼教机构中对儿童身心发展施加影响、从事教育和保育工作的专职人员"①。因此，研究将以学前教师为主题的论文中符合这一含义的纳入研究数据。

## （二）研究方法

本研究采用共词分析法、内容分析法、社会网络分析等计量学方法。共词分析法是一种内容分析的方法，主要是通过对能够表达某一学科领域研究主题或研究方向的专业术语共同出现在一篇文献中的现象的分析，判断学科领域中主题间的关系，从而展现该学科的研究内容与结构②。内容分析法是一种对研究对象的内容进行分析，透过现象看本质的科学方法③，本质上是通过对定量统计数据的分析得出有意义的定性结果。社会网络分析是对社会关系结构及其属性加以分析的一套规范和方法，主要分析的是不同社会单位（个体、群体或社会）所构成的关系的结构及其属性④。在统计过程中，用 Excel 2003、SPSS 19.0、BICOMB、UCINET 6.0 等软件进行数据处理，利用图像生成功能将结果可视化。

# 三、研究结果

## （一）论文总量分析（趋势）

图 1-1 数据表明，我国幼儿教师领域研究自 2003—2012 年整体呈增长态势，从 2003 年的 18 篇增至 2012 年的 148 篇，在 2006 年与 2010 年产生了两次显著增长拐点，这与我国学前教育改革与发展的状况基本一致。一方面，研究生扩招，研究生数量逐年增加，幼儿教师研究队伍也随之快速壮大；另一方面，学前政策制度变迁和社会需求给博硕生们提供了更好的政策导向和实践平台。

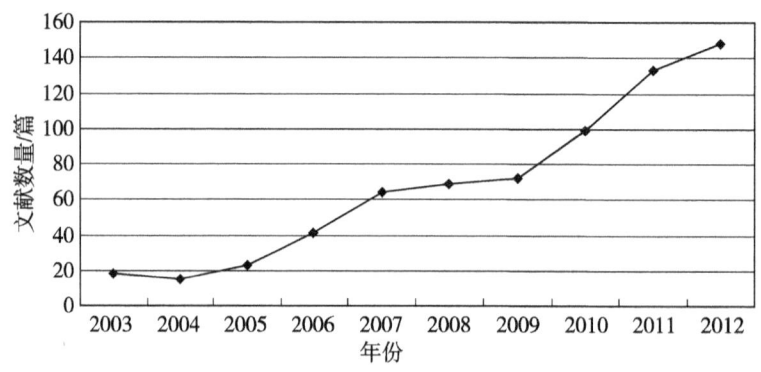

图 1-1  2003—2012 年我国关于幼儿教师研究博硕论文的文献数量分布情况

---

① 卢乐山，林崇德，王德胜. 中国学前教育百科全书·教育理论卷 [M]. 沈阳：沈阳出版社，1995：157.
② 董伟. 国内近十年数字图书馆领域研究热点分析：基于共词分析 [J]. 图书情报知识，2009 (5)：58.
③ 邱均平，邹菲. 关于内容分析法的研究 [J]. 中国图书馆学报，2004 (2)：12.
④ 林聚任. 社会网络分析：理论、方法与应用 [M]. 北京：北京师范大学出版社，2009：4.

## （二）研究方法运用情况

在研究方法方面，本书采用了姚计海、王喜雪对1073篇教育类学术研究样本4种研究范式的划分，如图1-2所示。因文章较多，本研究利用Excel随机抽取300篇作为分析样本。在所抽取的样本中，使用最多的是混合研究方法，文章总数达148篇，占样本量的49.3%；其中将文献、访谈和问卷统计3种方法混合使用的论文共83篇，占混合研究的56.1%。其次为质性研究方法，文章数为98篇，占样本量的32.7%；其中以观察、访谈为具体方法的论文44篇，个案研究20篇，叙事研究、行动研究分别为6篇，田野调查及多种具体质性方法混用论文22篇。排在第3位的是量化研究方法，共32篇，占10.7%，除1篇使用实验法外其余31篇均是统计调查。最后为思辨研究方法，共22篇，占7.3%。可以看出，无论是不同类方法间还是同性方法内，方法的混合使用已是一种趋势。

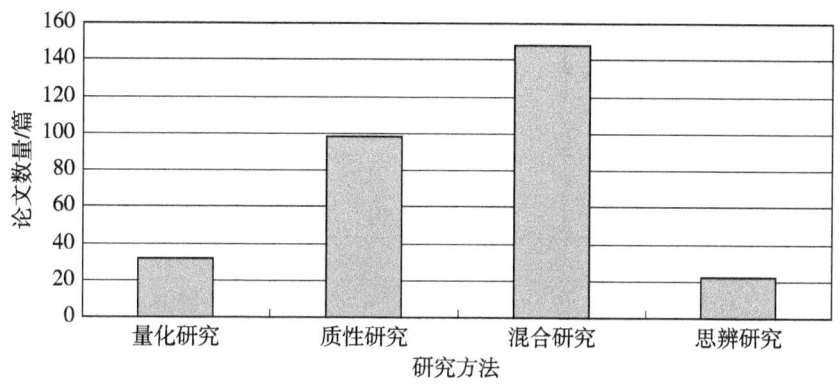

图1-2　2003—2012年我国关于幼儿教师研究博硕论文样本研究方法频次总体分布

## （三）研究院校分布

统计数据显示，近10年共53所院校博硕论文涉及幼儿教师研究。其中师范类院校34所，综合类大学13所，基本有学前教育专业硕士点的都有幼儿教师选题的博硕论文。另外，沈阳体育学院、合肥工业大学等理工艺术类6所院校也有相关论文发表。排首位的是北京师范大学，共86篇，占发文机构总量的13%，其次是西南大学、华东师范大学、东北师范大学、南京师范大学，分别占发文机构总量的10.7%、8.4%、7.6%和4.9%，5所院校占据了发文总量的近一半，可以看出这5所院校在幼儿教师研究领域都有较明显的优势和学术影响力。这与院校博硕士点获批时间及幼儿教师研究专家引领不无关联。另外，有20所院校幼儿教师领域的博硕论文发文量为2篇或以下，说明该领域研究院校之间有一定差距，需加强院校之间的帮扶和交流。

## （四）研究热点

先利用BICOMB软件对关键词进行抽取及词频统计，通过阅读部分学位论文对其做甄别合并等标准化处理（如幼师生、幼师学生、幼儿师范学生）。对规范后的1263个关键词进行统计，得到由高到低的关键词频次排序情况，去掉频次为251的

"幼儿教师"这一线条过粗、无实际意义的关键词,再根据关键词频次的实际分布情况及研究需要,将关键词频次大于或等于 8 的 38 个有效高频关键词作为研究对象,借此 38 个高频关键词分析近 10 年幼儿教师领域博硕学位论文的研究热点(表 1-1)。

表 1-1 我国幼儿教师领域博硕学位论文高频关键词

| 序号 | 关键词 | 频次 | 序号 | 关键词 | 频次 |
| --- | --- | --- | --- | --- | --- |
| 1 | 专业发展 | 72 | 20 | 幼儿教师教育 | 11 |
| 2 | 幼儿园 | 54 | 21 | 调查 | 11 |
| 3 | 幼儿园教师 | 45 | 22 | 职业倦怠 | 11 |
| 4 | 对策 | 40 | 23 | 培养 | 11 |
| 5 | 现状 | 27 | 24 | 农村幼儿教师 | 11 |
| 6 | 幼儿师范学校 | 25 | 25 | 职业压力 | 10 |
| 7 | 个案研究 | 24 | 26 | 职业认同 | 10 |
| 8 | 影响因素 | 22 | 27 | 社会支持 | 9 |
| 9 | 教师专业化 | 19 | 28 | 集体教学活动 | 9 |
| 10 | 幼儿 | 19 | 29 | 生存状态 | 9 |
| 11 | 幼师生 | 18 | 30 | 继续教育 | 9 |
| 12 | 学前教育专业 | 15 | 31 | 问题 | 8 |
| 13 | 师幼互动 | 13 | 32 | 主观幸福感 | 8 |
| 14 | 农村 | 13 | 33 | 专业能力 | 8 |
| 15 | 工作满意度 | 13 | 34 | 教育行为 | 8 |
| 16 | 叙事研究 | 12 | 35 | 课程设置 | 8 |
| 17 | 民办幼儿园 | 12 | 36 | 学科教学知识 | 8 |
| 18 | 行动研究 | 11 | 37 | 园本教研 | 8 |
| 19 | 新教师 | 11 | 38 | 保育员 | 8 |

为探究表 1-1 中高频关键词之间的关系,需要对这些高频关键词两两统计构造 38×38 共词矩阵,并用 SPSS 19.0 相关分析功能的 Ochiia 系数转化为相关矩阵,再对矩阵进行聚类分析,通过归类展现幼儿教师领域的研究热点分布。

概览高频关键词的聚类分析树状图(图 1-3),可将幼儿教师领域博硕学位论文的研究热点大致分为七大类:第一类,关于幼儿教师现状、问题、影响因素及对策的研究。涉及保育员及幼儿教师相关问题的现状、存在问题的研究等,包括对策(4)、问题(31)、幼儿园(2)、园本教研(37)、保育员(38)、现状(5)、影响因素(8)等关键词。第二类,师幼互动的研究。主要涉及集体教学活动中的师幼互动,包括师幼互动(13)、集体教学活动(28)等关键词。第三类,幼儿教师知识和能力的研究。主要涉及幼儿教师专业能力和学科教学知识的研究,包括幼儿园教师(3)、专业能力(33)、学科教学知识(36)、民办幼儿园(17)、生存状态(29)、调查(21)等关键词。第四类,幼儿教师专业化发展研究。下分两个小类:一类为幼儿教师专业化途径、支持策略及幼儿教师教育改革的相关研究,包括教师专业化(9)、幼儿教师教育(20)等关键词;另一类为农村幼儿教师的继续教育和专业发展等相关研究,包括农村(14)、继续教育(30)、农村幼儿教师(24)、专业发展(1)、个案研究（7）、行动研究（18）、新教师（19）等关键词。第五类，幼儿教师心理的研究。主要涉及幼儿教师职业认同、工作满意度、职业倦怠等职业心理及其社会支持，包括工作满意度（15）、职业认同（26）、职业倦怠（22）、社会支持（27）、主观幸福感（32）、职业压力（25）等关键词。第六类，幼儿教师教育行为，主要涉及幼儿教师对幼儿的教育行为，包括幼儿（10）、教育行为（34）、叙事研究（16）等关键词。第七类，幼教师资培养的研究。主要包括幼儿师范学校和高等学校师资培养问题，涉及学生专业素养培养和学校教学、课程设置等研究，包括幼儿师范学校（6）、课程设置（35）、学前教育专业（12）、培养（23）、幼师生（11）等关键词。

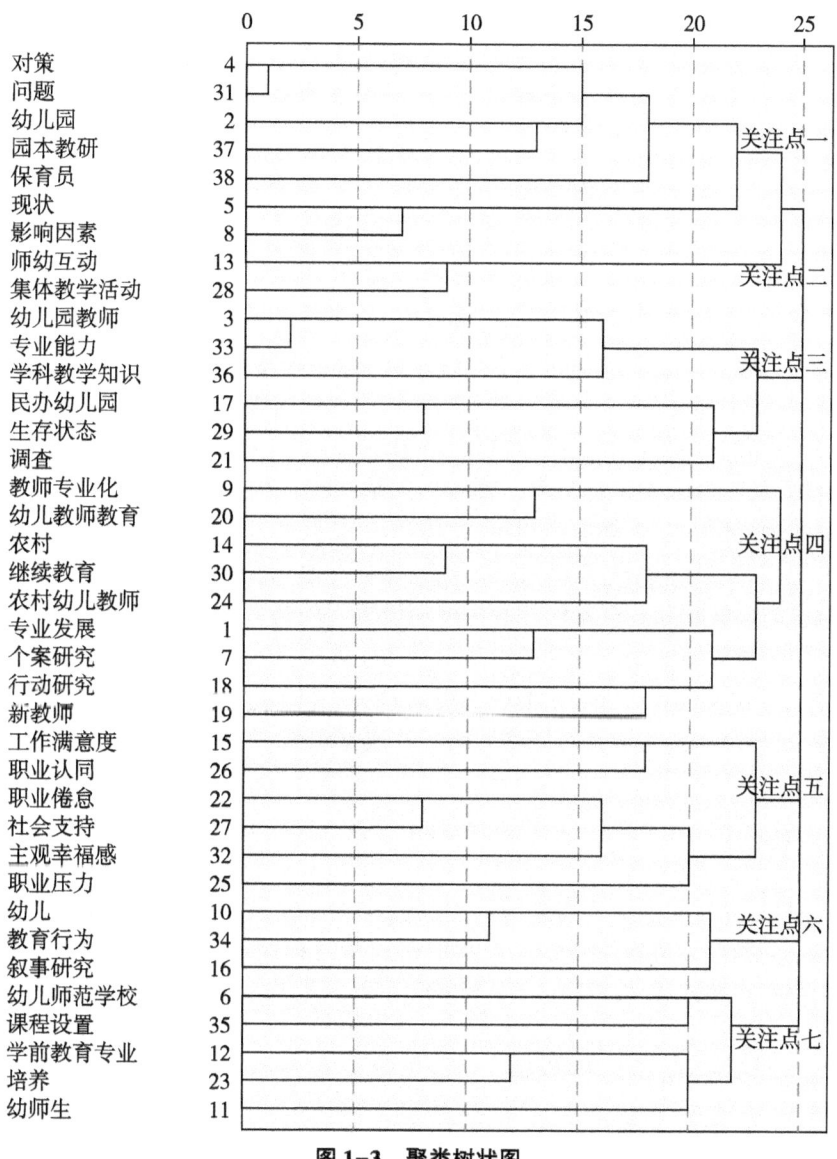

图1-3 聚类树状图

为反映主题之间的整体特征，借用社会网络分析软件UCINET 6.0来表现，将BICOMB生成的共现矩阵导入UCINET 6.0中，利用Netdraw可视化工具方便直观地分析一个社会网络的网络密度、中心度、凝聚子群等。图1-4中38个关键词用圆点标记，圆点之间的箭头直线代表两点之间存在共现关系。

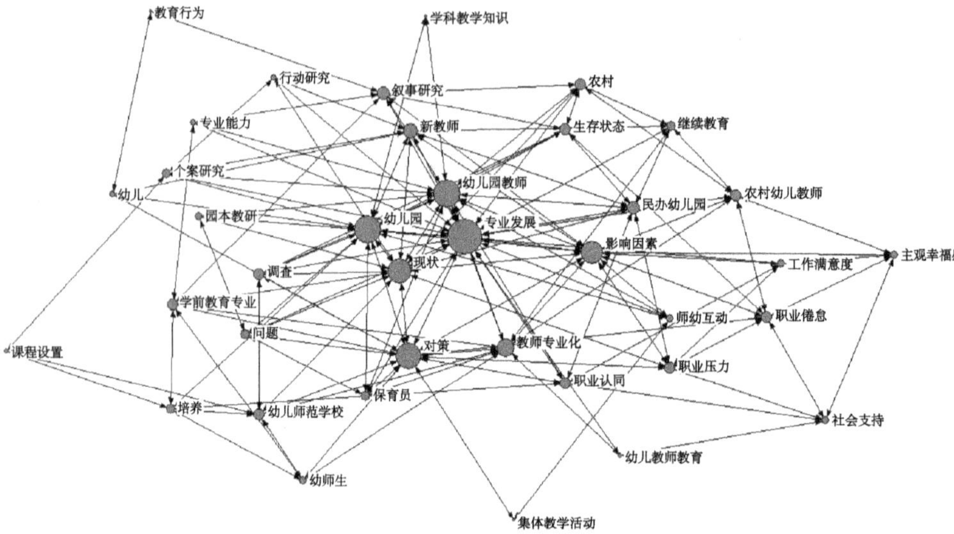

**图1-4　Netdraw软件绘制的社群**

圆点越大，其点度中心度（point centrality）就越大。图中"专业发展""幼儿园教师""幼儿园""对策""现状""影响因素""教师专业化"等点较大，周围网络联系丰富，处于中心位置，主要集中在幼儿教师专业化发展和幼儿教师现状等调查的研究这两个主题。而另外一些处于网络边缘的点，如"集体教学活动""教育行为""学科教学知识""课程设置"等，拥有的关系稀疏，在社群图中显得比较孤立，处在社群图的最外围，主要集中在幼儿教师知识、幼儿教师教育行为及幼教师资培养中的课程设置问题。社群图直观地反映出幼儿教师专业化发展是现今研究的重点，而幼儿教师学科教学知识和幼教师资培养中课程设置问题是主题热点中研究比较薄弱的环节。另外，需要说明的是，幼儿教师教育行为主题虽排在外围，但文献中共有44篇，并非边缘或是薄弱环节，只因在抽取关键词时不能将一些关键词统一（如教育行为、教学行为、言语行为），致使其落在边缘，这也是利用软件的弊端。

## 四、讨论

通过对近10年我国幼儿教师博硕论文研究成果计量分析梳理发现，2003—2012年，我国学前教育界博硕生对幼儿教师的研究重视程度逐步提升，研究成果逐年丰富，但仍存在一些需改善的不足，主要表现在以下几个方面。

### （一）研究存在不均衡现象

首先，从研究对象群体来看，涉及普通幼儿教师群体多，特殊幼儿教师及民族幼儿教师群体少。在较丰富的幼儿教师群体类别中普通幼儿教师的论文达403篇，占研究的一半以上。一些研究群体有所突破，例如，涉及农村幼儿教师的论文数量达31篇，其中2012年的13篇比2003—2009年的相关论文总和还要多，这与我国《国务院关于当前发展学前教育的意见》对农村学前教育的关注有直接的关系。涉及男性幼儿教师和新教师的文章也均达到14篇，而关于民族幼儿教师及民族地区幼儿教师的博硕论文仅11篇，对特殊教育幼儿教师的研究仅有3篇，其中2篇是幼儿教师对特殊教育融合态度的调查，真正对特殊教育幼儿教师研究的仅有重庆师范大学徐波的《特殊教育幼儿教师教学反思的个案研究》（2009）。其以某师范大学特殊儿童实验学校的教师作为个案，分析教学反思的多个方面。[①] 这与两类群体的数量极不相符。但可以看出已经有研究者开始关注特殊幼儿教师群体，这为我国发展残疾儿童学前康复教育打开了良好开端。综上所述，特殊、民族幼儿教师应是我们未来在幼儿教师领域需要多加关注的群体。

其次，从研究主题来看，涉及幼儿教师现状研究多，政策法规研究少。按主题研究多少分别为：现状描述126篇，幼儿教师专业化发展79篇，教师观念和行为67篇。虽然在关于观念的文章中关键词很难提取出来，但是关于教师教育观念的论文数量却也不少，主要在课程实施等中体现。幼教师资培养和培训的文章近几年也有所增长，而对于幼儿教师管理及政策研究涉及很少。关于幼儿教师政策法规的相关研究仅有5篇，涉及幼儿教师地位、职业承诺、权益保障、资格准入等方面。研究的薄弱必然不利于幼儿教师政策导向意义的实现。

## （二）研究水平较低

在关键词聚类及论文阅读时发现，描述幼儿教师现状、存在问题的论文较多，在682篇学位论文中现状调查有126篇，占18.5%，聚类树状图中聚成了单独一类。这些论文多处在模仿、借鉴一些大而空的理论来调查比较浅显问题的阶段，大多研究简单不够深入，缺乏针对性，对于实践的利用价值杯水车薪。基于深厚恰当的系统理论思想支持及对研究反思的论文屈指可数，这也从一个侧面反映了我国幼儿教师领域研究缺乏高度的思维范式，研究理论层次比较低。一方面，我们要提升研究生的整体理论素养水平；另一方面，必须加强学前教育专业高水平博士生培养的力度。

## （三）研究方法亟待加强

纵观近10年幼儿教师领域研究方法从运用单一的方法解决问题，发展到运用综合的方法描述或解释复杂现象，注重多种方法的综合运用。依前述，以幼儿教师作为选题的学位论文运用混合方法已占近半，质性方法运用节节攀升，行动研究、叙事研究等高频关键词的出现无疑是最有力的证明，量化研究和思辨研究的地位也不可小觑。但是，阅读论文时不难发现，研究方法在运用上还存在诸多问题。首先，研究方法陈旧、单一。这个老生常谈的问题在我们以幼儿教师为主题的博硕论文中尤为凸显，近10年相关领域研究方法没有大的改进与扩充，其他学科现代先进的研究方法引入相对匮乏。其次，真正的量化研究方法较少，并存在运用错误问题。尽管基于伦理考虑，幼儿教师的质性研究较多，但合理的量化研究更有助于探究其教育规律。统计发现，尽管有部分论文量化，但并非属于真正的量化研究，更多的只是做了一些百分比的统计，并且操作时有失误。例如，部分学位论文出现了问卷调查方法无信度效

---

① 徐波. 特殊教育幼儿教师教学反思的个案研究 [D]. 重庆：重庆师范大学，2009：49-50.

度检验、调查过程不明确、数据分析浅显等基本技术性错误。最后，混合方法运用还比较初级，混合模式较单一。

通过上述研究我们发现，2003—2012年以幼儿教师作为研究选题的博硕学位论文涉及诸多研究主题，研究者也就相关研究重难点作了阐述。但分析也发现，关于教师选题研究的不平衡、缺乏扎实的理论和实践基础等问题依然存在。因此在今后的研究中，要加强研究者的理论修养及实践能力，以防止研究趋向于理论层次不高又无真正实践基底的境况，更快提升博硕论文的水平，完善幼儿教师领域的研究。

## 五、结语与展望

### （一）关注更多幼师群体

幼儿教师群体较多，涉及保育教师、普通幼儿教师、特殊教育幼儿教师、民族幼儿教师，以往的研究中关于普通幼儿教师的占半壁江山。在研究群体上，关注少数民族幼儿教师、特殊教育幼儿教师（福利机构、特教学校和幼儿园心理健康老师）的研究较少。因此，应拓宽选题范围，丰富研究群体，尽量对各类的幼儿教师适当关注。

### （二）平衡研究主题

现有的研究主题主要集中在幼儿教师现状调查、专业发展等"容易"或是"热门"的主题。有关这几类主题的研究要么做起来容易且前期可参考文献多，要么是趁浪逐波大家一股脑儿地去做。而关于政策解读、政策制定等较深较难的研究主题研究者往往避之，一些我们不去关注的主题往往对这个群体的发展有着至关重要的作用。因此，期望今后研究者踏出原有研究的固定模式，拓宽研究主题，平衡幼儿教师政策、师资培养、教师教学、教师心理等主题间的关系。

### （三）提升理论研究水平

理论研究是根基研究，只有提升研究的理论层次和水平，才能更好地为幼儿教师队伍建设服务。纵观幼儿教师的研究，缺乏对翔实理论支架的了解无疑是诸多文章流于表面的重要因素。因此在今后的研究中，我们必须在提升理论能力上下功夫。首先，注重多元、多学科视角的理论思维模式训练。其次，加强理论实践协同化学习。

### （四）优化研究方法

研究方法一直是学前教育专业难以攻克的难关，尽管我们一直在与世界先进幼教研究团队积极合作，但不得不说我们研究生群体，甚至是整个专业内部对研究方法的运用都处在比较低级的阶段。通过上述研究的统计我们也发现，以幼儿教师为主的研究在研究方法方面同样存在研究方法陈旧、单一甚至是错误等诸多问题。我们如何来解决这种困境？唯有积极学习和借鉴。首先，在以后的研究中正确使用混合研究方法。其次，借鉴其他学科优秀的研究方法。

# 第二节 幼儿园教师专业标准阐析

## 一、《幼儿园教师专业标准（试行）》颁布背景

2012年中华人民共和国教育部颁布了《幼儿园教师专业标准（试行）》（以下简称《专业标准》），这标志着我国幼儿教师向专业化更上一个新台阶，对于促进我国学前教育事业的蓬勃发展有重要意义和价值。《专业标准》是国家对合格幼儿教师专业素质的基本要求，是幼儿教师实施教育教学行为的基本规范，是引领幼儿教师专业发展的基本准则，也是幼儿教师培养、准入、培训、考核等工作的重要依据。我国的幼儿教师从业标准从人人能从事的"阿姨"、初高中学历、专业学历到各地区的大专学历硬件资格条件，到当今学历背景下的专业标准，经历了艰难的发展道路。《专业标准》的颁布不仅是教育改革和教育困境的需要，更是众多学前教育者自身发展的原动力和标杆。

### （一）我国学前教育事业发展的现实需要

有人很形象地将我国学前教育比拟为"早产儿"，受社会背景影响，在"孕育"过程中学前教育经历较多磨难，但作为一门重要学科，其始终以顽强的毅力为国家的教育事业发展奠基献力，这离不开我国一代代领导人的努力。面对学前教育"入园难，入园贵"，普及率低于世界发展中国家，一些农村留守儿童接受不到优质的学前教育，幼师虐童事件频发，幼教师资短缺等众多现实薄弱问题，2010年温家宝总理亲自考察幼儿园，在中南海接见了幼儿家长并听取了他们的意见。随后《国务院关于当前发展学前教育的若干意见》颁发，各地以县为单位"学前教育三年行动计划"项目纷纷启动，形成整个学前教育波澜壮阔之势，这体现了国家高层"强国必须强教"的卓越政治远见。2012年《专业标准》《3~6岁儿童学习与发展指南》等的颁布实施，形成了我国学前教育普惠性、公平性、标准化、科学性为一体的学前教育态势。这些政策完成及实施离不开全体幼儿教师，因此，培养一批高水平、高素质的幼儿教师是保障学前教育稳步提升的重要保障。《专业标准》是保障幼儿教师质量的引领性文件，是提升我国整个学前教育师资水平的重要保障。

### （二）国际幼儿教师专业发展的运动趋势

世界各国幼儿教师专业标准运动在很大程度上推动了我国幼儿教师专业标准的制定和出台实施。我们知道，世界各教育大国一直以来都在积极致力于幼儿教师专业工作。美、英、日等国均早于我国制定了具有本国特色的幼儿教师专业标准，而这些专业标准的出台也确实是提升本国幼儿教师水平的重要参考。1966年联合国教科文组织发布《关于教师地位的建议》，提出了教师职业的专业化议题，以此来提升教师的地位和保障教师权益的实现，轰轰烈烈的"教师专业成长"运动全面铺开。其中教

师专业标准制定是教师专业化水平的重要一环，诸多国家将其作为教师专业化的指标。例如，美国于20世纪80年代起制定和修订了《美国幼儿教师职业准备专业标准》《新教师许可、评估与发展的模型标准》《优秀幼儿教师专业标准》等一系列教师专业标准的文件。澳大利亚《初任教师能力框架》《国家教师专业标准》，以及各州比较细致化有针对性的专业标准的出台，都从诸多方面提出了教师专业化的标准及评价体系，这在很大程度上对我国教师专业标准的出台有着重要影响。国际教师专业化的变革从客观上推动了我国教师专业标准的出台，我国的教师专业化水平应与国际接轨，紧跟国际发展的脚步，制定符合本国特点的教师专业标准。这也是我国作为教育大国，推动世界教师专业化应做出的重要贡献。

### （三）落实各项学前教育政策的紧迫任务

师资是学前教育健康、可持续发展的重要因素，若没有素质过硬、队伍稳定的幼儿教师群体，提高学前教育质量的目标就无法实现。高学历、高素质幼教师资的培养是摆在我们面前的重要课题。近年来，我国政府十分关注幼儿教师这一职业群体，幼儿教师队伍不断扩充。《国家中长期教育改革和发展规划纲要（2010—2020年）》指出，我们要严格执行幼儿教师资格标准，切实加强幼儿教师培养培训，提高幼儿教师队伍整体素质，依法落实幼儿教师地位和待遇。《国务院关于当前发展学前教育的若干意见》要求加快建设一支师德高尚、热爱儿童、业务精良、结构合理的幼儿教师队伍；要求各地按照需要合理配备幼儿教师，通过转岗、招编等多途径扩充幼儿教师队伍，通过完善幼儿师资培养培训体系提升幼儿教师质量，通过评价机制健全幼儿教师准入制度。这是近些年我国关于幼儿教师队伍建设的又一重要决策，诸多相应政策的出台在很大程度上体现了我国政府对于幼儿教师队伍建设的决心，是对幼儿教师地位价值的肯定。此前，我国幼儿教师在很长一段时间都被视为"保姆""哄娃儿"，由于社会地位、工资待遇难以和幼儿教师工作量成正比，所以学前教育领域在较长一段时间无法吸引真正高素质的教师。《国务院关于当前发展学前教育的若干意见》从制度层面上制定了教师专业标准，是对幼儿教师专业化的肯定，对严格实施教师准入制度，提高幼儿教师专业素养有着极大的作用。

总之，无论是对幼儿教师专业化发展，还是对整个学前教育质量的提升，《专业标准》都具有指引性和标杆性作用。《专业标准》的出台不仅是我国幼教师资培养重要的依据，更是从业一线教师应努力遵循的纲领性文件。自2004年教育部研制基础教育教师标准体系，到2012年《专业标准》出台，历经8年之久，先后经历了10余次修订，是我国幼儿教师发展的专业准绳。

## 二、《专业标准》的内容理念

《专业标准》的基本理念主要包含"师德为先""能力为重""幼儿为本""终身学习"4个部分，其中涉及的专业教育理念一直是我们所遵循和倡导的。专业理念指专业人员对自身专业的性质、标准、价值等的理解、判断、期待与认同，指引着专业人员的思考方式和行为举止。幼儿教师的专业理念指幼儿教师"在理解教育工作本质的基础上形成的关于教育的观念和理性认识"①。《专业标准》首次将师德放在首要位置，能够看出我们将幼儿教师德行作为从事本专业的理论支点和根基。同时提倡以幼儿为出发点。幼儿是自理能力和自卫能力相对较弱的个体，幼儿教师对幼儿的关爱应是一种带有特殊教育意蕴的"母亲之爱"，幼儿园的所有工作均应以幼儿为出发点。此外，强调幼儿教师应树立能力提升及终身学习的理念。

为促使幼儿教师成为专业人员，构建符合我国国情的高素质幼儿教师队伍，结合《教师法》《幼儿园教育指导纲要（试行）》（以下简称《指导纲要》），我国制定了《专业标准》，以更好地推动和完善幼儿教师的教育活动。《中国学前教育百科全书·教育理论卷》中指出，"幼儿教师主要是指受社会的委托，在幼儿园或其他幼教机构中对儿童的身心发展施加影响、从事教育和保育工作的相关人员"②。从古至今，人们对幼儿教师的理解一直在发生着变化，但一个亘古不变的共同点就是幼儿教师承担着保教幼儿的责任，是儿童人生成长的导师，担负着对幼儿身心发展、思维培养等方面进行引导的重要职责。陶行知曾说过："在教师手里操着幼年人的命运，便操着民族和人类的命运。"幼儿教师是履行幼儿园教育工作职责的专业人员，必须经过严格的专业培养与培训，系统掌握学前教育专业相关的专业知识和技能，同时具有良好的职业道德。看似简单却很复杂。很多专业人士认为，从事与幼儿打交道的幼儿教师需要一定的天赋。时代烙印下，隔代教育、留守儿童、独生子女、保姆代育等一系列问题，使作为担负着培养幼儿这一特殊工作的幼儿教师教育复杂化，他们不能没有正确价值理念的指引。《专业标准》是国家对合格幼儿教师专业素质的基本要求，是幼儿教师开展保教活动的基本规范，是引领幼儿教师专业发展的基本准则，是幼儿教师培养、准入、培训、考核等工作的重要依据，是幼儿教师专业发展的重要标志和关键维度。

## （一）幼儿为本

### 1. 对"幼儿为本"的释义

以"幼儿为本"是"以人为本"的科学发展观在幼儿教育上的直接体现，是幼儿教师应秉持的核心理念。作为幼儿教师应尊重幼儿的个体差异，理解幼儿的心理需求，保障幼儿的合法权益，倾听幼儿的独特想法，以幼儿为出发点，科学合理地设置幼儿园课程，有针对性地进行教育，以幼儿为本原作为进行一切活动的基础，这乃是"幼儿为本"的真谛。

以"幼儿为本"涉及多个方面，也需要多种条件的保证。真正的"幼儿为本"并非是指毫无条件的宠爱奉献，将幼儿作为唯一。众多实践已经证明，脱离了成人良好正确的引导和教育，幼儿的完美发展难以实现。近些年，我们往往走入了一个误区，"幼儿为本"导致了众多泛滥的溺爱，这使很多幼儿在人生早期无法形成独立的自我人格，成长为自私自利的成人。真正的"幼儿为本"是在主要教养者与幼儿的

---

① 叶澜. 新世纪教师专业素养培养初探 [J]. 教育研究与实验, 1998 (1): 43.
② 卢乐山, 林崇德, 王德胜. 中国学前教育百科全书：教育理论卷 [M]. 沈阳：沈阳出版社, 1995: 157.

互动关系中产生的。教养者良好的亲和力、宽容肯定的教养态度、积极乐观的精神、良好的环境质量是实现"幼儿为本"的根本前提。中国有句俗语,"龙生龙、凤生凤,老鼠儿子会打洞",是遗传决定论的典型代表。但我们也应从一些谚语中看到很多成人对幼儿发展深远的影响,这种影响并非指的是生物学上的遗传,而是指教养方式。因此,我们说主要教养者的理念是能否实现以"幼儿为本"的主要因素,是基本前提。我们是否将幼儿作为一个独立的个体,是否将幼儿看成是有能力有想法的个体,是否尊重幼儿,是否将其作为独立的个人来与我们互动交流,这应该是"幼儿为本"的重要体现。娇惯纵容并不能与"幼儿为本"画等号。

### 2. 关于"幼儿为本"的教育行为准则

"幼儿为本"理念在《专业标准》中的表述是:"尊重幼儿权益,以幼儿为主体,充分调动和发挥幼儿的主动性;遵循幼儿身心发展特点和保教活动规律,提供适合的教育,保障幼儿快乐健康成长。"《专业标准》中具体规定了在学前教育实践中幼儿教师应遵循的规则,也确保了幼儿在活动中的地位,是主体,应该被尊重,这改变了许多教师以往应"管教、约束"幼儿的观念。

(1) 尊重幼儿,以其为本,视其为"人"

"幼儿为本",首先要做到的是尊重幼儿的权利。《指导纲要》指出:"教育应与幼儿学习特点,身心发展水平相适应,激发幼儿积极主动的学习。"让幼儿变得主动,最重要的是幼儿园的活动要符合幼儿兴趣和发展水平。要让幼儿有"说话"的权利,遇到不喜欢的活动时有说"不"的权利。如果一味按照教师的喜好安排活动,即使取得了良好的活动效果,那幼儿又能得到什么呢?巴学园李跃儿有一句著名的话:"教育是鞋,孩子是脚。"这是她经过多年的教学实践总结出来的。这充分说明教育应该适应孩子,而不是孩子应该适应教育。幼儿园活动的制定,应该考虑的是幼儿的兴趣,而不只是美观和所谓的活动效果。

(2) 尊重幼儿的独特性和价值

《教师教育课程标准(试行)》明确表示幼儿具有极强的想象能力和创造能力,幼儿以游戏的方式来感知外部世界,并在游戏的同时在头脑中形成自己关于周围世界的认知,幼儿期是人生中极为重要的时期。但是幼儿与成人相比,在抵御外界侵害方面明显能力不足,需要家长、教师及社会的关注和呵护。幼儿教师应捕捉幼儿发展的关键期,为幼儿提供一个可以任幼儿的思维和想象能力发展的环境,为幼儿适时地提供适当的环境,做一个真正了解幼儿的教师。

(3) 促进幼儿和谐,全面发展

我国教育的根本目的就是使受教育者全面发展,全面发展包括德育、智育、体育、美育等方面的发展。"幼儿为本"的思想引导我们的教育朝着使每一个幼儿都能得到全面和谐发展的方向前进,在幼儿发展最关键的时期,引导幼儿朝着多方面发展努力。幼儿教师应该相信,每一个幼儿都有巨大的潜力,也有全面发展的能力和愿望。当然,全面发展指的并不是像有的家长那样,盲目地为孩子报各种兴趣班,最后导致孩子对哪种都没有兴趣。遵循幼儿身心发展规律,把握幼儿兴趣爱好,不灌输,不拔苗助长,而是在幼儿成长的道路上为他们施一点肥,浇一些水。

## （二）师德为先

习近平总书记多次在重要讲话中提出"教师是立教之本、兴教之源"，"合格的老师首先应该是道德上的合格者，好老师首先应该是以德施教、以德立身的楷模"。所谓师德，即教师的职业道德，是教师在教育教学工作中必须遵循的各种行为准则和道德规范的总和。师德是社会主义核心价值体系在教育活动中的具体体现，社会主义核心价值体系对师德具有引领和指导作用。幼儿教师作为特殊的教师群体，其师德问题一直是大家关注的焦点问题，师德也是我国制定幼儿教师专业标准和筛选幼儿教师的重要考量标准。《专业标准》明确指出师德为先，同时认为良好的师德应"热爱学前教育事业，具有职业理想，践行社会主义核心价值体系，履行教师职业道德规范。关爱幼儿，尊重幼儿人格，富有爱心、责任心、耐心和细心；为人师表，教书育人，自尊自律，做幼儿健康成长的启蒙者和引路人"。

我们一直强调，师德是幼儿教师从事工作的前提，没有了师德作为底线，幼儿教师整体专业素质的提升则荡然无存。因此，作为幼儿教师应努力践行社会主义核心价值体系，热爱幼儿、有爱心，同时务必自尊自立，有自我德行约束的思想，不仅要从人的低级层面去满足自我，而且应具有较高的道德追求，提升自我道德的信心，做有德行的新时代幼儿教师。这也是《专业标准》对每一名幼儿教师提出的角色要求。

## （三）能力为重

国际教育改革的步伐从没有停歇，人们始终追寻着教育的目的，到底应该教会学生什么或是使学生成为什么样的人。教师应该具备什么能力始终是我们不断探索并极尽追求的。在不同价值取向衍生出的多元教育理念背景下，我们对教师能力的探讨一直在继续着。

"能力为重"在《专业标准》中占有很重要的地位，那么"能力为重"是基于什么样的背景提出的呢？一方面，联合国教科文组织于1996年提出的教育的四大支柱中有一项是"学会做事"。"学会做事"越来越被国际重视，这也成为各个国家选拔教师的重要因素之一，身处教师队伍的人们也越来越重视培养自己的能力，以适应瞬息万变的世界。另一方面，我国幼儿教师的能力严重欠缺，提出"能力为重"，让各个教师拥有努力提高自己能力的意识迫在眉睫。《指导纲要》的推行让很多拥有多年教学实践经验的一线幼儿教师的观念发生转变，这一转变也推动着我国幼儿园课程改革。以往"孩子围着老师转"的时代已经一去不复返了，转变成为"老师围着孩子转"。幼儿教师要切实了解幼儿真正想要的是什么样的教育，从幼儿的角度出发考虑问题，从幼儿的角度出发设置活动。然而，对于什么才是幼儿教师应该具备的能力，每个幼儿园的看法也各不相同。有的园所把讲好课，能在活动中有效"控制"住幼儿视为一种能力；有的园所把弹琴、跳舞等视为一种能力；也有的幼儿园把拥有先进的教育理念，有一颗热爱幼儿的心视为一种能力……可想而知，深化幼儿教育改革的强大阻力之一就是幼儿教师的能力。《专业标准》中提出的"能力为重"是具有重要意义的，提高幼儿教师能力任重而道远，需要学前教育工作者共同的努力。

## (四) 终身学习

"终身学习"也是《专业标准》中极为重要的理念之一。幼儿教师应该永远保持着好学之心,不仅要提高自身的知识水平和专业素质,更应该保持国际眼光,把握国内外关于学前教育的先进理念,不断更新自己的观念,以先进的理念和科学的方法进行幼儿教学实践。教师是一个需要不断学习,保持新鲜理念的职业,"终身学习"理念也适应了国际教师发展的大趋势。"终身学习"从20世纪80年代以来被世界各主要国家作为教育改革和发展的基本原则,越来越多的人秉持了"终身学习"的理念,并且能够把"终身学习"的理念付诸实践。它不仅作为一种潮流存在,更作为一种理念深深地植入教育者的灵魂。《国家中长期教育改革与发展规划纲要(2010—2020年)》指出,要在2020年前建设学习型社会。我们生活的世界日新月异,作为教育者应该保持爱学之心、乐学之心,向受教育者传递的不应该只是知识,而是这种"终身学习"的精神。2011年我国颁布的《教师教育课程标准》以"终身学习"为理念,指出"教师是终身学习者"。这是由教师的职业特点决定的,特别是对幼儿教师来说,我们生活的世界每天都在发生巨大的变化,幼儿接触的新鲜事物也越来越多,智能手机、平板电脑、电话手表……许多老师要讲授的内容幼儿可能比老师更熟悉,所以幼儿教师更要时刻把握时代前进的方向,紧跟教育发展的指针,树立终身学习理念,树立正确的儿童观,努力提高自身专业化水平和道德素质,才能成为一个无愧于时代的优秀幼儿教师。

# 三、《专业标准》的基本内容[①]

### 1. 专业理念与师德

(1) 职业理解与认识
①贯彻党和国家教育方针政策,遵守教育法律法规。
②理解幼儿保教工作的意义,热爱学前教育事业,具有职业理想和敬业精神。
③认同幼儿园教师的专业性和独特性,注重自身专业发展。
④具有良好职业道德修养,为人师表。
⑤具有团队合作精神,积极开展协作与交流。
(2) 对幼儿的态度与行为
⑥关爱幼儿,重视幼儿身心健康,将保护幼儿生命安全放在首位。
⑦尊重幼儿人格,维护幼儿合法权益,平等对待每一个幼儿。不讽刺、挖苦、歧视幼儿,不体罚或变相体罚幼儿。
⑧信任幼儿,尊重个体差异,主动了解和满足有益于幼儿身心发展的不同需求。
⑨重视生活对幼儿健康成长的重要价值,积极创造条件,让幼儿拥有快乐的幼

---

① 中华人民共和国教育部. 教育部关于印发《幼儿园教师专业发展标准(试行)》《小学教师专业标准(试行)》和《中学教师专业标准(试行)》的通知 [EB/OL]. (2012-02-10) [2012-09-13]. http://www.moe.gov.cn/srcsite/A10/s6991/201209/t20120913_145603.html.

园生活。

（3）幼儿保育和教育的态度与行为

⑩注重保教结合，培育幼儿良好的意志品质，帮助幼儿形成良好的行为习惯。

⑪注重保护幼儿的好奇心，培养幼儿的想象力，发掘幼儿的兴趣爱好。

⑫重视环境和游戏对幼儿发展的独特作用，创设富有教育意义的环境氛围，将游戏作为幼儿的主要活动。

⑬重视丰富幼儿多方面的直接经验，将探索、交往等实践活动作为幼儿最重要的学习方式。

⑭重视自身日常态度言行对幼儿发展的重要影响与作用。

⑮重视幼儿园、家庭和社区的合作，综合利用各种资源。

（4）个人修养与行为

⑯富有爱心、责任心、耐心和细心。

⑰乐观向上、热情开朗，有亲和力。

⑱善于自我调节情绪，保持平和心态。

⑲勤于学习，不断进取。

⑳衣着整洁得体，语言规范健康，举止文明礼貌。

**2. 专业知识**

（5）幼儿发展知识

㉑了解关于幼儿生存、发展和保护的有关法律法规及政策规定。

㉒掌握不同年龄幼儿身心发展特点、规律和促进幼儿全面发展的策略与方法。

㉓了解幼儿在发展水平、速度与优势领域等方面的个体差异，掌握对应的策略与方法。

㉔了解幼儿发展中容易出现的问题与适宜的对策。

㉕了解有特殊需要幼儿的身心发展特点及教育策略与方法。

（6）幼儿保育和教育知识

㉖熟悉幼儿园教育的目标、任务、内容、要求和基本原则。

㉗掌握幼儿园环境创设、一日生活安排、游戏与教育活动、保育和班级管理的知识与方法。

㉘熟知幼儿园的安全应急预案，掌握意外事故和危险情况下幼儿安全防护与救助的基本方法。

㉙掌握观察、谈话、记录等了解幼儿的基本方法。

㉚了解0~3岁婴幼儿保教和幼小衔接的有关知识与基本方法。

（7）通识性知识

㉛具有一定的自然科学和人文社会科学知识。

㉜了解中国教育基本情况。

㉝掌握幼儿园各领域教育的特点与基本知识。

㉞具有相应的艺术欣赏与表现知识。

㉟具有一定的现代信息技术知识。

**3. 专业能力**

（8）环境的创设与利用

㊱建立良好的师幼关系，帮助幼儿建立良好的同伴关系，让幼儿感到温暖和愉悦。

㊲建立班级秩序与规则，营造良好的班级氛围，让幼儿感受到安全、舒适。

㊳创设有助于促进幼儿成长、学习、游戏的教育环境。

㊴合理利用资源，为幼儿提供和制作适合的玩教具和学习材料，引发和支持幼儿的主动活动。

（9）一日生活的组织与保育

㊵合理安排和组织一日生活的各个环节，将教育灵活地渗透到一日生活中。

㊶科学照料幼儿日常生活，指导和协助保育员做好班级常规保育和卫生工作。

㊷充分利用各种教育契机，对幼儿进行随机教育。

㊸有效保护幼儿，及时处理幼儿的常见事故，危险情况优先救护幼儿。

（10）游戏活动的支持与引导

㊹提供符合幼儿兴趣需要、年龄特点和发展目标的游戏条件。

㊺充分利用与合理设计游戏活动空间，提供丰富、适宜的游戏材料，支持、引发和促进幼儿的游戏。

㊻鼓励幼儿自主选择游戏内容、伙伴和材料，支持幼儿主动地、创造性地开展游戏，充分体验游戏的快乐和满足。

㊼引导幼儿在游戏活动中获得身体、认知、语言和社会性等多方面的发展。

（11）教育活动的计划与实施

㊽制定阶段性的教育活动计划和具体活动方案。

㊾在教育活动中观察幼儿，根据幼儿的表现和需要，调整活动，给予适宜的指导。

㊿在教育活动的设计和实施中体现趣味性、综合性和生活化，灵活运用各种组织形式和适宜的教育方式。

51提供更多的操作探索、交流合作、表达表现的机会，支持和促进幼儿主动学习。

（12）激励与评价

52关注幼儿日常表现，及时发现和赏识每个幼儿的点滴进步，注重激发和保护幼儿的积极性、自信心。

53有效运用观察、谈话、家园联系、作品分析等多种方法，客观地、全面地了解和评价幼儿。

54有效运用评价结果，指导下一步教育活动的开展。

（13）沟通与合作

55使用符合幼儿年龄特点的语言进行保教工作。

56善于倾听，和蔼可亲，与幼儿进行有效沟通。

57与同事合作交流，分享经验和资源，共同发展。

58与家长进行有效沟通合作，共同促进幼儿发展。

(59)协助幼儿园与社区建立合作互助的良好关系。

（14）反思与发展

(60)主动收集分析相关信息，不断进行反思，改进保教工作。

(61)针对保教工作中的现实需要与问题，进行探索和研究。

(62)制定专业发展规划，不断提高自身专业素质。

# 第三节　幼儿教师职业道德规范初探

## 一、幼儿教师职业道德规范概述

近年来，我们党和政府高度重视学前教育，教育主管部门先后颁布了《幼儿园管理条例》《幼儿园工作规程》《专业标准》《国务院关于当前发展学前教育的若干意见》等相关政策法规，为学前教育领域培养大批合格师资提供了良好保证，极大地促进了学前教育事业的健康发展。但是，幼儿教师体罚、虐童等不良的新问题也频繁出现，社会舆论的谴责给学前教育事业发展带来极其不良的影响。由于我国尚缺乏统一、强制性的《幼儿教师职业道德规范》，无形中给部分幼儿教师做出“越规”行为提供了土壤，导致诸多不应发生的事情。相较于其他教学阶段，幼儿教育有其独特性，一日生活中，幼儿教师与幼儿整日待在一起，幼儿年龄小，并无过多自保能力，因此，对于幼儿教师的职业道德及行为就必须严格要求。国外的诸多经验值得我们借鉴，这些经验对于规范幼儿教师的工作行为及态度，提高幼儿教师职业道德素养具有指导作用。

### （一）幼儿教师职业道德的内涵

良好的职业道德，是每名幼儿教师必备的重要素质。幼儿教师因与其他教师在教育对象、内容、方式等方面有所不同而具有一定特殊性。作为幼儿教师，在复杂的本职工作中会逐渐产生与其职业相关的道德责任感，由此形成了幼儿教师所应具备的职业道德。这种职业的道德情怀、理想与准则能够使幼儿教师更好地胜任学前教育工作。[①]幼儿教师的职业道德是随着幼儿教师这一行业的产生和发展而来，尽管都是教师，但各层次教师又各有各的职业道德。“职业道德是指从事一定职业的人们在履行其职责的过程中，在思想和行为上所应当遵循的行为规范及心理意识、行为活动的总和。”[②]“教师职业道德是指教师在从事教育劳动和履行其职责时必须遵守的行为准则和规范的总和。”[③]幼儿教师的职业道德与其专业修养息息相关，是这一行业社会价值及人类伦理道德的重要体现。幼儿教育具体实践涉及不同的相关利益关系，如幼儿教师必须善于并有能力调整教育过程中的多种关系，如师幼关系、师师关系、家园关

① 楚翘．当前幼儿教师职业道德研究［D］．齐齐哈尔：齐齐哈尔大学，2015：6．

② 张耀灿．思想政治教育学原理［M］．北京：高等教育出版社，2001：150．

③ 李燕杰，王殿卿．德育辞典［M］．武汉：湖北辞书出版社，1987．

系等。在"爱"和"给予"的基础上,用良好的人格特质与职业操守,尽心尽力无私地为幼儿发展和成长奉献。同时还要树立崇高的职业目标,以为祖国建设培养接班人为己任,理性、客观、正确地处理教育工作中的多种道德关系,并自觉地遵守幼儿教师的职业道德规范,不断地提升自身的职业道德水平。

### (二) 幼儿教师职业道德的特征

职业特性使幼儿教师职业道德有其自身独有的特征,主要体现在示范性、自觉性及广泛性 3 个方面。

首先,道德行为的示范性。

陈鹤琴老先生曾指出:"热爱儿童是做一个优秀教师的起码条件,教师的一言一语、一举一动,无形之中会深刻地影响儿童。"教师的言行对学前儿童具有重要的示范作用,学前儿童认知能力和思维能力发展水平较低,辨别是非的能力较弱,同时又具备模仿能力强和向师性的特点。在日常的师幼活动中,幼儿会潜意识地将教师作为自己的榜样加以模仿,作为自己行为的标杆。因此,幼儿教师的示范性尤为重要,良好端正的行为是树立幼儿教师职业道德的重要考量。作为幼儿教师要言传身教、以身作则,在工作中为幼儿树立良好的榜样,起来示范作用,培养幼儿的良好道德。

其次,道德意识的自觉性。

幼儿教师并非只有传道、授业、解惑那么简单,更应是文化传承的重要桥梁。幼儿教师是太阳底下最光辉的职业,这对于幼儿教师来说既准确而又责任重大。因为,幼儿教师不仅应肩负起培养幼儿能力、开发智力潜能的责任,更应是儿童人生路上的指向标,是幼儿树立正确人生观、健康的道德意识的重要他人。幼儿教师要能将人之初的幼儿平稳向社会人转变,在教育过程中,培养幼儿良好正确的道德价值观念、良好的道德品质。作为幼儿教师必须具备自主培养和传播良好道德的意识,并为此付诸行动。在日常活动中时刻注意自身的角色定位,自觉维护幼儿教师职业道德,主动地践行应有的职业道德。

最后,道德影响的广泛性。

职业道德伴随社会职业而生,是某一职业与社会互动关系冲突时,形成的符合社会规范的独特准则。形形色色的职业对社会有不同的影响。学前教育是基础教育的奠基部分,教育对象低龄化,因此对于人一生的成长具有重要的影响,对个体道德的形成和发展起到基础作用。同时,幼儿教师几乎每年都要接触不同职业类型的家长,其职业行为规范具有很大的扩散效应,对社会的影响具有辐射作用。相较于现今中国家庭学前儿童数量较少的情况,家长更倾向于关注幼儿教师的道德规范和行为,社会媒体对此也尤为热衷。作为幼儿教师应时刻注意自己的言行,因为幼儿教师的言行在整个社会都在传递,其影响具有很强的广泛性。

### (三) 幼儿教师职业道德规范的内涵

目前,对幼儿教师职业道德规范的探讨较多,幼儿教师的师德、专业伦理、职业道德等字眼总是和幼儿教师职业道德规范同时出现。当下,对于幼儿教师职业道德规范尚无统一的概念,部分学者认为,幼儿教师职业道德规范是指幼儿教师在日常的教学工作中应遵循的道德准则和行为规范。还有的学者认为,幼儿教师职业道德规范是从事学前教育职业的人所应当遵循的准则和必备品德的总和,是幼儿教师行业的特殊道德要求,是调整幼儿教师与幼儿,幼儿教师与同事、领导、家长,幼儿及幼儿教师与社会其他方面关系的行为准则;其从道义上规定了幼儿教师在教育过程中应该以什么样的态度、思想、情感和待人接物、处理问题,为社会尽职尽责。[①] 总体而言,其概念涉及以下两个方面:首先,幼儿教师职业道德规范与幼儿教育工作性质紧密相连,教育及教育对象的特殊性要求教师应具备的道德行为和榜样示范;其次,幼儿教师职业道德规范与整个社会道德紧密相连,职业道德规范符合社会道德规范,同时具有深远性和扩散性的特点。

## 二、幼儿教师职业道德规范发展沿革

### (一) 国外幼儿教师职业道德规范理论发展沿革

关于幼儿教师职业道德规范的问题,国外诸多教育家、思想家、哲学家都进行过较深层次的探讨,很多观点和论述都很有见地,并具有较强的实践性。一些理念和思想时至今日仍然具有重要的借鉴意义。

#### 1. 近代幼儿教师职业道德规范的理论发展

近代教育主要反映资产阶级的意志。这一时期,在关注人的自由的同时,教育者们倡导"儿童中心"的理念,秉承以幼儿为本、为主体的观点,这使得幼儿教师的教学及承担的任务发生了很大变化,要求一名教师的专业素质更加系统和全面。同时,幼儿教师职业道德规范的要求则更为严格、细致、具体,一名幼儿教师在保证幼儿学习知识的同时,能更好地促进学生的全面发展。对于这一观点,各国教育学者都有思考。例如,美国教育家杜威提出应以儿童为中心,关注儿童的想法,关注儿童的生活,重点培养儿童生活的知识和技能,使儿童具备生存的基本技能。英国受传统教育和文化的影响,更加强调绅士品格的培养,同时促进社会性、语言交流与读写、创造性等方面的发展。瑞士教育学家斐斯塔洛齐指出对于幼儿的教育应该更加贴近自然法则,教育的目的就是引导儿童向善,在善的前提下,促进幼儿全面的发展。法国教育学家卢梭提倡自然主义教育,他认为,对于幼儿的教育应该顺其自然,让幼儿在自然中按照自然的规律茁壮成长。德国教育学家福禄培尔也赞同自然教育,认为教育应依据幼儿的天性使其自然地成长。

近代西方强调儿童自身价值和儿童中心的地位,提出遵循自然、适应自然的教育理念。总体而言,对幼儿教师职业道德规范方面要求教师更多倾向于儿童中心,但实际上,这一时期在幼儿教师职业道德规范方面缺少严格规制,诸多教育理念操作性并不强,因此,较难形成系统的规范条文。另外,由资产阶级的多样性特征来看,也有

---

① 陈冬梅. 我国幼儿教师职业道德规范研究:以武汉市、枣庄市幼儿园为例 [D]. 武汉:武汉工程大学. 2014:4.

部分学者认为，对于儿童应该采取一些强制的手段，否则一些良好习惯及行为的形成，就会比较困难，因此，这一时期的幼儿教师职业道德规范不够具体。

### 2. 现代幼儿教师职业道德规范的理论发展

现代以来，国外幼儿教师职业道德规范的阐述散落在伦理学中，更准确地说，一些关于幼儿教师职业道德规范的内容我们仅能够在教育伦理学的著作中参见，而教育伦理学著述相对较晚。日本关于幼儿教师职业道德明确要求较早。明治维新后，日本对幼儿教师的要求除重视学历标准外，重点强调幼儿教师对儿童人格的熏陶，提出了对幼儿教师职业道德的较高要求，社会各界将幼儿教师职业作为专业性职业。苏联的幼儿教师职业道德规范更加注重教师的集体主义奉献精神，关注教师本身的道德素养，要求幼儿教师日常应注重自身的言行举止，认为幼儿教师的言行影响幼儿一生。同时，还注重对待幼儿一视同仁的平等思想，要求教师具备丰富的幼儿教育知识，从而保证良好的学前教育力量。美国现代幼儿教师职业道德规范的发展可以追溯到20世纪初，总体而言侧重于实践。教育机构提出幼儿教师应具备的人格特质，提出了诸多幼儿教师的道德规范，来规范幼儿教师的职业行为。到了20世纪60年代，美国对于幼儿教师的职业道德要求已经形成了正式的文件，即《教育职业伦理准则》，这一规范是当时评估幼儿教师道德的重要行规。之后，在幼儿教师职业道德规范方面的研究又有了诸多的突破。美国是比较早制定幼儿教师职业道德标准的国家。总体而言，国外的教育学者及教育主管部门对于幼儿教师职业道德规范的阐述较丰富，对于幼儿教师的职业道德规范或是伦理很是重视，同时对于师幼关系、教师自身内在品质素养等都有较多的关注，这就为其本国幼儿教师职业道德规范建设、整个学前教育的质量提供了重要保障。

## （二）国内幼儿教师职业道德规范理论发展沿革

### 1. 近代幼儿教师职业道德规范的理论发展

近代以来，我国诸多学者对于幼儿教师职业道德规范的理论进行了论述，比较有代表性的有梁启超、鲁迅、陶行知、陈嘉庚等教育家。其中众所熟知的梁启超先生十分重视幼儿教师的职业道德。他在长沙任总教习时，制定了《湖南时务学堂学约》，提出了10条对幼儿教师职业道德规范的要求，"立志、养德、治身、读书、穷理、学文、乐群、摄生、经世、传教"。鲁迅先生则主张幼儿教师除教授儿童知识之外，更应该是儿童人格的熏陶者、良好道德的引导者、优良精神的塑造者，教师应该是幼儿着力模仿的对象。教育家陶行知则认为，幼儿教师应具有为自己与国家事业奉献的精神，承担教育的使命，这个过程中的种种行为无疑对儿童也是一种精神的熏陶。陈嘉庚在自己创办的幼稚园中强调，幼儿教师应该把教育的精神全部集中在儿童身上，做儿童的灵魂伴侣，给予儿童爱的教育，与儿童一起完成成长，做一名走进儿童心里的教师。

### 2. 现代幼儿教师职业道德规范的理论发展

徐特立根据马克思主义的基本原理，辩证地继承发扬了诸多教育家的先进思想。

他高度重视儿童的教育，特别注重教师的品格培养，关注师幼关系中教师尊重、理解幼儿的理念。教育家叶圣陶先生认为，幼儿教师除应有专业的理论基础知识外，更应学高为师，身正为范，积极修习自己的品德修养，做到德才兼备，才能胜任儿童教育的工作，才能做到良好的师生互动，才能发挥教育的力量，才能提升教育的质量，正是"其身正，不令而行，其身不正，虽令不从"。这些幼儿教师道德规范，是在原有历史基础之上，在传递、交流、舍弃、选择、创新等多次遴选中继承下来的，既离不开原有幼儿教师职业道德的基底，也离不开新的幼儿教师道德理念，这都是新时期幼儿教师所应该遵守的道德标准和道德规范。

研究者对幼儿教师职业道德规范的理解仁者见仁、智者见智。部分学者把幼儿教师职业道德作为幼儿教师应该遵循的原则和规范，如顾明远教授等。还有部分学者认为道德品质、道德修养是幼儿教师必备的职业道德，甚至把具有价值取向的教育观、儿童观、世界观等纳入幼儿教师职业道德。也有人认为幼儿教师职业道德规范应是上述两种相互融合，既是准则规范又是必备的情操和品质。纵观学者研究，我们发现关于幼儿教师职业道德的研究有其时代的烙印，有局限性，也有共通性。笔者认为，各时代对幼儿教师职业道德的研究关注点稍有差异，但总体的走向是，对于幼儿教师职业道德规范的内容在逐渐拓宽，对幼儿教师的职业道德要求越来越严格。

## 三、美国NAEYC《幼儿教师伦理操守准则与承诺声明》的特点及启示

### （一）美国NAEYC《幼儿教师伦理操守准则与承诺声明》概述

全美幼教协会（National Association for the Education of Young Children，NAEYC）是世界具有较大规模和影响力的儿童教师专业组织，成立于1926年，旨在通过个体和团体的努力，使每一名儿童健康发展。自20世纪70年代起，该组织就致力于制定幼儿教师伦理操守准则，经过多次修订补充颁布了《幼儿教师伦理操守准则与承诺声明》，该声明由3个主要部分组成，分别是核心价值观、理想目标和原则、承诺声明。

### （二）美国NAEYC《幼儿教师伦理操守准则与承诺声明》的特点

#### 1. 多维度的文本结构

经过多次修缮，美国NAEYC《幼儿教师伦理操守准则与承诺声明》的文本结构更加细致全面。其基于人际关系划分了4个维度，分别是对儿童的伦理责任、对家庭的伦理责任、对同事的伦理责任及对社区和社会的伦理责任（表1-2）。

表 1-2  NAEYG 幼儿教师伦理操守准则的内容维度①

| 内容维度 | 伦理责任 |
| --- | --- |
| NAEYC 幼儿教师伦理操守准则 | 对儿童的伦理责任 |
|  | 对家庭的伦理责任 |
|  | 对同事的伦理责任 |
|  | 对社区和社会的伦理责任 |
| 项目管理人员的伦理责任 | 对家庭的伦理责任 |
|  | 对个人的伦理责任 |
|  | 对支持赞助商和主管部门的伦理责任 |
| 教师教育工作者的伦理规范 | 对成人教育者的伦理责任 |
|  | 对实习站点的伦理责任 |
|  | 对提供培训的高等学校培训机构的伦理责任 |
|  | 对同事的伦理责任 |
|  | 对儿童和家庭的伦理责任 |
|  | 对社区、社会和早期儿童教育领域的伦理责任 |

### 2. 多层次严谨的内容

NAEYC 的《幼儿教师伦理操守准则与承诺声明》中，依据不同的关系分为两个层面，均有"理想目标"与"原则"的划分（表 1-3）。顾名思义，就是伦理规范中我们想要达到的终极目标，也是最理想的状态，这是对幼儿教师道德规范很高的精神追求，反映人们期望的幼儿教师德行规范。例如，在"理想目标"中就有很多这样的表述："认识和尊重每一个儿童独特的品质、能力和潜能"（理想目标第 3 条）。又如，"支持每一个儿童在融合环境中游戏和学习的权利，满足正常或是残疾儿童的需要"（理想目标第 6 条），这其实是一些想要抵达的方向②。与理想目标相对应的就是原则问题，主要用于指导实践，也就是提出了在实践过程中遇到真实的问题时，幼儿教师要有一条"基准线"，这条线是幼儿教师通常情况下需要达到和应该完成的。例如，"当我们有充足的理由来怀疑儿童受到虐待和忽视时，我们应该向有关社区机构报告，并且持续关注，来确保是否已经采取了合适的行动。必要情况下，家长、监护人应该被告知此事准备或者已经向有关部门报告"。③ "原则"往往具有很强的可操作性，指明幼儿教师应该做什么，如何去做；不应该做什么，如何避免。例如，原则中

---

① 姬生凯. NAEYC 幼儿教师伦理操守准则与承诺声明的演进与启示 [D]. 金华：浙江师范大学，2014：39.

② 姬生凯. NAEYC 幼儿教师伦理操守准则与承诺声明的演进与启示 [D]. 金华：浙江师范大学，2014：40.

③ NAEYC. Code of ethical conduct & statenient of commitment [EB/OL] [2013-10-20]. https://www.naeyc.org/positionstatements/ethical conduct.

第一条强调,"无论如何,我们不能伤害儿童"①,这就为幼教工作者设置了一条底线伦理。

表1-3 NAEYC《幼儿教师伦理操守准则与承诺声明》的层次分析②

| 规范层次 | 主要功能 | 常用词 | 最终指向 | 操作程度 | 评价难度 | 文字表达 |
| --- | --- | --- | --- | --- | --- | --- |
| 理想目标 | 激励 | 提倡、需要 | 个人思想、情感态度 | 难操作 | 难评价 | 较抽象 |
| 原则 | 指导 | 必须、应该 | 具体行为标准 | 易操作 | 易评价 | 较具体 |

再者,这些原则极好理解,在实践中容易与教师的实践相结合,也易于考核评价。

### 3. 多渠道大力宣传

NAEYC 的《幼儿教师伦理操守准则与承诺声明》作为全美幼教协会的最著名的声明之一,除了准则本身严格细致以外,与各方面的大力宣传密不可分。为推广该准则,美国特为其制作了相应的网站,民众可到网站随意下载,同时网站推送诸多与之相关的文件资料宣传,即时新闻等也随时更新。正是因为各方面的大力宣传,该准则才能够如此成功地为众人所知。除了电子网站,全美幼教协会还利用实体图书及实体店进行推广和分享。其会刊《儿童》(Young Children)每期都对幼儿教师伦理操守准则进行宣传;除了文本以外,还会向读者提出一些问题,引发讨论。

### 4. 多次精细化修缮

NAEYC 的《幼儿教师伦理操守准则与承诺声明》的制定还有一个极其显著的特点,就是在实践中不断地多次修缮和补充。可以说,"准则"是一个"活文本",每次在文本制定之后,网站推广或是实践运用中,都是其不断完善的开始。参与完善的人群由最初的制定者到后来的幼儿、社会团体、家长等全社会各界人士,众人的意见在讨论之后若是合理并科学就会在文本中增减或是修改。全美幼教协会还会依托全球教育的新趋势、新理念,逐步调整准则。例如,在全美幼教协会专业伦理准则2011年版本中的第一部分,原则第三条提到:"我们不应该因为性别、种族、国籍、移民地位、首选的家庭语言、宗教信仰、治疗状态、残疾程度或是婚姻地位/家庭结构、性取向或是宗教信仰和其他的家庭联盟是否相同将他们排除在活动之外。"③ 之后,为了适应社会变化和教育需求,增加了移民、首选的家庭语言这两项内容。2005年,全美幼教协会再一次对准则进行了目前幅度最大的一次修订:基于早期教育的新形势和挑战,将"尊重儿童、家庭和同事的多样性"加了进来。后期又根据一些实地调研,增加了很多具有伦理特性的精神层面的内容。这一准则类似于一个教师的保教行

---

① NAEYC. NAEYC's code of ethical conduct [J]. Young children, 2006 (3): 56-60.
② 姬生凯. NAEYC 幼儿教师伦理操守准则与承诺声明的演进与启示 [D]. 金华:浙江师范大学, 2014: 41.
③ NAEYC. Code of ethical conduct & statement of commitment [EB/OL]. [2013-10-20]. https://www.naeyc.org/positionstatements/ethical conduct.

为指南,教师可以利用它找准自己的前进方向,指导自己有所为有所不为。

### (三) 对我国幼儿教师专业伦理规范制定的启示

#### 1. 幼儿教师专业组织应该作为行业的引领

专业组织要在制定教师专业伦理规范的工作中发挥更大作用,其首先应该意识到伦理规范与道德要求对幼儿教师专业组织的重要意义,因为凡是称之为教育的活动,就已经将伦理道德的评价内含于其中①,作为一个有特殊意义的行业,必须要有自己的"行规",也就是要有自己的行业制度和规范。某一行业的规章制度严密程度与本行业的发展层次极度相关,"每一个致力于获得专业地位的行业都尝试发展出一套专业伦理守则"②。所以,幼儿教师的相关专业组织必须建立自己的完善制度与规范。同时在专业规范制定时要争取组织内部群体的一致意见,只有内部人员自身参与,在实践过程中大家才会自律,去遵守,去践行。因此,我们首先应该成立相应的专业组织,然后严控组织成员,并对成员进行培训,实现共同的追求目标。专业组织要做诸多工作。首先,作为一个部分推动政府的决策。以专业组织之名,争取政府的重视,使组织制定的规范更有效力。其次,基于一线或是调研,获取更丰富的资料,引领全行业分析解决现实存在的诸多伦理问题,群策群力,展开大范围讨论,使全行业形成一股劲儿,带动本行业发展。

#### 2. 准则文本应该具有较强的可操作性

事实告诉我们,把幼儿教师的专业伦理当作口号,放在一个空泛的文本中没有实际意义,不从幼儿教师的实际出发,不考虑现实幼儿园的基本情况,单纯论述伦理问题,很难走入幼儿教师的个体,也就很难实施。纵观全美幼教协会《幼儿教师伦理操守准则与承诺声明》,其把解决实践中的现实问题放在了准则的首位,把能够解决实际问题放在最重要的位置。我们知道,伦理作为一种高级品质,其形成经过由认识到认同、由观念到信念、由行为到习惯的过程,特别需要把伦理准则与规范从悬在半空中的空洞说教落实到幼儿教师实际操作性的实践当中③,因此,准则的操作性就显得尤为重要,这也是全美幼教协会的特点。准则将诸多内在品质通过外在行为显现来考察,使很多伦理"看得见,摸得着",以此来加强实操性,做到真正的解决实际问题。

我国尚缺乏独立的幼儿教师专业准则和伦理规范,更多的实际要求通常参考《中小学教师职业道德规范》。从规范的制定部门、参与人员来讲,确实有些专业特性和实践特性突出不明显,因此一些"爱岗敬业""教书育人""为人师表""终身学习"等字眼在实际的幼儿教师工作中并不具备极强的可分化的可操作性,因此这

---

① PETERS R S. Ethics and education [M]. Atlanta, GA: Scott, Foresman, 1967: 23-45.
② 拉尔夫·多戈夫,弗兰克·M 洛温伯格,唐纳·哈林顿. 社会工作伦理:实务工作指南 [M]. 隋玉杰,译. 北京:中国人民大学出版社,2005: 32.
③ 姬生凯. NAEYC 幼儿教师伦理操守准则与承诺声明的演进与启示 [D]. 金华:浙江师范大学,2014: 49.

些极好的号召不能作为实际的指令来引导教师朝向好的伦理行为迸发，也起不到应有的约束作用，对于规范教师的职业道德也很难保证。因此，一个操作性强的幼儿教师专业伦理规范，一定要基于幼儿教师的实践，基于幼儿教师的考虑。总而言之，我国幼儿教师专业伦理规范的建设要从"理想"状态回归"现实"状态，从高号召转向亲实践。

### 3. 文本内容严密全面

伦理规范的内容，本身就应该是严谨细致的。全美幼教协会颁布的准则条目相对清晰，各种关系明确，内容阐释全面。相对而言，国内的相关规范层次不清、条目重叠，主体不一等现象较多。另外，我国部分教师规范表述空泛，离实际较远。因此，学习和借鉴全美幼教协会针对不同的"关系维度"设置不同的目标，强化理想状态和现实近况的结合，使规范细致、更有层次、可操作性强，具有重要的意义。

### 4. 积极推广和宣传

一则专业伦理规范，只有使"所有人感觉到其内容表达了自己的理想和情感"的时候，才能被人们维护。[①] 伦理规范制定后，并不代表着结束，相反地，这仅仅是规范得以发挥作用的开始。因为只有一则规范能够被幼儿教师所遵守和应用的时候，才代表着伦理规范起到了本该起的作用。约束教师行为、保护对象利益、指导教师行为实践，这才是一则伦理规范最大的使命。要让一则伦理规范完成这一使命，就需要所有的幼儿园老师都能够了解这一规范最终的内容，能运用类似的规范指导实践。这就对规范后续的宣传教育提出了要求。全美幼教协会在规范的宣传方面做得很好，从其最早在1977年就开始尝试着把最初的《声明》印在每一张会员名片的背面。[②] 这样的宣传方式方便每个会员及时查看，并且随时随地都在宣传。印在会员名片上的举动一直维持到1992年，在后来宣传的途径被大大拓展。全美幼教协会的会刊《儿童》（Young Children），全美幼教协会的官方网站（www.naeyc.org）在特定的时间与专题内均用大量的篇幅对新公布、新讨论的专业伦理规范进行宣传。另外，在全美幼教协会的官方网站，伦理规范还以不同的语言来呈现，让不同文化背景下的受众都能看到并看懂。

我们在对已经制定的幼儿教师专业伦理规范进行宣传之时，可以借鉴全美幼教协会一系列的宣传方法，在教师专业组织的各种刊物上、网站上都可以刊登相应的规范及文件。更可以制作小的宣传册，发放到一线幼儿教师的手中，这样更便于幼教工作者在遇到"两难"问题时随时翻阅。同时，在伦理规范制订后，幼儿教师专业组织需要有针对地开展各类型的教育活动。这样的教育活动可以分为多种，例如，可以对新入职的幼儿教师进行专门内容的介绍与培训，也可以就幼儿教师实际保教活动中遇到的各种伦理问题进行案例剖析与疑难解答。

---

① 涂尔干. 职业伦理与公民道德 [M]. 渠东，付德根，译. 上海：上海人民出版社，2006：33.

② FEENEY S, FREEMAN N K. Ethics and the early childhood educator: using the NAHYC code [M]. Washington, DC: National Association for the Education of Young Children, 1999.

**5. 制定过程中要在关注实证的基础上积极交流互动**

第一，伦理规范的制订要关注实证研究。纵观国内对幼儿教师专业伦理的探索，绝大部分内容均是关于理论的讨论，大部分都把关注的焦点放在幼儿教师专业伦理规范在理想"应然"状态的讨论，而真正专业伦理规范的研究本应该关注幼儿教师"实然"的状态。NAEYC 的《幼儿教师伦理操守准则与承诺声明》在制定、实施、完善修订之前无一不是进行了大量的实证研究，同时我们也需要通过自己的专业平台（网站和杂志）进行广泛调查。实证的研究与广泛宣传主要有两个方面的作用。其一，搜集尽可能多的数据信息，可以为后续伦理规范的草拟与制订提供充足的数据支撑。其二，搜集的本身也是宣传规范、号召参与的过程。试想当一个准则大家都已了解了它的来龙去脉时，在情感上也更愿意去接受，更愿意去践行。

第二，关注与行业内外各层人员的交流与互动。在集思广益，接纳各方意见之后，更应该使制定的规范更具科学性与可接受性。同时，这样更能够在讨论交流环节及早发现准则中存在的问题，以及时纠正，提高效率。全美幼教协会《幼儿教师专业伦理规范与承诺声明》制定过程中囊括了多方精英，有像丽莲·凯兹（Lilian Katz）这样的幼教权威，也有像肯尼斯·基普尼斯（Kenneth Kipnis）这样的专业伦理学家作为研究顾问；既有广大一线的全美幼教协会的会员，也有董事会、伦理委员会的参与。在集思广益、广泛探讨的过程中即使伦理规范能代表各方的意见，又让整个协会内部联系更加紧密。后续规范的宣传之所以能够在多平台、多部门的通力合作下完成，与前期各部分的彼此交流密切相关。同时，有关伦理规范的互动与交流更要疏通渠道，让上下沟通更加方便。可在专业期刊上开拓专题，专门对相关伦理问题及规范准则文本进行讨论，更可定期在年会上组织专业的伦理问题研究小组深入讨论，倾听更多来自一线的声音，汲取更生动鲜活的实践经验。

# 第四节　家长心目中理想幼儿教师形象的调查

## 一、问题的提出

### （一）选题源起

幼儿教师形象代表一所幼儿园的整体水平和整体形象，是判断一所幼儿园好坏的重要标准。幼儿是民族的未来，祖国的希望，幼儿期是一个人成长的关键期，幼儿园是为幼儿打下良好基础的场所。现如今，家长越来越重视幼儿教师的形象，良好的幼儿教师形象对幼儿形成好的价值观有一定影响，可以在潜移默化中影响幼儿的性格、行为等。幼儿教师形象包括幼儿教师的体态、言谈举止、教育教学水平及对待幼儿的态度方面。

## （二）研究的意义

幼儿教师形象是学前教育职业形象的特殊形式，对于幼儿教师形象的研究有利于丰富教师教育的理论。理想的幼儿教师教育形象是确立学前教师教育制度的基础，明确理想幼儿教师教育形象，才能知道我们的教育应该培养什么样的人，同时，对幼儿教师理想形象的研究，也具有重要的实践价值。以家长的角度来探讨他们心目中幼儿教师的形象，可以找寻幼儿教师健康的形象，不仅有利于重新树立社会公众对幼儿教师的信心，更有助于儿童全面健康的成长和正确价值观的形成。同时，本研究还可以反思和改善幼儿教师的形象，给即将走上工作岗位的准教师提供借鉴和标准，对家园沟通也具有一定指导意义。

## （三）相关研究综述

### 1. 概念界定

（1）幼儿教师形象

幼儿教师是科学的、经过专门培训和具有较高专业知识的一种职业。[①] 幼儿教师形象主要是社会对幼儿教师整体的评价，在本书中幼儿教师形象主要指教师的外在形象和教师的内在形象。其中，外在形象包括语言、行为、外貌、性别等；内在形象包括性格、职业素养、人格、教育教学水平等。幼儿教师形象不是一成不变的，是可以通过学习、培训及提高学历而改变的。

（2）家长心目中的幼儿教师形象

幼儿教师在家长心目中的形象，主要是通过教师的行为表现、感知、与教师沟通及教师的职业修养这几个方面来评价。家长心目中的教师形象与幼儿的描述、家长自身的因素、家长与教师的沟通是分不开的。家长不仅从幼儿教师的外在形象来评价，内在形象也占很大比重。

### 2. 研究综述

本书研究的是家长心目中幼儿教师形象，运用了教育学和心理学的相关知识，已有的相关研究分为国内研究概况和国外研究概况。

（1）国内研究概况

对国内教师形象的研究年代久远，有着较丰富的记载。早在春秋时期，对教师的形象就有要求。孔子是中国历史上第一个人格独立的教师也是历史上第一位职业教师，他开创了私人讲学之风，被中国人尊称"至圣先师，万世师表"。《论语》里提到，"三人行必有我师焉，择其善者而从之，其不善者而改之"。韩愈对教师也有其独特的见解，他在《师说》中写到"古之学者必有师。师者，所以传道授业解惑也"。韩愈提出了教师的重要性，也表述了教师的作用，以及教师对学生的指导意义。荀子把教师放在很高的地位，并将其和国家兴衰联系起来。荀子对教师提出了严

---

[①] 冷启中. 教师必备的十大职业精神[M]. 长春：吉林大学出版社，2010：54.

格的要求，要求教师树立威信，要有丰富的教学经验，语言精练并能有自己的教学思想。关于师生关系的阐述，荀子有更深入的见解，他保留并继承发扬了教学相长的思想，应该建立新型的师生关系，尊师重教，教师与学生相互平等，相互激励进步。

现代以来，关于教师形象的研究逐渐增多，并且研究领域更宽广，研究方法更多样，研究内容更丰富。张德山的《探析景德镇陶瓷技艺教育的传承与发展》对教师形象的研究具有一定的代表性，提出了教师形象及教师形象学的基本概念，论述了建立教师形象学的基本框架及教师形象学的学科性质。关于教师形象实证的研究也有很多，例如，范希甄的《小学喜爱的教师形象》，认为完美的教师形象人格需要健全，学识需要较为渊博。

（2）国外研究概况

夸美纽斯的《大教学论》是世界教育史上第一部较为系统的教育学理论著作，《母育学校》是历史上第一部学前教育学著作。① 夸美纽斯认为，"教育应该把一切事物交给一切人"，"教师是太阳底下最光辉的职业"。他要求教师要以身作则，成为学生的榜样。洛克在《教育漫画》中强调，教师需要严格的挑选并且要具有较高的职业素质。他提出为孩子找到"一个教员或导师的时候，学问是应该有的，但是它应该居于第二位，只能作为辅助，更重要的是品质"。②

Elaine K. McEwan 的《培养造就优秀教师——高效能教师的十大特征》中提到，优秀的教师形象应具有"使命感和热情、积极而真诚、具有领导才能等"；Colin Lankshear 等的《教师研究：从设计到实施》突出研究了教师的角色；L. J. Saha 的《International Encyclopedia of the Sociology of Education》、西米森米·哈利等的《教师的影响》及 Jeffrey A. Kotter 等人的《怎么样成为一名优秀的教师》等书，都对教师形象的问题从不同的角度进行了探讨。我们发现，对于幼儿教师形象，国外研究要比国内的更为深入，且大多是实证性研究。

## （四）研究对象及其方法

本书以内蒙古某大学附属幼儿园的90名幼儿家长为调查对象，包括了4~5岁幼儿的家长。其中，4岁幼儿的家长45人，5岁幼儿的家长45人。本书使用的调查方法为问卷法、访谈法。

本书之所以使用问卷法，是因为问卷法可以对家长进行大面积调查，且能保证问卷的真实性和有效性，本次问卷是在2016年4月1日下午5点幼儿家长来接幼儿时发放，让家长在短时间内填写并回收，保证了效率与回收率。本次研究总共发出90份问卷，收回有效问卷87份。问卷回收后，利用Excel完成统计。

本书使用访谈法，访谈法可以面对面地和家长进行交流与沟通，能够直接获取有效数据和资料。本次访谈是在早上家长接幼儿时对家长进行的，共计访谈6名家长，访谈每位家长的时间在15~20分钟，并做了详细的笔录，在本书中节选了部分谈话内容作为案例。

---

① 夸美纽斯. 大教学论 [M]. 傅任敢，译. 北京：教育科学出版社，1999：33.
② 约翰·洛克. 教育漫话 [M]. 傅任敢，译. 北京：教育科学出版社，1999：67.

## 二、家长心目中理想幼儿教师形象

### (一) 家长心目中理想幼儿教师的外在形象

家长心目中幼儿教师理想的外在形象包括外貌、性别、语言及行为,家长对于幼儿教师的外在形象比较在意。研究显示,月收入越高的父母对幼儿教师形象的外在要求越高。通过问卷调查和访谈的方法,研究者对家长心目中理想幼儿教师外在形象做出以下概括。

#### 1. 外貌

通过问卷调查结果表明,关于理想幼儿教师的体型,有39%的家长认为理想幼儿教师的体型偏瘦,有61%的家长认为理想幼儿教师的体重较正常;关于妆容,有93%的家长认为理想幼儿教师应该是淡妆,其他家长认为无所谓;关于衣着,有57%的家长认为理想幼儿教师的衣着应是运动服,有36%的家长认为休闲服饰较好,有7%的家长对于教师衣着表示无所谓。总体而言,家长心目中幼儿教师理想的外在形象应为不浓妆艳抹,衣着干净整洁,给人清爽的感觉,体重较正常,不宜太胖、不穿奇装异服,最好穿运动服装。

#### 2. 性别

家长对于理想幼儿教师的性别有大的分歧。调查结果显示(表1-4),有76%的女性家长认为理想幼儿教师应是女性,家长认为,女性比男性要更细心和更有耐心,由女性教师照顾更放心。有57%的隔代亲属认为,理想幼儿教师应由女性担任,但不排斥男性为副班主任。有24%的男性家长认为理想幼儿教师应该由男性担任班主任,因为孩子尤其是男孩儿更需要阳刚之气,更需要有独立的品质,女性教师和男性教师处理问题的方式和解决思维不同,幼儿园也需要上一些体育课和武术课,家长认为这些课程由男性教师带领更好。

表1-4 家长心目中理想幼儿教师的性别

| 性别 | 家长心目中理想幼儿教师性别 | | |
|---|---|---|---|
| | 女性家长 | 隔代亲属 | 男性家长 |
| 女性幼儿教师 | 76% | 57% | 76% |
| 男性幼儿教师 | 24% | 43% | 24% |

我们发现,家长心目中理想幼儿教师的性别女性的比例比男性高。

#### 3. 语言

家长认为教师的语言很重要,对儿童会产生潜移默化的影响。有的家长反应,儿童回家后会和家长谈论幼儿园发生的事情,并且会和家长表演他们在幼儿园里的日常生活及教师说话的语气。语言也是一门艺术，鼓励性的语言能激发幼儿求知欲与探索欲，间接地为幼儿以后的发展打下良好的基础。有89%的家长认为理想幼儿教师的语言应该具备以下几点：说话条理清晰、语气温柔、经常使用鼓励性的语言夸奖幼儿。其中，有5%的家长认为教师说话条理清晰是最重要的，有6%的家长认为教师语气温柔是最重要的。从整体看，家长认为这几项应该同时具备。

4. 行为

幼儿教师合理的行为是家长心目中对理想幼儿教师形象的重要参考标准。幼儿会对教师的一些行为、生活习惯加以模仿。家长认为理想幼儿教师的行为包括：动作优雅、工作认真、没有不雅的行为、经常抚摸幼儿、对待幼儿有亲和力。有74%的家长认为理想幼儿教师的行为包括动作优雅、工作认真、没有不雅行为；有15%的家长认为理想幼儿教师的形象包括经常抚摸幼儿、对待幼儿有亲和力。

## （二）家长心目中理想幼儿教师的内在形象

问卷显示，有76%的家长更注重理想幼儿教师的内在形象，18%的家长更注重外在形象，有6%的家长认为内在形象与外在形象同样重要。家长心目中理想幼儿教师内在形象有良好的职业素质、健全的人格及较高的教育教学水平。

1. 良好的职业素质

良好的职业素质是一切教育教学的前提，热爱职业、热爱幼儿是作为一名幼儿教师最基本的职业素质，教师应平等对待每一名幼儿。在家长的心目中，有86.4%的家长认为幼儿教师良好的职业素质是非常重要的。在某种情况下，幼儿教师可以对幼儿的不当行为做出惩罚，但要掌握度，要以不伤害到幼儿的自尊、身体为基本准则，家长更加希望幼儿教师经常夸奖幼儿，以提升幼儿的自信。

教师对儿童的关注度会影响到儿童的性格发展。调查表明，有4%的家长只选择了一项，认为理想幼儿教师良好的职业素质包括热爱职业；有55%的家长认为理想幼儿教师良好的职业素质包括理解家长、热爱职业、尊重幼儿，部分家长补充了对待幼儿有耐心、平等等。总体来说，家长心目中理想幼儿教师良好的职业素质包括：热爱职业，热爱幼儿，尊重幼儿与家长，对待幼儿有耐心，平等地对待每名幼儿。

2. 健全的人格

教师所起到的榜样作用是无可替代的。教师与儿童接触频繁，教师的人格在很大程度上影响幼儿的身心健康。现如今，教师体罚和用语言侮辱幼儿人格的报道屡见不鲜，家长对此也忧心忡忡，教师一句无意的语言暴力，可能使幼儿产生很深的心理阴影，成为幼儿将来成长的一种心理负担。幼儿教师的教育是儿童成长的基石，有良好人格的教师引导的儿童会是阳光的、开朗的、乐于助人的。具有良好人格的教师更让家长尊重和信赖，家长更偏向于支持教师的工作，双方沟通会更加紧密，对幼儿的成长更加有益。调研数据显示，93%的家长认为幼儿教师的性格比较重要。11%的家长认为理想幼儿教师的性格是内向的，16%的家长认为理想幼儿教师的性格应是外向的，73%的家长对理想幼儿教师性格的内、外向抱"无所谓"的态度（表1-5）。幼儿所在班级的教师性格比较外向，幼儿的性格会比较开朗活泼，更擅长与人交谈，喜欢户外游戏，会主动和教师及其他小朋友打招呼。比较内向的教师所带幼儿性格比较内敛、听话，女孩比较文静，喜欢安静，男孩也比较听话，更加懂事，这些孩子更喜欢聆听、读书。

表1-5 家长心目中理想幼儿教师的性格

| 性格类型 | 内向型 | 外向型 | 无所谓 |
| --- | --- | --- | --- |
| 家长心目中理想幼儿教师性格 | 11% | 16% | 73% |

家长认为理想幼儿教师的健全人格应该具备以下几点：具有乐于助人的良好品质、积极向上的生活态度、有良好的心理素质，没有心理问题、平等的对待幼儿、有正确的人生观和价值观、能够与人为善，正确的处理问题，做事和想法不极端。其中，有34%的家长认为理想幼儿教师的健全人格应具有乐于助人的良好品质、积极向上的生活态度，有29%的家长认为理想幼儿教师的健全人格应能够与人为善，正确的处理问题，具有积极向上的生活态度，其他家长认为以上这几项都应具备。

**3. 具有较高的教育教学水平**

家长对于幼儿教师的教育教学水平的要求逐渐增高，要求幼儿教师不仅能歌善舞，还要知识渊博。这样的教师能让幼儿拓展知识范围，还能培养幼儿良好的身体素质和心理素质。对于幼儿来说，教师有较丰富的知识，更容易树立教师的威望，唤起幼儿探索的好奇心，家长对教师也就越信赖，教师具有较高的教育教学水平，也可以带动班级儿童的学习欲望。

调查结果显示，有85%的家长认为理想幼儿教师的学历水平和教学能力一样重要；有7%的家长认为理想幼儿教师的学历水平比教学能力重要；有8%的家长认为理想幼儿教师的教学能力比学历水平更重要。总体来说，大部分家长心目中理想幼儿教师不仅具备较高的学历水平，也要具有较强的教学能力。有33%的家长认为理想幼儿教师较高的教育教学水平包括较强的教学能力、具有教学反思能力；有70%的家长认为理想幼儿教师较高的教育教学水平包括较强的教学能力、专业知识过硬，具有教学反思能力，科学知识和教学实践的经验。

# 三、影响家长心目中理想幼儿教师形象的因素

研究者认为，影响家长心目中理想幼儿教师形象的主要因素有家长自身的因素、社会因素及幼儿教师的因素。

## （一）家长自身的因素

家长的学历水平高低、家长对儿童教育的关注程度、家长的经济状况都会影响家长对幼儿教师形象的判断。研究表明，家长的学历水平越高，对儿童的教育关注越多，对幼儿教师形象要求的越具体、越明确，对幼儿教师的形象内容要求也越高。家

长对幼儿教师有偏见或对部分教师不满意，会降低幼儿教师形象整体水平的评价。在家长心目中幼儿教师形象的调查中，幼儿对教师的喜爱程度也占决定性因素。据对家长的调查，幼儿会经常和家长提起自己的教师，幼儿对教师的喜爱会直接影响家长对理想教师的判断，诸多家长通过幼儿的描述和倾向，判断幼儿教师的职业道德修养，从而内化为对理想幼儿教师形象的客观标准。

### （二）社会因素

随着社会不断发展，物质水平不断提高，人们不断追求精神生活的提升，幼儿教育问题被日益提上日程，幼儿园也日益备受关注。越来越多的家长也认识到幼儿教育的重要性，幼儿时期是人一生的关键时期。幼儿教师是幼儿教育的直接实施者，幼儿教师的素养关乎幼儿教育的成败。而近些年，社会媒体为自己舆论头条的私利，将暴力语言的矛头指向幼儿教师，报道不完全符合实际的虐童事件，损坏了幼儿教师在部分家长眼中的形象。文化水平低，没有经过严格筛选，甚至没有教师资质的人进入幼儿园工作，所带来的不利影响直接关乎幼儿教师的职业道德问题。但这部分人毕竟只是少数，幼儿教师整体队伍仍是品格良好、素质较好的群体。由此，家长更加重视幼儿教师整体素质普遍提升，对幼儿教师的要求也更加严格，对幼儿教师理想形象也更加渴望。

### （三）幼儿教师的因素

幼儿教师自身的修养与品质，也是影响其自身形象的主要因素。良好的个人修养易给家长带来舒适的感觉，家长愿意与之沟通交往。能构建良好师幼关系的幼儿教师更容易与家长形成共鸣，也是众多家长渴望的幼儿教师形象。谦和尊敬的态度更能加强家长对教师的认同。经调查，幼儿教师自身的打扮、语气、语言都会影响其在家长心目中的形象，温柔、衣着整洁亮丽的教师会更受家长的欢迎。而一些不当做法则会另家长生厌，例如，在访谈中有的家长提到教师涂各种颜色的指甲油，幼儿也要求家长给自己涂；有些幼儿教师会把不良的情绪带到班级，幼儿会因此变得很烦躁。教师自身的因素会影响其在家长心目中理想形象的树立。

## 四、结论及研究反思

### （一）结论

通过研究，对家长心目中理想幼儿教师形象我们得出以下结论：理想幼儿教师形象包括外在形象和内在形象。其中，外在形象包括：外貌上，不浓妆艳抹，衣着干净整洁；言语上，说话条理清晰、语气温柔、经常用鼓励性的语言夸奖幼儿；行为上，动作优雅、工作认真、没有不雅的行为、经常抚摸幼儿、对待幼儿有亲和力。内在形象包括：良好的职业素质、健全人格、较高的学历、较强的教学能力、过硬的专业知识且具有教学反思能力、一定的科学知识和教学实践的经验。

## （二）研究反思

本次调研的结果值得我们反思。本书中论述的家长心目中理想幼儿教师形象在现实中是否存在？在调查中答案是肯定的。随着社会各界对幼儿教师这个职业的关注度不断提升，幼儿教师的压力日益增大，社会和幼儿园对幼儿教师的要求越来越高。如今，若想成为一名合格的幼儿教师需要经过一系列严格的筛选和考评。所以，家长心目中理想的幼儿教师形象具有现实可能性。在访谈中，研究者提出了"您希望理想的幼儿教师是什么形象？"这一问题，针对此问题，家长有代表性地回答如下："我和先生的工作较忙，大部分时间都在工作，很少能抽出时间陪孩子，在幼儿园里我希望理想幼儿教师可以像父母一样，让幼儿在幼儿园里也可以感受到家庭的温暖。我认为理想的幼儿教师不仅能教会幼儿知识，更重要的是培养幼儿健康的人格。还有，我认为教师应该是孩子的好朋友，及时和孩子沟通交流，满足幼儿的心理需求。"从这位家长的回答中可以看出，家长希望幼儿教师能够像父母爱自己的孩子一样，爱每一名幼儿。希望教师在儿童面前除了教师形象外，让幼儿感受到父母的形象，包括外貌、性格、职业素质、人格等方面。幼儿园应加大对幼儿教师的入职培训和在职培训力度，社会舆论导向应多宣传幼儿教师美好形象，同时幼儿教师通过自主努力，提升自己的专业文化水平和自身修养，锤炼自身的实践智慧，这样，成为家长心目中理想的幼儿教师便指日可待。

本研究从家长的角度来调查幼儿教师形象，让我们对幼儿教师这个职业有了更深层次的认识。家长心中幼儿教师的形象，能反映出当代社会所需要的幼儿教师形象的要求，幼儿教师不仅需要较好的外在形象，也要努力提升自己内在的修养，作为幼儿教师也要与时俱进，不断创新，不断更新教育教学理念，用更加科学的方式引导幼儿；以积极向上的心态，活到老，学到老，建立终生学习的意识，不断提高自身的文化水平和追求高层次的精神境界。

笔者读过一本书，书中写道："在教室里，每一个小孩都是一棵树，是珍贵的生命，是夜空中飞翔的萤火虫，是运转的星星；他们都有自己的生命。那些生命，在冬天里我们的一呼一吸之间，仿佛是小小的影子，在草丛里飘摇跳荡，阳光一照就不见了。教师必须有那种态度跟心灵，去捕捉、去游戏、去体会其中的神秘。"幼儿教师应该用心去对待每一个孩子，他们都是不同的，却能带来同样的温暖和感动。

# 第二章

# 幼儿教师行为道德失范窥探

## 第一节 幼儿教师体罚行为论析

在我国传统教育中,体罚一直被视为一种行之有效的教育方式广泛使用。而随着对儿童和教育研究的不断深入,人们已经越来越意识到体罚对儿童带来的伤害之大,已触及了教育的底线。但近几年,各种新闻媒体都有关于幼儿教师体罚幼儿造成恶性后果的报道,有的致伤、致残,更有甚者竟使被罚幼儿死于非命。据《河南商报》公开报道的不完全统计显示,仅 2009 年到 2012 年不到 4 年时间里,因教师体罚幼儿造成幼儿身心受到严重伤害并公开见诸报端的事例就有 20 几起,使得幼儿教师这个群体饱受争议。人们在议论这些案例的时候只注意事件本身,而忽视了造成这种体罚现象的深层次原因。本章试图从幼儿教师这一群体出发,探讨体罚现象背后的真实原因,对幼儿教师体罚幼儿现象进行辩证的分析,并提出有效解决办法来预防和减少幼儿体罚现象的发生。

### 一、相关概念界定

#### (一) 惩罚的定义

顾明远主编的《教育大辞典》将惩罚界定为"对个体或集体不良行为给予否定或批评处分,旨在直指某种行为的发生,与奖励相对,为学校德育采取的一种方法。有利于学生分辨是非善恶、削弱受罚行为动机、达到改正的目的,也有利于损害学生的身心健康"。

《现代汉语词典》中认为,处罚是"对犯错误或犯罪的人加以惩治",惩罚是"严厉地处罚"。意思是,惩罚要比处罚严重。

贺春湘、王兴兵在《试论当前学校中的惩罚教育》中把惩罚界定为"是对过错行为的处罚或制裁,是人们为了保证法律和社会规范的严肃性和有效性,对违反法律和规范的行为采取的手段"。

#### (二) 体罚的定义

顾明远主编的《教育大辞典》中把体罚界定为"以损伤人体为手段的处罚方法",具体指:"用触及身体皮肉等有损身体健康和侮辱人格性质的方式来惩罚学生的方法，如罚站、罚跪、打手心、拧耳朵等，是奴隶社会和封建社会学校教育中所实行的'棍棒'纪律的具体表现形式。""变相体罚"指"留堂、饿饭、罚劳动、重复写字几十几百遍等"。

《现代汉语词典》中认为，体罚是"用罚站、罚跪、打手心等方式来处罚儿童的错误教育方法"。这只是对体罚进行了表面的鉴定，并没有揭示其本质的含义。

《中小学教师职业道德修养》一书中对体罚的定义是这样的："体罚是指对学生身体的惩罚。变相体罚，即并不直接对学生人身诉诸拳脚和工具，而是以各种借口并以其他形式间接地对学生进行处罚。"

一直以来，人们接受或是默认体罚，往往与我们对惩罚和体罚的概念认识不清有关，实际上惩罚和体罚之间存有本质差异。惩罚是在保证不伤害幼儿身心前提下，对个体或集体的不良行为给予否定或是批评的一种教学方式[1]；而体罚则损害了幼儿的身心健康，违背教育的初衷。结合顾明远主编的《教育大辞典》对体罚的界定，我们认为体罚是教师借助自己的身体或一定的工具对幼儿的身体施加侵害，通过控制幼儿身体以使其感到痛苦和不便的侵害行为（如罚跑步、罚站、罚跪、罚体力劳动等），以及损害幼儿心理的言语动作等（如威胁、呵斥、讽刺、挖苦、辱骂、刁难等心理攻击）。

## 二、研究综述

研究发现，体罚制度无论是在中国还是西方国家均由来已久，教师体罚一直是研究者关注的重点，国内外各专家、学者从各个角度进行了较为全面的分析。但由于研究者的侧重点不同，还是形成了多种对教师体罚的解构和探讨。关于幼儿教师体罚现象的学术研究较少的，研究较多的是关于中小学教师的，研究者角度不同，观点不一。下面主要从以下几个方面对其进行论述。

### （一）体罚行为的法律解构研究

维权意识对于幼儿来说就像纸上谈兵，因为他们的思维还没有达到这个水平，他们更多的是服从权威，听从教师的指示，很少会反抗教师。因此一部分研究者注重使用法律武器来保障学生免受伤害，一些强制性国家层面法律的出台及完善能够从很大程度上避免体罚等不良事件的发生。研究体罚行为的法律责任，对于减少或是消弭教师体罚儿童有着重要意义。

我国大部分学者认为，应该彻底消除教师的体罚行为，加强师德师风建设，强化教师思想品德教育，提升教师的法律知识及法制观念。从法律角度研究教师体罚的学者，一般借用实际的案例来剖析教师体罚所应承担的后果，即基于不同案例所应承担的法律责任。相关资料显示，我国当今对教师体罚法律责任研究主要基于现有相关法律的初步简单运用。研究者认为，从我国涉及体罚的法律出发，根据教师行为情节的轻重程度，阐述体罚学生要承担的法律责任。刘辉（2005）在《我国中小学教师体

---

[1] 顾明远. 教育大辞典[M]. 上海：上海教育出版社，1997.

罚及其法律责任研究》一文中剖析了当前我国中小学体罚的现状，借用国外现行相关法律，通过对学校和学生法律关系的法理分析、对教师权力和学生权利的定位，阐述了教师体罚的行政法律责任、民事法律责任、刑事法律责任。牛婷婷、刘华飞（2014）认为，法律对于体罚的明确、细致的规定能够使体罚得到良好的执行，并且通过用法律的程序控制体罚的过程，用法律的后果强化体罚造成严重后果的责任，能够最大限度地执行学校纪律，实施体罚这一教育措施，达到教育的目的。体罚应当考虑是出于何种目的，是否尊重学生的个性特征，是否造成严重后果。超出这些规制的应当承担民事、行政甚至刑事责任。另有一部分研究者关注体罚的反思，分析体罚背后的思考。他们认为，要杜绝常常发生的体罚现象关键在于法律上对教师的惩戒权要加以明确，并使之制度化。也就是说教师承接学生的权限制度化、明确化。另外，还有一部分学者从变相体罚角度出发，就变相体罚的内涵、特征及类型等进行论述，提出应避免这种隐蔽性体罚的产生，同时要规范教师的教育行为，避免体罚事件的发生。

## （二）教师体罚儿童危害、原因及对策的相关研究

### 1. 有关体罚的危害研究

研究证实，从效果上看，体罚不仅不能消除学生的某种偏差行为，还会对学生心理产生长久甚至是终身无法弥补的不良影响。从行为主义、认知主义、人本主义、建构主义各角度来讲，均认为体罚是极其不恰当的行为，并不能成为良好教育的手段。

朱新民（2008）在《体罚的危害与防治》中指出："其一，伤害学生的身体；其二，伤害学生的心灵；其三，影响学生的学习；其四，破坏师生关系；其五，危害社会。"刘春霞（2006）在《教师体罚学生的危害及其对策研究》中表明："体罚影响学生的身心健康，体罚损害学生人格的正常发展，体罚影响学生智力的发展，体罚违背了教育教学规律。"罗晓路、俞国良（2003）在《教师体罚行为：心理危害、归因方式和对策研究》中谈到，体罚会伤害学生身体，导致智力障碍；体罚会使学生习得攻击行为，从而增加犯罪概率，阻碍学生良好个性社会化发展；体罚易使学生出现心理健康问题，体罚使学生自我认知和自我评价低，易使学生抑郁、过度紧张、逆反等。

### 2. 有关体罚的原因研究

体罚原因是研究者关注的焦点问题之一，不同学者从多角度分析了教师体罚儿童的归因，包括教育机构、家庭、教师及学生自身等；同时从心理学、社会学等多学科角度进行理论解构。罗晓路、俞国良（2003）在《教师体罚行为：心理危害、归因方式和对策研究》中对教师体罚儿童做了两类归因分析：一类是外因，主要观点是社会和文化特征是出现体罚现象的宏观环境；而教师的性别、性格、生存状态、专业技能是体罚现象发生的内因。但汉礼（2004）在其文章《中小学体罚或变相体罚现象的特点与成因》中从外围环境、教师强化、学生自身经历和性格3个方面对体罚现象的原因进行了较详细的分析。闫旭蕾、葛明荣（2008）在《解析教育场域中"体罚"成因》中尝试从身体社会学视角探讨教师体罚的根本原因，拓宽了对体罚的

理解范围。柏玮（2014）认为，教师体罚的原因涉及教师教育理念和态度、教育方法、个人心理结构及工作压力和教育立法方面。

综上所述，导致学生遭受体罚的原因多种多样。无论是哪种归因方式，不管体罚的情节轻重，体罚现象仍然广泛存在于我们的教育领域中。

**3. 减少体罚的对策研究**

对减少教师体罚的策略或措施，学者们进行了众多研究。研究者往往从心理学、教育学、社会学等多方面出发进行探讨，多数研究者将体罚的对策定位于客观环境和主观意向，论述法制、舆论、周遭环境应做出的改变，探讨教师的职责和素质提升，为了保障教学质量，树立教师权威，规避体罚现象做出了应有的努力。甘喜章（2000）在《浅析教师体罚学生的原因及对策》中谈到，应从提升教师素质、强化师德建设，加强教师法律知识培训学习，开展教师法律相关活动，帮助教师树立正确的教育观念等方面入手，来遏制教师体罚现象的发生。伍德勤（2006）在《中小学教师体罚行为论析》中论述了应从教育工作者理解禁止教师体罚学生的意义、加强教师的教育、正确对待教师的惩戒权3个方面禁止教师体罚行为。蒋波（2003）在《教师体罚学生的心理成因分析与对策》中强调制止或是防止教师体罚儿童的策略有："第一，加强心理教育；第二，转变教育观念；第三，提高教师素质；第四，加强监督管理；第五，促进家校合作。"曾志华（2015）在《衡阳市中小学体罚现象的现状、原因和对策分析》中建议：首先，应健全法律制度，使教育者明确法律责任，细化追究机制；其次，应培训教师，提升教师道德素养；再次，从学生角度出发，探索学生的法制化管理；最后，应提升家长的法律意识和知识。

文献显示，国内外幼教研究者对教师体罚的研究已初具规模，但仍存在不足之处。大部分研究者从宏观角度出发，对教师体罚进行了理论探讨，但是实证性的实验及调查研究的科学性尚很欠缺。幼儿教师体罚的直接研究屈指可数，相关研究散见于中小学教师体罚的论述当中，探讨的比较笼统，而且主要是一些网络的讨论，从学术的角度进行研究极少有人涉及，无论是在研究范围上还是在研究方法上都很不成熟。相对于以往的研究，本研究有其独特的价值，在研究对象上，拓宽了以往中小学教师的研究范围，初次系统地对幼儿教师的体罚现象进行研究，研究对象上有所创新。在研究方法上，采用了调查、访谈、观察等多种手段，通过理论与实践相结合的研究方式进行研究，使研究更具准确性和客观性。

## 三、研究方法

### （一）文献法

笔者通过对期刊、图书与各种资料的阅览与收集，进行信息加工与整理，将与教师体罚有关的文献进行了系统梳理，对幼儿教师体罚现象进行比较深入的论析，并对其产生的教师因素和应采取的对策进行深入的理论探讨。把握国内外相关的研究现状，分析了成果及不足，为研究做好铺垫。

## （二）案例分析法

在论析体罚对幼儿造成的危害时，研究对从报纸、期刊及网络搜集的各种典型案例进行分析，可引起读者对目前我国幼儿园出现的种种体罚现象的重视，突出体罚对幼儿造成的危害性，使研究内容变得有血有肉，更加丰满，具有说服力和可信度。同时结合笔者在幼儿园观察 2 个月的实际案例，阐述幼儿教师体罚行为具有真实性。

## （三）访谈法

通过对某市两所幼儿园教师的访谈，了解他们对体罚的看法，笔者一部分访谈是在实习过程中进行的，对其访谈内容以日记的形式记录下来；另一部分访谈是在电话及网络上进行的，笔者以平等的身份与其交流，与他们共同探讨有关体罚的问题，访谈用的工具是笔记本和纸。访谈结束后将记录内容进行详细分析，从而了解为什么幼儿教师会出现体罚幼儿的行为，以便为解决对策提供理论依据。采用观察法主要是通过真实的情景观察来证实问卷和访谈的真实性，以保证调查的真实性。本研究主要采用非参与观察的方法，通过观察几位幼儿双语教师的教学活动，进行了详细的文字记录，了解实际教学中双语教师的教学能力情况。

## （四）观察法

笔者每天与幼儿教师接触，也了解到一些发生在本班级的体罚现象，可见幼儿园里的体罚现象是真实存在的，应给予足够的重视。笔者在完全自然地状态下进行观察，比较符合幼儿园的实际情况，将观察到的有关体罚的内容也是以日记的形式记录下来，为分析教师体罚幼儿的原因提供事实依据。

# 四、幼儿教师体罚幼儿造成的危害

## （一）损害幼儿的身心健康

很多体罚行为直接作用于幼儿身体，对其身体伤害极大。学前期是幼儿身体发育快速的时期，但身体各器官还未发育完善，因此由体罚所产生的不适当外力极易伤害幼儿。教师往往在情绪激动状态下体罚幼儿，其动作具有极大的冲动性和伤害性，具有不可预见性。幼儿教师对于自己的动作掌控会失去分寸，很可能造成严重的后果[①]，这种极端行为对幼儿的身体健康易构成极大的威胁。据《扬子晚报》报道，2010 年 12 月 14 日，江苏兴化板桥幼儿园 7 名儿童因上课说话被该幼儿园女教师易某用电熨斗烫伤。其残忍的行为很可能在幼儿脸上和心理留下永远抹不去的疤痕，可见体罚对幼儿构成的影响是十分巨大的。

相对而言，体罚对幼儿心理的伤害则更具隐蔽和持久性。诸多研究表明，体罚会

---

① 张婷. 小学教师体罚现象研究 [D]. 长沙：湖南师范大学，2011.

使幼儿平均智商分数降低，究其因，身体的敲打极易伤到大脑（如大力拍打屁股易使颅骨变形），而体罚中以压服、训斥、讥讽等手段损害儿童人格的做法，给儿童心理造成的创伤更是难以弥补的。它挫伤了儿童的自尊心，妨碍儿童自我意识的发展，摧残儿童健康的感情，容易使其形成不良的性格，如自卑、懦弱、孤僻等，这种不良性格的形成不利于儿童的健康成长。经常被打的儿童易形成自我否定、自卑的性格，不利于其社会性和认知的发展。再者，幼儿好模仿，教师体罚的双手、狰狞的面孔容易误导儿童，影响幼儿的行为方式和良好性格塑造。调查材料表明，学前期是一个人社会化发展的重要时期，因此幼儿园生活在幼儿个体社会发展当中所起的作用就显得格外突出。幼儿在幼儿园的社会化主要是通过与教师的互动作用来完成的，尤其是学前阶段，幼儿个体常常把教师的态度、行为作为自己行动的参考标准，教师的一言一行对他们的影响都很大。由于幼儿各方面的发展还不成熟，在与教师交往的过程中，尚不能像成人一样能将交往对象作用于自己的手段和目的区分开来，当受到教师的体罚时，一般很少会去体会教师体罚的动机，而往往只是关注自己在教师心目中的地位遭到多大程度上的否定。随着受体罚和变相体罚次数的增多，幼儿自我否定的成分也逐渐增加，这就很容易引发幼儿个体与他人、社会的冲突，产生强烈的社会否认感，形成扭曲的心理，从而影响个体社会性的发展。

### （二）破坏正常的师幼关系

师幼关系是评价学前教育质量很重要的指标，良好的师幼关系是幼儿健康和谐发展的前提。处于学前期的幼儿往往非常崇拜自己的老师，有着很强的向师性，教师的言语态度行为对幼儿有着深远的影响。而实际教学过程中，教师通过体罚树立的威信，往往是建立在破坏与幼儿情感的基础之上的。调研中发现，部分专业教师缺乏对幼儿教育的深刻了解，无法采取正确的引导方法，当幼儿出现学习理解困难时，教师则会在极其恼火的情况下责打幼儿，尤其是调皮的幼儿，几乎天天都少不了被斥责。事实上教师的这些言行大大地伤害了幼儿的自尊心，破坏了师幼间的正常关系。采用挖苦、体罚甚至是甩打等方式使幼儿折服，不能从根本上改善班规及幼儿"不听话"的整体状况，反之会拉大教师与幼儿的情感距离。动辄体罚幼儿的教师，从当时的情境看似乎镇住了幼儿，解脱了自己的困境并维护了教师的自尊，实际上是把自己从一个正面教育者的角色转化为幼儿敌视的对象，教师在幼儿面前建立的是一种虚假的威信，幼儿在表面上害怕、服从，内心却认为老师不友好，在心里降低了对老师的评价，从而导致师幼之间情绪的对立和紧张的关系。许多幼儿园实际案例表明，教师对幼儿的体罚或变相体罚，不能从根本上改善班级的风纪，更不能增进幼儿的自律，反而会使问题进一步恶化，甚至导致师幼之间产生激烈的冲突。

### （三）有损幼儿教师与幼儿园的形象

教育历来被看作最纯洁、最神圣、最高尚并且最具人情味的事业，教师也被誉为"人类灵魂的工程师"，幼儿教师是儿童的"天使妈妈"和"引路人"，幼儿教师这一职业在人们心目中的地位神圣。然而由于体罚，和蔼可亲、微笑有礼、宽容忍耐的幼儿教师形象变得荡然无存，同时幼儿园的形象与声誉也随之受到影响。近年来，因为幼儿园中教师体罚幼儿，家长与幼儿教师对簿公堂、家长联合亲属与园所发生冲突的事件时有发生。很多家长已将园内是否安装监控设备作为其是否送孩子入园的重要条件，可见，由于部分体罚现象的出现，家长对幼儿园的信任度降低。

### （四）使家庭教育与幼儿园教育之间出现鸿沟

据笔者了解，虽然一些家长让教师好好管教幼儿，放心地把幼儿交给教师，可是绝大多数的家长从心里不赞成幼儿教师以体罚或变相体罚的方式教育幼儿。当家长发现教师采用体罚的方式对待幼儿时，家庭和幼儿园的矛盾也已开始。一位家长将幼儿送至每月4000元的托幼园所，幼儿每天回家都会说很饿，家长偷偷潜伏至幼儿园厨房，看见了令人作呕和可悲的幼儿园伙食，家长反映至园长处后，反而他的孩子成了教师体罚的重点对象。还有一位家长，发现幼儿身体上总是有伤，幼儿说是教师摔打所致，多次询问教师未果，只能偷偷让幼儿带了录音笔至幼儿园，录下了幼儿教师体罚辱骂幼儿的真实场景，遂家园闹得不可开交。家园合作才能更好地促进幼儿发展，而由于体罚所导致的家园关系失衡，会直接使幼儿园教育和家庭教育之间出现鸿沟，影响整个幼儿教育的发展，从而折损幼儿早期教育的质量。

## 五、幼儿教师体罚幼儿的原因分析

### （一）传统教育观念作祟，没有树立正确的教育观念

"花枝不修不开，孩子不打不成才""严师出高徒""棍棒底下出孝子"，这些传统的教育观念成了部分教师体罚幼儿的"道理"。在考察幼儿教师对于网络上曝光女教师虐童事件的态度时，一些教师明确表示比较赞成体罚，"孩子不打不行，尤其是刚入园的小孩，必须给一个下马威，让他害怕你"；"比如他不想上幼儿园，硬往外面跑，找爸爸妈妈，千万不能让他出去，必须立刻制止，收拾他，不然他下次还往外面跑，到时候就管不住了"。赫尔巴特的"教育中心主义"理念引导了整个世界。在我国，师道尊严的观念由来已久，这严重影响了一些幼儿教师对自己的角色定位。[①]使得他们认为体罚的出发点是好的，是对幼儿负责，不打不成才，在他们眼里体罚是理所当然的事情。

### （二）法制观念淡薄，自身品德修养差

《义务教育法》第二十九条明确规定，禁止教师体罚学生。《未成年人保护法》第二十一条也规定："学校、幼儿园、托儿所的教职员工应当尊重未成年人的人格尊严，不得对未成年人实施体罚、变相体罚或者其他侮辱人格尊严的行为。"而实际上，这些法律条款并没有受到足够重视，个别教师甚至都不知道这些法律法规的存在。访谈过程中发现，许多教师对《教师法》《未成年人保护法》《义务教育法》等相关法律法规没有进行系统的学习，并不知道自己的行为已触犯法律，有些教师甚至

---

① 蒋亚莉. 教师体罚学生引发的反思 [J]. 科教文汇, 2009（12）：16-17.

没听过《儿童权利公约》。这足以说明部分幼儿教师对教育法律不了解、不重视，法律观念淡薄。

另外，有些教师缺乏相应的职业道德，对于自己作为幼儿教师应该承担的责任和义务无清楚的认识，缺乏责任心。一则认为，幼儿小，即使对其体罚，幼儿也不懂，不易被发现；二则认为，变相体罚和不公正的待遇是正常的社会现象。可见，部分幼儿教师缺乏职业道德素养，离合格幼儿教师还有一定距离。

### （三）身心压力重，缺乏排解渠道和方法

由于幼儿教师工作具有艰巨性、细致性、整体性、感染性和示范性等特点，因此幼儿教师的工作比其他阶段教师更加细致、辛苦。严格的考核制度、繁重的保教工作、多样化的家长需求给幼儿教师带来了巨大的压力，使得一些教师身心疲惫不堪，部分幼儿教师出现焦虑、抑郁等不安情绪，从而导致教育行为失当。

访谈中，教师们普遍抱怨天天辛苦工作，对孩子负责，对得起自己的良心，却换不来家长的理解；有些家长故意挑刺儿，特别矫情，教师没有得到应有的尊重，在心理上很不平衡。一名教师说："幼儿园上午的时间很难熬，持续时间长，特别是每到幼儿园开展活动的时候，是我们最累的阶段，不仅要承担教学任务，而且要组织幼儿进行舞蹈、绘画等方面的练习，一个老师身兼数职，所以十分劳累。"诸多研究表明，一线幼儿教师身心压力大，高压下的教师有些存有心理障碍，有时明知体罚儿童不对，可无法左右自己的情绪状态，更没时间、没渠道来排解。

### （四）缺乏对应的培训引导，不懂有效的教育策略

职前教育实践有限，职后缺乏针对性培训，致使一些幼儿教师从教热情高，但缺乏实地教育能力，对违反纪律的幼儿缺少相应解决方法，因而体罚。笔者在幼儿园观察到，一些青年教师缺乏教学、管理经验，教学方法单一，幼儿不感兴趣，教师又想极力维护课堂秩序，从而采取体罚这种不当的教育手段。而当这种方式确实能在短时间内奏效时，就会成为一些教师长期用来管制约束幼儿的法宝。此外，一些采取体罚的老教师带新教师时，也容易使新教师效仿。而一些幼儿园缺乏对教师教育策略等方面的培训和学习，教师教育和处理问题的能力未得到应有的提升，因此往往使用体罚这种手段强迫幼儿接受知识。

## 六、预防幼儿教师体罚幼儿的对策

### （一）树立正确的教育观念，转变落后的教育思想

儿童是人，是一个与成年人一样的享有人的一切基本权利的人，是独立的人；儿童是有个性的人；儿童是一个不断发展着的人；儿童具有主观能动性。教师应该尊重儿童的人格尊严和合法权益。在传授知识的同时，教师对幼儿要动之以情，晓之以理，导之以行，持之以恒，这正是当今社会所提倡的以幼儿为本，构建和谐幼儿园的理念。无论是职前的师范学校，还是职后的幼儿园，都要消除封建传统残留下来的有

害教育思想，努力构建和谐、互动、平等的师幼关系。对幼儿进行教育，如果能用以理服人的说服教育、动之以情的关怀、榜样示范的诱导等方式，幼儿都会改变。在纪录片《巴学园》中就有一个很淘气、霸道，经常欺负其他小朋友的另类儿童，但是在园长李跃儿的耐心教导下，他开始慢慢转变，从片中可以看到他转变的点点滴滴，最后他竟然能成为孩子们的小领导，不但遵守纪律，不欺负小朋友，反而主持正义，为其他小朋友排忧解难。所以事实证明，说服教育还是有效的。简单粗暴的施压和体罚是落后的教育观念和做法，只能使教师在幼儿的心中丧失人格和威信。

### （二）加强职业道德修养，增强法制观念

我国文学家、教育家夏丏尊说："教育的水是什么？就是情，就是爱。教育没有了情爱，就成了无水的池，任你四方形也罢，圆形也罢，总逃不出一个空虚。"由此可见，爱是教育的关键，而体罚是与爱的教育相悖的。

"其身正，不令而行；其身不正，虽令不从。"幼儿教师要从一言一行中对幼儿产生潜移默化的影响，用实际行动说话；要摆正师幼关系，建立民主平等、合作友爱、教学相长的新型师幼关系。教师对幼儿要孜孜不倦，耐心细致，循循善诱。

在访谈中了解到，部分园所对幼儿教师进行在职培训，但主要内容无非是新的教育教学方法，如蒙台梭利教学法、奥尔夫音乐教学法等，而对于教师法律基础知识方面的普及很少。一些文化层次偏低的幼儿教师连基本的幼儿政策法规都不知道，因此笔者建议幼儿园在进行在职培训或岗前培训时，一定要重点让教师学习相关的法律法规，了解违反法律所要承担的责任，也要明确自己的权利义务，用法律保护自己。

### （三）改善幼儿教师生存环境，注重心理疏导

针对幼儿教师压力大的问题，幼儿园和教育主管部门应通过有效途径和方法帮助幼儿教师学会调适心态，摆正位置。首先，应该加强园所的文化建设，给幼儿教师以娱乐活动的时间，丰富幼儿教师的业余生活，使他们有饱满的情绪状态面对工作；其次，教育部门要加大对幼儿教育的投入，特别是对幼儿教师的投入，改善幼儿教师的住宿、伙食等生活条件，提高幼儿教师的工资待遇，实行严格的奖惩制度，调动幼儿教师工作的积极性；最后，在法律与行政上加大对侵犯教师合法权益的惩处力度，维护教师的合法权益。

另外，幼儿园要指导教师学习心理学方面的知识，正视和把握自己现状及存有的问题，能够自我疏导和调节，使自己保持乐观的心态。据笔者了解，一些公办幼儿园已经有专门的心理咨询老师，并设立专门的心理咨询室，不仅对幼儿、家长开放，同时还对幼儿教师开放，是很人性化的举措。

### （四）提供培训机会，提高业务水平

在加强幼儿教师职业道德的同时，还要帮助教师继续学习。不断提升幼儿教师的理论素养和教学技能，做到真正了解幼儿的发展特点，并采取适切的方式处理儿童的种种问题，避免体罚。可以采取学历深造、园本培训、园所互换等方式来达到师资队伍建设的目的。针对幼儿教师教学经验不足等问题，园所要为其提供学习机会和条

件，外出考察学习、"老带新"等方式都是不错的选择。

综上所述，要切实有效地减少教师体罚幼儿的现象，不光要靠幼儿教师个人的努力，幼儿园的引导、家庭的配合及社会对幼儿教师工作的理解和信任也是减少幼儿教师体罚现象的重要因素。各方应相互配合，共同努力，为幼儿创造一个愉快、健康、美好的成长环境。

## 第二节　幼儿教师虐童行为的原因分析及对策

学前期是人一生发展的关键期，是为幼儿未来发展奠定良好基础的时期。幼儿教师虐童行为会为幼儿身体和心理带来极大的伤害，甚至会为幼儿心理留下阴影，对幼儿未来的发展起到阻碍作用。但是近几年来，幼师虐童事件屡见不鲜，引发社会的广泛关注。

2014年4月，在黑龙江大庆的一所幼儿园中，一名5岁的女童因写字写歪了，园长认为孩子在犯错就打其屁股，并进行言语羞辱，惹得全班同学对其嘲笑。

2013年12月13日，在深圳长安镇的一所幼儿园，大班的小娜在课堂上与几个伙伴玩游戏聊天，因没遵守课堂秩序，被老师拉着耳朵到教室外面罚站。放学回家后母亲姚女士发现孩子左耳有出血现象。

2012年浙江温州的女教师颜某因一张照片，其虐童行为被曝光，照片中她双手捏住班上男童的耳朵将其拎了起来，孩子哇哇大哭起来。颜某竟然没有理他，反而叫正在班上实习的童老师帮她拍照，留下这个"好玩"的瞬间，而且她还一脸笑容。

2011年10月，在陕西西安一所幼儿园中，因10月底幼儿园要举办趣味运动会，幼儿教师带领幼儿彩排，班级男生较多，男生调皮难管，老师看见明明没做好操，就武力惩罚，用力不当致使孩子手部受伤。

虐童事件频出，手段多样，加之儿童年龄尚小，对自己所受虐待不敢说或是说不清，因此很多具有隐蔽性。个别不良教师做出触犯法律的行为令人愤慨之余，我们不得不反思，我们的幼儿教师怎么了？是什么原因致使幼儿教师做出此种行为？是教师自身的问题？还是外部机制的问题？接下来，笔者对幼儿教师虐童行为的现象及原因进行讨论，并提出相应的防控措施。

### 一、概述

#### （一）相关概念界定

**1. 虐童**

对于虐童的定义各国的学者从不同的角度做出不同的解释。英国对虐童的定义主要包括4个方面：儿童忽视、儿童体格或生理损伤、儿童性虐待、儿童情感虐待，并对这4个方面进行了解释。美国一般把虐童分为4类：忽视、身体虐待、心理或情感虐待、性虐待。本研究采用比较有代表性的1999年世界卫生组织（WHO）对虐童做出的定义：对儿童有义务抚养、监管及有操纵权的人，做出足以对儿童的健康、生存、生长发育及尊严造成实际的或潜在的伤害行为，包括各种形式的躯体虐待、情感虐待、性虐待、忽视及对其进行经济性剥削。

### 2. 虐童类型及表现形式

根据以上对虐童概念的界定，可以把虐童分为如下4种类型。

第一，躯体虐待。指当事人有意对儿童造成的身体伤害或痛苦，或没有采取任何预防措施致使儿童的身体遭受伤害或痛苦的行为。即对儿童的身体造成损伤，如揪耳朵、打耳光等行为造成的打伤、出血、红肿等内外伤的总称。这也是虐童事件中最常见的一种。身体的伤害往往显而易见，有些成人尽管不一定存在主观的故意，但却在管教幼儿的同时，在行为上严重失当，造成儿童严重的身体创伤。曾经有一位父亲，因女儿写作业拖拉，生气之余用力踢其臀部，致使女儿终身瘫痪。

第二，情感虐待。指虐待者的言行和举止引起儿童的不安、恐惧，挫伤儿童的自尊心等行为。反复言语否定伤害儿童；不为幼儿提供爱的环境；剥夺儿童情感给予等行为。此种虐待会给儿童幼小心灵成长带来不可磨灭的伤害，影响儿童以后的人生观、价值观等。

第三，性虐待。一般指猥亵儿童的行为，如强奸、诱奸等。强迫或诱骗儿童参与不能理解的性活动均属于性虐待。性虐待是虐童类型中最令人发指的行为。因中国受谈性色变的传统文化道德限制，认为性为可耻行为，因此部分幼儿受到相应伤害后家长也选择隐瞒，导致性侵犯行为似乎越演越烈。

第四，各种形式的忽略。对儿童长期缺乏照顾，对儿童漠视、不关心，没给儿童提供充足的食物等造成儿童健康或发育的严重损伤。这里的忽视不仅是指简单的不关心，教育忽视、情感忽视、社会忽视对幼儿产生不良影响同样属于虐待。

## （二）研究综述

综合分析本研究所查阅的资料、文献，我国学者从不同角度对虐童事件及虐童行为做了不同的研究分析。综合我国各学者的观点，下面主要从法律、幼儿教师和其他方面3个角度进行论述。

### 1. 法律方面的研究

吴泽（2014）在《关于虐童事件的几点思考》中认为，我国现行法律条文和罪名对虐童行为的规范存在较大的缺陷，寻衅滋事罪、故意伤害罪、侮辱罪定罪处罚均存在不同程度的缺陷。他还认为，结合国外的经验，将虐待罪入刑是可行的，提出从保护儿童权利的角度，关注复杂社会关系人群，扩大虐待罪的主体范围；细化虐待儿童行为的法律责任，警示儿童直接教养者，规制他们的行为，一旦触犯即入罪。徐兴旺（2014）通过网络虐童事件分析我国虐待罪的基本问题，认为我国虐童罪只规制家庭成员，分析了非家庭成员的虐待行为规制限制，借鉴美、欧等西方国家虐童的相关法律，提出了我国虐童行为法律修缮的建议。胡曙东（2013）在《我国未成年人保护法的完善——温岭虐童案引发的思考》中以我国《未成年人保护法》为基础，提出我国保护儿童的法律虽内容丰富，但是很繁杂，从立法的角度指出《未成年人保护法》中存在的缺陷，并借鉴西方成熟的未成年人保护法的保护机制，提出我国《未成年人保护法》应做的修缮。

介于虐童罪法律方面长久存在的争论问题及缺陷，我国政府于2015年11月1日正式实施《刑法修正案（九）》。其完善了虐待罪的相关规定，将犯罪主体由主要有监护权的家庭成员扩至有看护责任的人，加大了对虐待儿童行为的刑法处罚力度，处以3年以下有期徒刑或拘役，情节严重加重处罚。在诉讼模式上将无能力或受到限制无法告知的情况纳入之内，体现了国家强力保护我国人权的意志，有利于对儿童权益的保护。同时有部分学者探讨新修正案在一些规定和落实方面仍然存在着一定的缺陷，这就给了很多虐童行为以可乘之机。

### 2. 幼儿教师方面的研究

多数研究者在分析虐童原因和对策中都对教师方面进行了阐述。李杰平（2016）的《幼师虐童事件分析与对策》分别从师资不足、压力大、心理健康等角度论述了教师虐童的原因和对策。也有研究者单独从教师角度出发阐述虐童的问题，基于幼儿教师心理方面提出了观点和措施。靳婷婷（2012）的《虐童现象所反映出的幼师心理健康问题》从虐童事件中发现虐童的幼儿教师大部分存在情绪难以控制、没有经过专业化的培训、缺乏正确的行为指导等心理素质较差的问题，从工作压力、社会地位及个人因素分析了幼儿教师心理健康问题的根源，提出相应的对策。胡玥（2012）在《关于幼儿教师队伍建设的再思考》中通过虐童事件分析了幼儿教师缺口大、无证上岗严重、学历低素质差、师资结构失衡等重要问题，并提出应规范教师准入制度、提高教师综合素养和合理配置教师结构等几个方面来做工作。刘娟（2015）在《从教师虐童案看教师职业道德的养成》中谈到教师爱心养成、育人观养成、良好人格和较高师德养成是避免虐童的重要途径和方法。我们发现，对于虐童问题，教师方面主要阐述的问题集中在4个方面：一是教师的素质问题；二是教师的心理健康问题；三是教师的个人问题；四是教师的工作性质问题。

### 3. 其他方面的研究

张飞霞（2013）在《浅析幼儿园虐童事件存在的原因及对策——基于社会保障角度》中从社会保障覆盖面窄、社会保障水平低、社会保障立法不健全等方面分析了幼儿教师的社会福利待遇低、社会保障浅薄，致使部分幼儿教师慢慢出现不健康的心理状态。同时提出要逐步扩大社会保障的覆盖面、加大和优化财政支出结构、加强社会保障的法制建设，以此来保障教师的合法权益，提升教师的幸福感。另外单静娴（2012）从虐童事件中看出我国学前教育的一些问题，并针对这些问题具体从幼师专业成长和政府监管能力两个方面加以改进。其中政府监管中主要是教育部门对幼儿园和师资的管理，表现在学前教育行政管理体制不全，对幼儿园的监管职责不清及大量幼儿园实际处于无监管状态，对幼儿师资定位监管不严及对民办教师缺乏关怀。陈兰、周纯义（2012）《社会工作视角下的虐童问题分析》中提出基于社会工作视角虐童事件的介入策略：首先，应构建儿童本位的社会福利体系；其次，调动民间组织投身于儿童相关工作；最后，发挥家庭功能，为孤儿等特殊儿童提供多元服务。

本研究主要总结了以上3个方面。此外，还有学者从财政、幼儿园等角度分析幼儿教师虐童事件所反应的问题。通过各学者的研究，希望此类问题能得到国家及相关部门的重视，做出一些实际措施，逐渐完善各部门及法律等方面的缺失，更好地保护儿童，避免和遏制虐童事件再次发生。

### (三) 意义和方法

#### 1. 意义

笔者通过查找资料并整理，了解幼儿教师虐童行为的现状并参考前人研究的经验和成果，初步整理出幼儿教师虐童行为的原因，并且提出减少甚至杜绝幼儿教师虐童行为的建议，从而促使相关部门关注虐童事件，提出应对的措施。笔者从4个方面来谈研究意义：第一，从社会方面来说，能得到相关部门的重视并完善相关法律。第二，从学校方面来说，能完善教师准入制度。第三，从幼儿教师方面来说，可以提高警惕，防止在自己身上发生类似的事情。第四，本研究是在整理前人研究的基础上，补充并发展一些新的观点。

#### 2. 方法

本研究运用了3种研究方法，文献法、案例分析法和观察法。

①文献法。本研究通过查阅CNKI中的相关文献资料、搜集较权威的杂志刊物及较权威的网站中的大量资料等，对搜集来的资料进行分析、选取和整理，供笔者参考以达到对幼儿教师虐童行为的原因分析和其防控措施研究目的的方法。

②案例分析法。案例分析法是论文研究的常用方法。本研究通过查阅各网站报道的真实的典型案例，从中借鉴一些案例来说明一些问题，再加上笔者在生活和幼儿园中观察到的案例，来帮助本研究进行分析的一种方法。

③访谈法。访谈法就是研究性的交谈，是以口头的形式，根据被访者的答复收集客观的、不带偏见的事实材料。本研究主要针对幼儿教师、家长进行访谈，为了获取有利的信息，较为全面的分析幼儿教师虐童行为，收集幼儿在幼儿园情况讲述，将部分家长访谈的情况用笔记录下来，然后整理访谈结果。访谈时尽可能在轻松而又愉快的访谈环境中，尊重幼儿教师和家长的想法，使其能够真实自然表达自己的想法。

## 二、幼儿教师虐童行为的原因分析

提到"幼师虐童"大部分人第一想到的是幼儿教师本身的原因。其实出现虐童事件的原因是多方面的，例如，社会对幼师的需求大导致幼师素质不高，国家对于虐童行为没有相关的惩处办法，幼儿园的监督管理不严，幼儿园对幼师的准入制度的问题等。下文将主要从以下几个方面浅谈幼师虐童行为的原因。

## (一) 社会方面

**1. 政府社会功能上的缺失**

对学前教育的重视程度是衡量一个国家经济与社会发展的重要标志。近年来，我国政府极其重视学前教育发展，颁布了一些新的政策，如《国家中长期教育改革和发展规划纲要（2010—2020年）》《3～6岁儿童学习与发展指南》《专业标准》《国务院关于当前发展学前教育的若干意见》等，对我国学前教育的发展规划、政府职能职责、幼儿教师素养和要求做出了诸多新规定，对于构建"政府主导"及公益普惠的"保基本、广覆盖"的学前教育，进一步促进我国学前教育发展有着重要的意义和价值。但是任何新政的出台，必然要求政府功能的全面发挥。而长久以来，我国学前教育管理层面机构少，诸多学前教育的管理归属于小学管理。人员欠缺的问题一直存在。这些都影响了政府社会功能的发挥，致使一部分教育主管部门在落实政策时，会出现不够全面或是缺失的些许问题。因组织机构缺失或是部门责任不明确，易出现缺漏，以致一些幼儿教师虐童行为再次发生。

**2. 法律方面不健全**

国际上，美、德、新西兰等国都有针对学前教育的专门立法。在国内，我国一些较大城市也制定了学前教育条例，专项法律出台是学前教育发展的必然趋势，是保障我国学前教育发展的重要保障。尽管《学前教育法》出台的呼声一直居高，但迄今为止我国对于学前儿童没有专门的法律，只是在一些相关的法律条文中涉及学前儿童。研究者在对幼儿教师虐童事件的研究中，发现我国关于虐待儿童相关法律的漏洞，例如，《未成年人保护法》中法律责任一章中的第六十三条第二款："学校、幼儿园、托儿所教职员工对未成年人实施体罚、变相体罚或者其他侮辱人格行为的，由其所在单位或者上级机关责令改正；情节严重的，依法给予处分。"这其中并未清楚规定什么行为属于体罚及变相体罚，或者达到什么程度是情节严重的，这就导致一些虐童的幼儿教师逃脱法律的处罚。《未成年人保护法》中的规定只适用于家庭，以致多次发生虐童事件后司法部门无法可依，只能对相关责任人进行行政及治安处罚，拘留或是警告后就草草了事。由于相关法律的不完善，导致类似虐童事件发生以后出现了一个惩戒的空白区域，难以起到对相关责任人进行惩戒及对相关人群的威慑警示作用[①]。为此，我国在2015年修订《刑法》时对虐待罪的范围做了调整，"对未成年人、老年人、患病的人、残疾人等负有监护、看护职责的人虐待被监护、看护的人，情节恶劣的，处三年以下有期徒刑或者拘役"。尽管如此，整体而言，学前儿童方面的法律保障不够健全，对幼儿教师行为的惩处细则不够细致，是出现幼儿教师虐童的重要原因。

---

① 沙鑫冲，邵明星. 幼儿园"虐童"事件频发的缘由及对策分析 [J]. 现代中小学教育，2013（11）：84-86.

### 3. 相关部门监管不到位

在 2014 年 3 月幼儿"被服药"事件曝光后，反映出我国学前教育的监管不到位甚至缺乏。对此事件 21 世纪研究院副院长熊丙奇表示，教育部门对幼儿园负有监管职责，但是因为学前教育不属于义务教育，因此在学前教育的监管方面，并没有专职人员来监管。另外，教育部门在招聘幼儿教师时，过于重视知识考核，忽视教师本身的素质、道德等品质，同时教育部门没有对教师进行监督及再考核。频发的虐童事件产生的原因却是"幼儿教师没有幼儿教师资格证""幼儿园未办理许可证和登记注册手续"等，这不禁让人无语、无奈。国家政策或法律监督责任极其明确，监督内容极其具体，监督体系极其健全，但问题在于审批权拥有者、各级监管职能部门的监管不力，执行力不强。因此，各级教育督导部门督导不力对我国学前教育系统、幼儿园规范及幼儿个人成长造成极大影响，甚至酿成悲剧。[①] 研究发现，虐童事件多发生于民办幼儿园，因公办园在教师福利、办园条件等方面有政府的投入和管理，而依托于社会力量办学的民办园，缺乏相应的管理，幼儿教师准入标准低，甚至有的教师并没有教师资质，教师虐童事件常有发生并被忽略。因此，应加强对托幼机构的监管，防止虐童事件发生，并能做到出现问题及时处理。

## （二）幼儿园方面

### 1. 幼儿教师的工作任务重，薪酬低

众所周知，幼儿教师工作特点中有劳动的全面性和细致性、劳动周期的长期性，再加上现在幼儿教育机构大部分是全日制的，教师的工作任务难免繁多。现在幼儿园班额一般在 30~40 人，而且幼儿大部分是独生子女，幼儿教师面对幼儿数量多，很多独生子女娇惯难管理，工作量会更大。在这样的工作压力下，教师获得的薪酬并不高。以笔者调研的幼儿园为例，非在编幼儿教师每月工资为 1650 元，教师的基本生活很难维持。在面对生活和工作的压力时，教师难免会产生不良情绪，虐童行为发生的可能性就会增大。幼儿教师与中小学教师比较而言，劣势颇多，虽然在颁布的《国家中长期教育改革和发展规划纲要（2010—2020 年）》及学前教育"国十条"中都指出要大力发展学前教育，但是政府对学前教育的投入与实际需求之间的鸿沟亟待填平。其中小学全面接受政府财政资助，地位获得肯定，而幼儿教师同样付出辛勤的劳动，但是社会地位却没有获得肯定，工资水准和劳动付出不成正比，尤其是非在编教师及民办幼儿园教师，因为缺少编制保障，幼儿教师的工资待遇较低。由于近年来幼儿园尤其民办幼儿园的收费越来越高，家长们以高成本将孩子送进幼儿园，自然会对幼儿园和教师的教育报以巨大的期望，而这种期望无疑会给幼儿教师的工作施加更大压力。这种低薪酬高压力的"双重挤压"环境，对幼儿教师来说，无疑是一个巨大的考验，甚至会导致心理危机感。据沈阳师范大学 2009 年对 100 名幼儿教师的调查显示，幼儿教师中可能有中度以上心理卫生问题的人占 23.6%，其中有敌对、抑

---

① 张建欣. "虐童事件"发生原因刍议 [J]. 高教研究, 2014 (3): 30-32.

郁和焦虑情绪的教师分别占了18.1%、12.5%、12.5%。在这样的情况下，就难免会有幼儿教师将压力和不良情绪通过暴力的方式进行宣泄，进而转嫁给无辜的孩子。[①]

### 2. 部分幼儿园安全意识与管理能力不强

现今，部分幼儿园安全意识不足，园内监控设施不健全，导致一些虐童"现场"无法提供记录。另外，一些幼儿园在选聘教师及面对教师的过激行为时，处于代管不管的状态，认为没有受伤就无所谓，任由教师"管教"幼儿，安全法律意识薄弱。笔者曾在一所幼儿园看到过，吃午饭的时候幼儿不听话，很闹，一名教师经常采取变化多样的"措施"。例如，有的幼儿不想吃饭，教师没有问幼儿不想吃的原因，却让其他幼儿挨个往那个幼儿嘴里塞饭，塞不进去就使劲塞，直至幼儿呕吐为止，嘴里还说着："你妈妈不是说你吃得太少吗？这回少不少？"吃饭中个别幼儿纪律不好，教师会抢下幼儿饭碗，让幼儿单独蹲马步，这顿饭不需要吃了，或是在大家都吃完之后命令该幼儿快速将碗中饭菜塞到嘴里。这样的现象在幼儿园实际上不应发生，幼儿尚小，好动是基本特点，而良好的饮食又是他们健康的重要保障，不应采取硬塞或是挨饿的方式来体罚或是虐待。这类现象是幼儿园监督管理不足的结果，作为幼儿园要适当对幼儿教师的行为及时制止或是口头警告，避免类似事件发生。

### 3. 教师资格制度落实不到位

教师准入制度是为了建一支综合素质高、教学和科研能力强，结构合理而稳定的双师型教师队伍。其准入条件首先应该具有教师资格证，而现如今无论是公办幼儿园还是民办幼儿园，有很多幼儿教师并没有相关资格证书。近几年国家重视幼儿教育，导致很多民办幼儿园如雨后春笋般建立。大批的民办幼儿园，甚至无证的"黑园"不断涌现，因此需要大量的幼儿教师，而师资缺乏，幼儿园在招聘教师时，就会放低要求，能唱会跳的人，就可以到幼儿园工作，逐渐形成幼儿教师师资素质参差不齐，对幼儿园的教师准入制度落实不完善。如今各省市逐渐开始建立了地方的幼儿教师准入制度，但各地幼儿教师虐童事件还是屡次被曝光，这也间接说明幼儿园的教师准入制度落实不到位。部分民办幼儿园甚至"黑园"的管理缺少规范，再加上一些地方教育管理部门疏于审查、监管不力，导致在教师招聘时标准一降再降，一些未受过专业教育，甚至缺乏基本职业素养的人无证上岗。在一些地区，幼儿教师"先上岗、后考证"的现象十分普遍，最终衍生出各种问题。据报道，浙江近四成幼儿教师没有教师资格证。山东的比例更高——2012年据山东省教育厅对17个地市194所幼儿园抽查后公布的数据显示，有53%的幼儿教师没有取得教育部所认可的幼儿教师资格证书。另据中国教师发展基金会杨春茂秘书长披露，我国未取得教师资格证的幼儿教师所占的比重在60%左右。[②]

---

① 沙鑫冲，邵明星．幼儿园"虐童"事件频发的缘由及对策分析［J］．现代中小学教育，2013（11）：84-86.

② 同①。

## (三) 幼儿教师方面

### 1. 幼儿教师法律意识缺乏

近年来，国家出台相关政策凸显要更好地完善幼教法规，幼儿教师是否具有法律意识，关系到相关学前教育政策法规的实施，更关系幼儿身心健康发展。然而，在现实生活中，幼儿教师法律意识淡薄，不知有法、有法不依的现象仍大量存在。笔者与幼儿教师交谈得知，一些幼儿教师对有关教师和幼儿的法律不甚了解，例如，让幼儿长时间罚站是触犯法律的，要承担相应法律责任，部分教师对此表示惊讶。有的教师在托幼园所工作七八年以上，却不知要签订劳动合同来保障自身权利，觉得幼儿园想用人就用，不想用人就开除是顺理成章的事情，对《劳动合同法》一无所知。同时，托幼园所很少组织教师进行幼教法规方面的培训或是学习。因此，部分教师的行为始终在法律"线"的边缘，稍有不慎就会碰触，使自己在面临法律惩罚的同时，也使幼儿受到伤害。幼儿教师法律意识淡薄是发生虐童事件的重要根源。

### 2. 幼儿教师观念落后

受中国传统文化中对虐童行为无意识状态的影响，我国成人和儿童之间隐性的不平等权力关系依然存在。虽然鞭打等虐童行为受到社会的谴责，但生活中此种观念却是众多人群普遍认可的。如今，幼儿园部分教师教育儿童的观念还相对落后，认为幼儿不谙世事，必须要通过责打等方式让他们养成良好的社会行为规则，认为这也是父母常用的管教方式，没有什么不妥。无论多大年龄的儿童，他们都是独立的个体，拥有自己的尊严和人格，都应受到与成人一样的尊重。但很多幼儿教师并没有意识到这一点，以致教育观念出现偏差，认为儿童不磕着碰着就算是对孩子的保育；教给孩子一些可立即见到效果的东西就算是对家长负责，完成了幼儿园的任务；挖苦或是打几下没有关系。笔者同部分幼儿教师访谈时，有些教师直言不讳："那么大点儿的小孩能懂什么，就看着他们不出事就行，然后看点动画片，再教点加减法和简单的字就行，不难。不听话必须得收拾，否则他们会上天。"部分幼儿教师教育观念陈旧落后。幼儿教师的教育观念是教育的先导，直接影响教育行为和教育结果，偏失的儿童观易使教师站在高高在上的位置，以所谓成人的权威压制或是驯服儿童。错误的教育观易使幼儿教师违背幼儿成长的规律，采用不当的教育方式阻碍幼儿的成长。

### 3. 幼儿教师的心理健康状况

幼儿教师肩负着培育幼儿的神圣使命，基于社会期待需扮演多样化的角色，复杂劳累的工作使幼儿教师身心俱疲。特别是近几年，学前教育改革和家长的要求剧增，幼儿教师承受着严峻考验。健康的心理状态是幼儿教师进行一切工作的基础，是保障幼儿良好人格发展的重要支撑。幼儿年龄稍小，动作行为、人格倾向受教师影响极大，教师的心理健康尤为重要。心理失调的老师，不仅不能成为幼儿学习的支持者、合作者、引导者，而且还会对幼儿心理健康产生不良影响。作为幼儿教师必须始终保持良好的心理健康状态，方能对幼儿施以完满的教育。那么，幼儿教师的心理健康状态如何？从各地学者对当地幼儿教师心理健康和幸福感的调查结果看，我国幼儿教师普遍存在不同程度的抑郁和焦虑。蒋恩博以北京、天津 24 所公办幼儿园教师为对象，贺敏以四川省成都、宜宾等 10 个市县 44 所幼儿园教师为研究对象的调查结果都显示，幼儿教师在抑郁和焦虑方面存在较多的心理问题。当前幼儿教师面临工作任务重、压力大、薪酬低等问题，会产生一些负面情绪。若日常生活方面遇到困难和挫折，自我管理能力和约束力差，这就为教师虐童行为埋下隐患。

**4. 幼儿教师自身素质**

幼儿的特点之一是好模仿。幼儿教师的一举一动对幼儿有潜移默化的影响，因此，幼儿教师自身素质对幼儿有重要的影响。幼儿教师学历水平的高度在一定程度上反映了教师的综合素质的高低。以调研的一所幼儿园为例，此园幼儿教师共计 38 人，其中仅有 7 人为全日制本专科学历，其余的都是后修的专科或是中专学历。本科学历的教师综合素质明显较高，而其他教师素质参差不齐。调研还发现，部分教师个人素养差，不思进取，整天玩手机或聊天，有时在行为和语言方面不注意，给幼儿带来不好的影响。另外，有些教师自身的道德素质不高，如温岭虐童事件中颜某某的所作所为。再者就是幼儿教师遇到一些问题，不会正确解决。据了解，多起幼师虐童事件都是无证老师所为，而这些无证老师自身素质很低，工资待遇又不理想，所以幼儿园可能对于他们大多数而言仅是一个临时的栖身之地，因此人员流动性很大，没有幼儿教师的责任心。近些年，一大批中等幼儿师范学校纷纷升格为专科，高中毕业的学生已经错过了培养基本幼教技能的最佳时期。在课程设置上，技能技巧课程安排偏多，教育教学类课程安排偏少，幼儿教师师德建设也没有得到充分重视。教育教学类课程作为一名师范生必修的课程，包括教学法、儿童心理学、儿童健康卫生、教育法规等，而现行的专科院校在教育教学类课程上的短缺，加上多数的幼儿教师是未婚女性，这势必导致大部分幼儿教师的法律意识淡薄，缺乏对幼儿的关爱及对幼儿身心发展特征的了解。[①]

## （四）幼儿方面

幼儿安全意识是指幼儿对于身边各种各样有可能对自己造成伤害的外在环境条件的一种戒备和警觉的心理状态。自我保护能力是个体避免其受到外界伤害的能力，是一个人在社会中保存个体生命的最基本能力之一。幼儿对经常发生或经常被成人提及的安全事故有警惕心理，也有一定的自保能力，但安全意识和自保能力不强，且说与做严重不符。幼儿自我保护意识薄弱，在遇到教师虐童情况时，只是默默承受，不懂得如何保护自己或是反抗教师。笔者曾看到孩子被虐待后，当时又哭又叫，但一会儿就没事了，基本上很少有人告诉家长。不告诉家长的原因可能有两个：一是老师吓唬或威逼幼儿不要告诉家长；另一个是幼儿似乎习惯了，觉得很正常，根本就没放在心上。幼儿不告诉家长，有些老师就更有恃无恐，甚至会变本加厉。

---

① 吴卉卉，王凌. 幼儿教师"虐童"行为的原因分析与对策研究 [J]. 临沧师范高等专科学校学报，2013（9）：81-85.

## 三、防控幼儿教师虐童行为的对策

### (一)健全相关法律和加强相关的监督管理

因长久以来国家对幼儿教育缺乏重视,针对幼儿专门的法律几乎没有,是虐童事件出现的重要原因。若想虐童事件减少或是消失,需要针对所发生的虐童事件或是其他伤害儿童的事件,制定相应的较完善的法律法规,这方面可以借鉴其他国家对于幼儿保障方面的法律。如皮艺军引入国外的"零容忍"制度,即只要老师打了幼儿,无论轻重都要受到处罚。在建立新的儿童法律的同时,也要健全已有的相关法律,防止再有类似事件发生时找不到惩罚的相应法律条文。另外,立法部门应将虐童罪纳入法律中,通过法律强制手段来威慑虐童的教师。学前教育的教育对象为3~6岁的幼儿,他们自我保护意识差,很难自保,需要通过法律法规来压制幼儿教师虐童行为,来保障幼儿的合法权益;相关教育部门要完善监管机制,加强对幼儿教师的考核、辞退的管理制度建设,间接地让虐童的幼儿教师有所收敛。国家应设置专门管理学前教育的部门和专职人员,以免出现交叉管理,发生事情的时候找不到负责人。当然新政策落实时,政府社会服务功能要跟上,不要出现缺失。虐童事件折射出整个社会缺乏保护儿童的体系。为达到真正的遏制幼儿教师虐童事件的再度发生,必须道德和法律两手抓。由于我国目前关于儿童保护的法律尚不健全,且现有法律中如《宪法》《义务教育法》《未成年人保护法》等,对于什么是虐待儿童定性不清。鉴于此,我国在健全虐童的法律和监管上可以参照美国、日本等在儿童保护法方面比较完善的国家。例如,设立专门的防止儿童虐待与处理法,建立具有全国性的预防儿童虐待组织等。同时,要严厉处罚虐待儿童的幼儿教师,以达到以儆效尤的效果。最为重要的是多数教师不知道虐待儿童的边界,也不认为取乐、侮辱、忽视儿童的行为属于虐待,所以急需提高幼儿教师的儿童保护及法律的意识,从思想上杜绝萌生伤害儿童的念头。[①]

### (二)减轻教师的工作量,提高薪酬

当前我国大部分幼儿园实行的是全日制。幼儿教师在一天内既要对幼儿进行教育,又要进行保育及保证幼儿在活动期间的安全。并且3个老师要同时照顾到40名左右的幼儿,稍有不留意就会有幼儿受伤。加之幼儿园平时会组织一些评比、检查、学习活动,教师数量有限,又不得已分身应付幼儿园组织的活动,再加上还要做大量五花八门的文案工作,如专门学习记录、教育反思、家访与预约谈话记录、家园联系手册、活动设计、教研活动记录、观察与个案记录等,造成幼儿教师繁重的工作量,部分教师加班成了"家常便饭"。另外,我国现在"四二一"模式的家庭较多,家长对幼儿的溺爱,也增加了幼师工作的难度;幼师与家长的沟通,也使教师焦头烂额。幼教机构的行政管理人员必须要重视在幼儿园日常教学活动中出现的上述问题,务必

---

① 吴卉卉,王凌. 幼儿教师"虐童"行为的原因分析与对策研究[J]. 临沧师范高等专科学校学报,2013(9):81-85.

在认真贯彻国家相关文件的同时，从制度和管理上合理安排幼儿教师的工作任务和工作量，保证幼儿教师能在合理的时间内完成高质量的教育、保育工作。当务之急，必须严格控制师幼比例，保证合理的班级师幼比例。同时，幼儿教师以女性为主，一般都会遇到婚期、孕期、哺乳期及各种需要请假的事情，幼儿园要保证园内的教师数量和工作精力充足以补足空缺。此外，要减少幼儿教师的文案工作。管理者应根据工作的实际要求进行筛选，并针对教师的能力差异对必需的文案工作提出不同的要求。[①]

众所周知，近些年幼儿教师的流动性非常大。2017年5月央视网报道一名家长状告幼儿园教师流动性大，要求退园、退费，此园在半年内一个班级更换了6名幼儿教师。频繁的流动是工资待遇极低给幼儿教师带来不能承受之痛的体现。工资待遇低，也是造成幼儿教师付出与得到心理失衡的主要原因。因此，调整幼儿教师工资待遇政策，对于提升幼儿教师的职业幸福感，巩固幼儿教师的社会地位，保障幼儿教师的心理健康，避免虐童事件的发生，有着重要的意义。面对工作压力和生活压力，应该提高幼儿教师的工资待遇，以缓解幼儿教师的心理压力。在此方面，民办幼儿园教师更是需要补贴奖励的群体。以某民办幼儿园为例，此园幼儿教师工资仅为每月2000元左右。在当今物价飞涨的社会，如此少的工资收入，幼儿教师基本生活都成问题，何谈奉献？何谈健康？更多的教师是保持着对幼儿教育事业的强烈热爱，以及家庭优越不需自己填补的状态才坚持在这个岗位，国家加大力度补贴幼儿教师工资待遇，制定幼儿教师待遇保障的政策势在必行。

### （三）加强对幼儿教师的监管和制度落实

综合来看，典型的幼师虐童事件中，这些涉事幼儿园大多是不正规的，而且也缺乏政府及教育部门的监管。其中，幼儿教师准入更是处于无人监管状态，才会发生虐童事件。对此，应该采取相应措施，加强幼儿教师相关政策的制定和落实，约束幼儿教师的行为。首先，对教师群体而言，群体内部应相互学习班级管理方法，教师与教师之间应建立相互监督机制，幼儿园也要组织专门人员增强幼儿教师对虐童行为的深层次识别，明确虐童行为的相关法律规定，避免在不知情的情况下出现虐童行为，触犯法律。其次，对幼儿园而言，教育行政体系的监督必不可少，对违法办学、聘用无证教师、校园配套设施不全等行为进行严格、坚决督查，规范幼儿园中的教师教育管理制度、管理行为约束等。同时，应该探索校园公共安全管理和监督模式，强化落实监督责任追究机制，完善我国当前对幼儿园管理制度安排上存在的缺陷，对没履行责任的部门进行问责。建立详尽的虐童数据库，对社会公开信息，以利于社会监督和统计研究。[②] 最后，对政府及教育部门而言，应加强对幼儿园及教师的监管，设立专门的管理机构和专职人员，定期对幼儿园和教师进行监督管理。当然，这种监督管理不能流于形式，要严格认真执行，因为这关系到每一名幼儿的健康成长。

---

① 吴卉卉，王凌. 幼儿教师"虐童"行为的原因分析与对策研究 [J]. 临沧师范高等专科学校学报，2013 (9)：81-85.

② 陈莹，马永驰，李冲，等. 校园虐童行为模式与预防对策研究 [J]. 中国公共安全，2015 (1)：16-21.

### (四) 增强幼儿教师法律意识，转变落后的观念

增强幼儿教师法律意识首先应加强教师对幼儿权利的认识和了解。明确幼儿应有的权益，幼儿教师就会有所顾虑，不会肆意妄为。同时，要加强幼儿教师对相关案例的学习讨论。幼儿园应组织幼儿教师对典型的幼师虐童案例进行分析，使"虐童是违法的""打不能解决问题""需要承担相应的法律责任"等基本问题了然于心，这样能够加深教师对幼儿法定权利及侵权行为所造成后果的认识，在一定程度上可以减少幼儿教师虐童行为。

幼儿教师是先进教育理念的传播者和践行者，作为新时代的教师应具备正确的教育观念、创新的教育理念，才能更好地胜任自身的工作岗位，更好地促进幼儿的成长，更好地服务于学前教育事业。为此，教育主管部门或幼儿园应定期组织幼儿教师学习新政策，逐步渗透新的育儿观念，让幼师逐步地接受新观念并将其运用到教育幼儿的过程中。

### (五) 关注幼儿教师心理健康，提升幼儿教师自身素质

尽管近年来学前教育受到政府和家长的重视，但幼儿教师的社会地位仍然较低。幼儿教师是我国教师队伍的特殊群体，与其他教师相比，长期处于一个十分尴尬的境地，可以称为"弱势"群体。幼儿教师不过是"看孩子""保姆"等观念仍大量存在，社会群体对幼儿教师缺乏应有的尊重。若儿童成长顺利则好，若是稍有问题，家长和社会往往向幼儿教师问责，这使得很多幼儿教师在岗位中战战兢兢，生怕出一点问题，在拓展孩子能力和安全方面犹豫不前，长久形成一定的心理压力，影响心理健康。国家应该加大对学前教育政策的倾斜力度，强化学前教育的重要性，转变人们对幼儿教师的看法，尊重幼儿教师的专业性，提升幼儿教师的社会地位。

过度的工作压力给幼儿教师心理健康会造成不利影响，所以，合理安排幼儿教师工作量势在必行。托幼园所要严格按照学前教育的相关规定，严控班额和无偿加班活动，保证幼儿教师适当的休息时间，安排教师适切的工作量。同时，幼儿园应该为幼儿教师设置心理咨询室或心理辅导站等，让幼儿教师及时排解不良情绪，释放压力。作为一名合格的幼儿教师，应该控制好个人的不良情绪或是去心理辅导站将不良情绪排解掉，尽量避免将负面情绪带到幼儿园。首先，幼儿教师自身必须加强心理自我保健，不断改善自己的个性品质和心理健康状况，注意调节和控制自己的情绪，在任何情况下都能自觉地将个人的不良情绪排除在幼儿教育过程之外。其次，幼儿园要为教师创设良好的教学环境，提供教师学习深造的机会，构建民主、平等、尊重的幼儿园精神环境，并充分了解掌握在园教师的心理健康状况，开设定期的心理问题辅导和缓解工作，减轻幼儿教师的工作压力，对幼儿教师进行及时奖励和鼓励创新，营造以人为本的科学管理。再次，相关政府部门要制定相应的法律法规以提高幼儿教师的社会地位，保证幼儿教师的合法权益，呼吁社会给予幼儿教师相应的尊重，并鼓励教师之

间实现资源共享,提高工作效率的同时可以解放教师的时间、精力和工作量。①《专业标准》"基本理念"的"师德为先"中指出,教师应热爱学前教育事业,具有职业理想,践行社会主义核心价值体系,履行教师职业道德规范。关爱幼儿,尊重幼儿人格,富有爱心、责任心、耐心和细心;为人师表,教书育人,自尊自律,做幼儿健康成长的启蒙者和引路人。在幼儿园里,幼儿教师的一言一行都是幼儿模仿的对象,幼儿教师应做到以身立教,加强自身的道德修养,提升自身的素质。幼儿教师应遵照国家出台的政策文件严格要求自己,并严格遵守,经常自我反思,不断提升自身的素质。

### (六) 帮助幼儿建立自我保护意识

《指导纲要》明确指出,幼儿园必须把保护幼儿的生命和促进幼儿的健康放在工作的首位。处在幼儿期的幼儿,调皮淘气,动作协调和灵敏性还较差,对行为的辨识能力也较弱,同时缺乏生活经验,自我保护意识和能力十分有限,对自身权利基本概念薄弱,因此,需要成人帮助其建立自我保护意识。《指导纲要》中指出,密切结合幼儿的生活进行安全、营养和保健教育,提高幼儿的自我保护意识和能力。也就是说,幼儿教师有义务帮助幼儿建立及提高自我保护意识,通过日常活动和教学让幼儿知道什么行为对自己是一种侵犯和伤害,并且教会幼儿具体用什么行为去保护自己。同时,家长也应及时询问幼儿在园表现及状况,随时注意幼儿身体及心理有无细微变化,为幼儿建立自我保护意识,同时应鼓励受虐幼儿遭受伤害后主动揭发此行为。

本研究主要从幼儿教师虐童行为的原因分析和防控对策上进行较全面的研究,让人们了解到幼儿教师虐童不只是其自身的责任,还有社会、幼儿园方面的原因。通过此次研究梳理,提出了相应比较详细的解决对策,希望能对国家、社会、幼儿园等有可借鉴的地方,让幼儿教育方面的法律更趋完善。上述阐述尚有不足,原因分析还不够透彻,提出的防控对策中个别方面没有提出具体详细的方法,希望以后能有具体的解决措施,以弥补各方面的不足。

## 第三节 幼儿教师"语言暴力"现状阐释

随着几起幼儿教师虐待儿童事件的曝光,幼儿教师伤害儿童身体的事件被逐渐关注。虐童给儿童躯体造成的危害是最显而易见且触目惊心的,我们一般称之为"硬暴力"。在实际工作中一部分幼儿教师认为自己从来不出手打幼儿,因此,自身不存在对幼儿施暴的行为,实则不然。在幼儿园,"软暴力"事件时常上演,它们很隐蔽,但却对幼儿伤害至深,如"语言暴力"。文明和谐的语言能够增进师幼关系,有助于幼儿心理健康,并具有很强的标杆示范作用;而"暴力语言"则是幼儿心灵成长的隐形杀手,极具破坏力。

很多人认为,责骂儿童的现象很正常,孩子小,骂几句说几句没有关系。但经实

---

① 吴卉卉,王凌. 幼儿教师"虐童"行为的原因分析与对策研究 [J]. 临沧师范高等专科学校学报,2013 (9): 81-85.

际的观察和研究者证实,随着时间的推移,"经历"过教师"语言暴力"的幼儿,比较胆小、内向、不爱说话,学习的主动性和积极性都很差,缺乏自信心,特别听老师的话,而且他们与幼儿教师的关系也并不融洽。笔者通过对幼儿教师"语言暴力"的现状观察发现,幼儿教师使用威胁性语言的问题确实客观存在,且造成的影响不容忽视,值得每一位幼教同仁和关心幼儿身心健康发展的人们关注。下面将通过现场观察,深入分析幼儿园内部教师使用威胁性语言的情况,分析幼儿教师"语言暴力"的原因,了解其产生的危害,从而找出解决的措施。

# 一、幼儿教师"语言暴力"内涵阐释

## (一) 相关概念

### 1. 暴力

《现代汉语词典》中,"暴力"有两种解释:一是强制的力量、武器;二是特指国家强制力量,例如,军队、警察、法庭对于敌对阶级来说是一种暴力。[1]研究和平理论的著名学者约翰·加尔顿把暴力定义为"任何使人无法在肉体或是思想上实现他自身潜力的限制"[2]。世界卫生组织则把暴力定义为,蓄意的运用躯体的力量或者权力,对自身、他人、群体或者社会进行威胁或者伤害,造成或极有可能造成身体损伤、发育障碍、精神伤害、死亡或权益的剥夺。[3]

综上所述,研究者认为暴力是攻击他人的行为。对他人采用粗暴、不文明的攻击,控制其思想,限制他人的行为,从而给他人的身体造成伤害。

### 2. 语言暴力

关于"语言暴力"的概念,不同的学者有不同的理解。"语言暴力"一词起源于西方现代哲学流派,随后哈贝马斯、福柯及一批后现代哲学家揭示了不同角度下藏匿于语言背后的政治和伦理意愿,进而把语言和暴力紧密结合起来,语言和暴力的相关概念从哲学领域随之扩展到社会学及教育学等领域。[4]关于发生在学校里的教师语言暴力,国外学者大多把其作为校园暴力的一个方面来界定。他们将语言暴力的特征表述为:"教师使用威吓、贬低的言论,流言蜚语,不尊重、骚扰等,是对受害者的心理产生更深、更强烈的一种暴力形式。"[5]

综合前人对"语言暴力"概念的研究,笔者认为在很多情况下,"语言暴力"源

---

[1] 现代汉语词典 [Z]. 北京:商务印书馆,2002:50.
[2] 转引自:孙彩霞. 中小学教师语言暴力问题研究 [D]. 开封:河南大学,2008.
[3] 弗朗茨·M乌克提茨. 恶为什么这么吸引我们 [M]. 万怡,王莺,译. 北京:社会科学文献出版社,2001:207.
[4] 马晓雯. 中学教师语言暴力问题分析和对策研究:以X中学为个案 [D]. 重庆:西南大学,2014.
[5] 马春燕. 教师语言暴力对师生关系的影响 [D]. 成都:四川师范大学,2009.

于教师与学生的不平等关系,而受害者通常没有保护自我的能力,幼儿遭受的"语言暴力"就属于这一种。

**3. 幼儿教师语言暴力**

在对"教师语言暴力"的定义上,国内学者桑青松认为,教师语言暴力是教师在学校的各种教育教学活动中,直接或间接地对学生使用谩骂、诋毁、蔑视、嘲笑等侮辱歧视性语言,导致学生的人格尊严、个人名誉和心理健康受到侵犯和损害的行为。[①] 张雪梅通过列举教师语言暴力的具体表现把其定义为,教师使用嘲笑、侮辱、诽谤、诋毁、歧视、蔑视、恐吓、谩骂、贬损等不文明的语言,致使学生精神上和心理上感受到痛苦或伤害,属于精神损害的范畴。[②] 宋晶晶在研究中认为,幼儿教师语言暴力是指在教育过程中幼儿教师通过使用恐吓、威胁等性质的语言,致使幼儿感到自卑且内心受到极大创伤的言语行为。[③]

综合对上述教师语言暴力的概念梳理,本研究将"幼儿教师语言暴力"定义为,幼儿教师在教育教学活动中,通过使用谩骂、讽刺、恐吓等侮辱性语言,导致幼儿身心造成伤害的行为。

## (二) 幼儿教师"语言暴力"的特征

**1. 隐蔽性**

幼儿教师"语言暴力"的隐蔽性有3个因素:一是由于受中国传统教育观念思想的影响,幼儿教师以"自身责任"为由,过度使用"语言暴力";二是幼儿教师加以修饰自身言行,让幼儿家长无法察觉"语言暴力"的危害;三是"语言暴力"不会直接伤害幼儿的身体,而是间接地摧残幼儿心灵和内心世界。

**2. 伤害性**

印度有一句名言:粗暴的语言,过分的刑罚,就像钢锉一样把权力的铁棒慢慢磨灭。因此,语言暴力具有较大的伤害性。"语言暴力"相对体罚来说,不会对肉体产生伤害,却会在心灵深处造成不可磨灭的伤痛。作为幼儿心中至高无上的老师,所说的每一句话都具有权威性,可能不经意的某句话就会给幼儿带来无法抹去的心理阴影。一方面,"语言暴力"影响幼儿的心智发展,容易产生自卑胆小的情绪;另一方面,"语言暴力"伤害幼儿的自尊心,致使幼儿不能肯定自我价值,影响幼儿的心理发展。

**3. 持久性**

幼儿教师"语言暴力"具有持久性。幼儿教师的一句话可能会毁了幼儿一辈子,也可能成就其一生。虽然"语言暴力"带来的疼痛是一时的,但在幼儿心里有可能

---

① 桑青松. 小学教师语言暴力成因及消解对策 [J]. 教育科学研究, 2007 (12): 54-56.
② 张雪梅. 教师语言暴力调研报告 [J]. 中国教师, 2006 (6): 51-54.
③ 宋晶晶. 幼儿教师威胁性语言研究 [D]. 武汉: 华中师范大学, 2013.

留下一生的伤痛。幼儿教师"语言暴力"不但会伤害幼儿的自尊心，使幼儿处于紧张状态，而且会让幼儿形成内向自卑的性格。如果这些后果没有及时处理，就会随着幼儿不断成长，持久地影响幼儿的人格发展。

## 二、幼儿教师"语言暴力"的现象

### （一）对象说明及研究方法

研究者在某一地区选取了一所幼儿园的小班作为研究点，该班级幼儿31名，教师3名。采用观察法搜集幼儿教师"语言暴力"现状的相关资料，全天参与观察2个月，分别观察幼儿教师使用"语言暴力"情况和使用后幼儿的表现，更加深入、透彻地了解幼儿教师"语言暴力"的现状。在现实的教学工作中，较为细致地观察到幼儿教师使用"语言暴力"的真实情况。因直接参与班级工作，班级教师在研究者面前会呈现最自然的教态，不会时时刻刻注意自己的言行，这样利于呈现最真实的幼儿教师"语言暴力"的现象。基于伦理问题考虑，研究中不会涉及幼儿园、教师及幼儿的真实名字。

案例法也是主要采用的研究方法之一。通过长时间的观察，研究者在幼儿园期间整理并分析了一些与幼儿教师"语言暴力"相关的案例，利用恰当的案例来佐证幼儿教师的"语言暴力"现象，从而提高说服力。

### （二）幼儿教师"语言暴力"的表现类型

通过对调查点的调研，笔者认识到幼儿教师"语言暴力"是存在的。来自幼儿教师的"语言暴力"可分为讽刺挖苦型、谩骂侮辱型和粗暴恐吓型3种类型。接下来，笔者记录了小班发生的与选题有关的案例。

#### 1. 讽刺挖苦型

讽刺挖苦型一般指幼儿有某些缺陷或弱点时，幼儿教师会不顾及幼儿的自尊心，当众揭短。在实际教学中，笔者发现幼儿教师对于一些有缺陷、不听话的孩子，不会进行耐心指导，而是采用讥讽、嘲笑的语言伤害幼儿。例如，"用左手写字，还这么笨。""你写的什么破字啊，简直就跟蜘蛛蚂蚁爬的似的。""你吃什么长大的？傻成这样。"另外还有部分教师，主观上并非故意讽刺，但实则已经出现了讽刺挖苦的行为，甚至影响班级全体幼儿对某名幼儿的群体性否定。

**案例1**

胜胜是幼儿园小班的一个男孩，平时不爱说话，也不怎么和小朋友交流，总是一个人独自玩耍。接触此幼儿的前几天，笔者不是特别了解情况，就看见他用左手吃饭，就连平时上美术课画画都是用左手，便与主班老师说："这孩子竟然是左手吃饭、画画，真厉害！"这时候，主班老师轻蔑地看了胜胜一眼，说："都说左手写字的孩子聪明，也没看他有多聪明，学什么都挺笨的。也不知道他妈怎么教的？啥都不会。"

有些幼儿似乎看起来很小，其实很多事情他们都明白。幼儿教师认为只不过是一句玩笑话，并不会因此对幼儿产生什么伤害。实质上，一句话就足以让其他小朋友对此幼儿产生态度变化，足以伤害此幼儿的自尊。幼儿发展有其自身独特的规律，部分幼儿发展的速度稍慢属正常现象，作为幼儿教师决不能只看到一些表面的现象，而否定幼儿的智慧。

### 2. 谩骂侮辱型

谩骂侮辱型一般指幼儿不服从或不听命于幼儿教师的话时，幼儿教师多采用尖酸刻薄的语言嘲笑、讥讽幼儿。一些幼儿教师对于幼儿所犯的错误，不能及时纠正，而是采用粗暴言语谩骂侮辱幼儿。例如，"你是不是傻啊？这么简单的1+1你都不会，吃饭你怎么吃那么多呢？""告诉你们画雨伞的时候要用彩笔，怎么还有几个另类的小朋友用黑颜色的笔，谁要是再用黑颜色的笔我就把谁的脸涂黑，让他变成'黑猫警长'。"

**案例 2**

下午快要放学的时候，班级里的小朋友都在准备穿衣服。这时候班级里有一个小朋友跑过来，哭着对老师说："老师，我的衣服不见了。"于是老师对班级里的小朋友说："你们有谁拿错了衣服或者多出来衣服的？"过了一会儿，班级里另一个小朋友说："我好像穿的不是我的衣服，你过来看一下吧。"没找到衣服的小朋友跑过去看了一下衣服，说："这就是我的衣服。"老师这时候走过来说："你是不是傻？自己的衣服还能穿错了，这一天天的，傻吧你，下次注意点。"

幼儿年龄小，辨识能力弱。认错物品，走错地方的事情常有发生，而一些幼儿教师经常采用谩骂、侮辱型的语言来解决上述问题，事实上很多小班幼儿都能够理解成人所说的一些话语，并不一定用压迫性的语言来命令他们或者指责他们来达到相应的教育效果，况且，犯错本属于幼儿此年龄阶段应具有的特点，成人即使谩骂、侮辱也不能因此而改变这种现象的发生。

### 3. 粗暴恐吓型

粗暴恐吓型泛指幼儿教师通常使用简单粗暴的语言恐吓幼儿。部分幼儿教师面对不懂事的幼儿，往往用"我看看谁没有听话，一会儿就给警察叔叔打电话让他把你们带走""要不就把你们锁在卫生间，晚上你们的父母也不用接你们回家了""别给脸不要脸"等类似的言语恐吓。当幼儿有一些不良习惯时，幼儿教师由于不会用恰当办法来纠正，往往采用粗暴的语言方式喝令幼儿及时改掉。如下面案例中的涵涵啃咬手指甲，幼儿教师希望采用粗暴的言语方式让幼儿感到害怕，从而改掉不良行为。

**案例 3**

　　小班经常会出现幼儿啃咬手指甲的现象，其中属涵涵小朋友最明显、最严重。有一天，涵涵在午睡的时候趁老师不注意啃咬手指甲，过了一会儿，老师发现了，就把涵涵领到一边说："你是不是在啃指甲？告诉你！再啃我就用教鞭把你的手打肿，打流血！赶紧说，你还敢不敢了！"这句话被旁边的小朋友听到了，有的说："你要是不听老师的话，给你打肿。"还有的小朋友边比画边笑着说："老师会给你打流血。"然后涵涵捂着手特别委屈地哭了。

　　啃咬手指甲、吃饭前不洗手等行为是小班幼儿常有的不良习惯。幼儿教师应采取恰当的方式来改掉幼儿的不良习惯，而不应该像上述幼儿教师一样，恐吓幼儿并且说出要剁掉手指头这样的暴力言语。这种"语言暴力"会直接伤害到幼儿，使幼儿产生负罪感，影响其人格发展，留下不可磨灭的心理阴影。

### （三）幼儿教师"语言暴力"的施暴对象

#### 1. 纪律差的幼儿

　　尽管我们倡导"遵循幼儿天性，释放自由"的教育理念，但并不意味着我们对幼儿没有要求，没有规则。作为人类社会的一类人群，一些习惯规则幼儿必须学习并遵守。然而，幼儿天性活泼好动，触犯规则或是不按常理出牌的现象十分普遍。比如，很多时候幼儿很难按我们的要求遵守我们的纪律，一些活动纪律的维持对于教师来说就是难关。我们发现，很多时候幼儿教师为了维持班级纪律，往往斥责班级里特别捣乱的孩子，让其他孩子"听话"，组织纪律差的幼儿往往是接收"语言暴力"的主要对象。幼儿教师表示，有时实在是没有其他办法才采用暴力语言。一次，教师带领幼儿排练舞蹈，几个节拍后让幼儿原地休息，结果几名幼儿绕着教室场地疯狂奔跑。教师耐心的劝说几番后无果，大声呵斥道："都给我停下来，我看谁还乱跑，晚上就不要回家了，在卫生间睡觉算了。"事后教师解释，自己本不想大声斥责，只因部分幼儿不遵守纪律，担心幼儿受伤。同时教师表示，这样的言语对幼儿也没什么不良影响。我们发现，幼儿教师首先缺乏策略，其次不了解"语言暴力"带来的后果。

#### 2. 家园沟通不畅的幼儿

　　《指导纲要》明确指出："家庭是幼儿园重要的合作伙伴。应本着尊重、平等、合作的原则，争取家长的理解、支持和主动参与，并积极支持、帮助家长提高教育能力。"家园互动是幼儿健康成长的有利方式，良好的沟通能增进双方的情感，形成教育的合力。当幼儿出现问题时，幼儿教师会通过打电话、面谈的方式与家长进行沟通。当今时代，独生子女居多，幼儿是家中的宝贝，当幼儿教师与家长说明幼儿在园情况时，一定要运用好语言，做好沟通，沟通无效极易导致教师使用暴力语言。

**案例 4**

　　幼儿家长（孩子奶奶）：老师，我问你个事，为什么昨天你发的照片别的孩子都在画画，我家的孩子拿着画纸站在旁边哭？我听他说，有个孩子踹了他，他还回去了，你罚他站。是吗？

幼儿教师：昨天画画的时候，旁边的小朋友不小心碰了他一下，他竟然不分青红皂白，就开始打人，而且口出脏话。所以我让他反省一会儿。

幼儿家长：那那个孩子反省了吗？

幼儿教师：那个孩子没有错啊，不小心碰了，而且道歉了。

幼儿家长：你怎么知道那个孩子不是故意的？

幼儿教师：那个孩子小，还不会撒谎呢！

幼儿家长：我们家的孩子就会撒谎是不是？

幼儿教师：我不是那个意思，你误会了，我只是觉得小孩子犯了错，应该做一些惩罚，也没有打他，只是让他反思，没有别的意思。

幼儿家长：行，没别的意思！你怎么那么肯定就是我家孩子犯的错？你这本身就有成见！

幼儿教师：××小朋友家长，我当时在班级，看到了那个孩子真的只是不小心碰了他一下。

上述案例是幼儿园家园沟通经常出现的场景。因为幼儿年龄尚小，有些时候与家长进行描述时就会失真，况且幼儿为了避免受罚，有时也会撒个小谎。家长都是信任自己孩子的，这就容易导致家长与幼儿教师之间产生误解，而这种误解常常会使沟通无效，幼儿教师往往将家长的不可理喻放在幼儿身上。那名幼儿从此有了自己的小桌子、小椅子。"你是纸糊的？你怕碰啊？来来来，你以后自己坐在这儿啊，小朋友们，以后谁也不许碰他，他怕碰，回家告诉你妈妈，这里可没人碰你。"

### 3. 表现不良的幼儿

差异性是幼儿发展的重要特点，发展速度、家庭教育方式不同，幼儿的表现也往往不同，有一部分幼儿的行为会不符合我们所谓的逻辑。例如，有些幼儿做事情拖拉，有些幼儿有不良行为，有些幼儿理解能力差，这些幼儿往往是教师施暴的主要对象。"你怎么那么慢？能不能快点？真是慢死了，快点，要不然不带你了。""明白了吗？你为什么这么简单的话都听不懂，你到底在想什么？脑袋是做什么用的？赶紧说一下！"对于表现不良的幼儿，部分教师缺乏教育指导策略，反而进行语言攻击，认为训斥和辱骂可以使幼儿的行为缩减，实则不然，幼儿可能因为害怕行为上有所改善，但心灵的创伤永远无法弥补，也许就因为教师的语言辱骂，这名幼儿会一生都成长的"表现不良"。

## 三、幼儿教师"语言暴力"的原因分析

### （一）个人文化水平和道德修养较低

文化水平和道德修养是考量幼儿园师资力量的重要标准。文化水平和道德修养差也是幼儿教师"语言暴力"产生的原因之一。随着国家对学前教育的大力重视支持，

以及人们知识水平的提高，人们对学前教育师资力量的需求增加，大量的幼儿园在全国各地得到了快速的发展。这种情况下，就会有部分文化水平和道德修养较低的人加入这个行业。这部分幼儿教师不注意提高个人文化水平和道德修养，学识修养浅薄，道德缺失，面对幼儿缺少爱心、耐心和责任心，没有科学有效的育儿知识，处理问题和事情简单粗暴，情绪不受控制，易对幼儿发脾气，甚至谩骂殴打，说话做事随意，不会顾及幼儿感受，无法与时俱进，不重视幼儿的道德培养，认为幼儿就应该对自己唯命是从，不听话则大声训斥幼儿，不考虑幼儿的自尊，这样的学识和人格担负不起幼儿教师的职责。另外，还有一部分幼儿教师把这一行业当成生存手段的同时，没有承担相应的责任，利己主义思想逐渐代替了无私奉献、高尚的精神，丧失了幼儿教师原有的职业道德，缺少对幼儿的耐心与包容，过多使用"语言暴力"迁怒于弱小的幼儿。

## （二）承受压力大

心理压力过大是导致幼儿教师"语言暴力"的根本原因。幼儿教师工作性质特殊，劳动时间长、强度大。他们一迈入幼儿园的大门，就一个活动连着另外一个活动，像高速旋转的陀螺，几乎没有停下来松弛一下神经的时间。现在，社会、家长和幼儿园管理层都希望幼儿教师既要细致周到地照顾好幼儿的衣食住行，又要能歌善舞；既要心灵手巧会制作教学具，又要能开发幼儿的智力；既要会开发幼儿园的园本课程，又要能进行教育科学研究等。面对各方太多、太高的要求和期望，幼儿教师深感压力大、责任重。

少子化社会，每名幼儿都是父母的心肝宝贝，一旦身体受伤，往往会引起家长的强烈不满，所以教师尤其担心幼儿的安全问题。现实中，幼儿由于年龄小，缺乏自我保护的能力，生性活泼好动，自制力差。每个班级都会有几个特别调皮的幼儿，容易扰乱秩序；幼儿的智商也参差不齐，有的接受能力较差，这是教师每日都必须面对并要加以解决的难题。这一过程常常使教师穷于应付，疲惫不堪。有时，这些还会使教师体验到一种强烈的自我挫败感，从而引发教师的情绪波动，进而出现言语失当的情况。

同时，幼儿教育改革的内容、方式和步伐对幼儿教师也构成了强大的冲击。幼儿教师职业的不稳定性、社会地位低、管理层评价不公、办公条件差、待遇差等实际问题也给他们带来了许多烦恼。凡此种种，均能导致幼儿教师的心理压力加剧，使紧张、焦虑、烦躁等负面情绪郁结在胸。心理学的一项研究表明，当一个人被某种恶劣的情绪左右时，很容易出现攻击性行为，包括对他人的语言性的攻击和身体攻击。[①] 人的心理压力和积蓄起来的不满情绪是需要定期或不定期地释放，以达到心理平衡。当教师们感到不堪重负、心力交瘁时，当教师缺乏缓解压力的有效途径、不良情绪无处宣泄时，幼儿自然就成了教师的出气筒，幼儿教师"语言暴力"现象随之产生。

---

① 韩宏莉. 幼儿教师"语言暴力"现象探析 [J]. 教育探索, 2009 (1): 88-90.

## （三）职业怠倦

所谓职业怠倦，就是对自己的职业产生疲倦懈怠的感觉，对自己在工作中的位置感到不满意，对工作内容提不起兴趣，情绪上经常处于紧张、焦虑的状态。① 幼儿教师长期处于这种状态下，不仅会对自身产生不好的影响，还会将这种负面情绪带给小朋友，使幼儿生活在这种不好的氛围中。

随着职业怠倦感不断增强，幼儿教师根本无法抽出更多的时间与精力提高自身的教学能力，也缺乏研究幼儿心理的动力，以致工作中遇到问题时，不能很好地应对，遇到让自己生气、愤怒的事情，就会使用"暴力语言"去解决。长此恶性循环必然不利于对幼儿的教育培养，也不利于幼儿教师的身心健康。

## （四）法律意识淡薄

我国已颁布了一些与幼儿教育相关的法律法规，如《教育法》《未成年人保护法》《幼儿园管理条例》《指导纲要》等，规定幼儿园要依据这些法律、法规开展工作。这些法律法规明确规定幼儿教师应依法维护幼儿自身的权益，不能伤害幼儿的自尊心，保护幼儿的合法地位。但在真正的幼儿园教学过程中，我们不难发现部分教师并不按照规定实施行为。在一些幼儿教师的眼中，认为只要不动手打骂幼儿即可，使用"语言暴力"也不是犯法，法律意识相对淡薄。法律的"热炉效应"本来应是，无论你是谁，只要接触热炉，都会被烫伤。可现在的"热炉"不温不火，难以约束幼儿教师的行为。

长期以来，受一些封建传统错误观念的影响，一部分人认为幼儿必须无条件尊敬教师，而小小的孩童，懵懂无知，所以谈不上有什么独立人格与尊严。与此同时，社会普遍认为教师对幼儿握有严加管教的大权，在家长甚至在一些教育管理者眼里，只要不打幼儿，不搞体罚和变相体罚即可，至于讽刺两句，骂上几声，也无不可，无关大碍，其动机无非是"恨铁不成钢"。即使伤害了幼儿也不必大惊小怪，不必上纲上线。这种落后的思想和错误的认知为幼儿教师的"语言暴力"的滋生提供了环境。再者，不少幼儿教师法律观念不强，对一些法律条文置若罔闻。《未成年人保护法》第十五条规定："学校、幼儿园的教职员应当尊重未成年人的人格尊严，不得对未成年学生和儿童实施体罚、变相体罚或者其他侮辱人格尊严的行为。"一些幼儿教师片面地强调教师的尊严与权威，无视儿童的权益和独立人格，并在行为上表现为强烈的"自以为是"的倾向，在保教过程中常常淡化或漠视对幼儿权利的尊重和保护，法律观念淡薄，这些都助长了幼儿教师的"语言暴力"行为。②

---

① 余珍有. 教师的交际行为研究：幼儿园教师语言的语用学分析 [D]. 南京：南京师范大学，2004.
② 韩宏莉. 幼儿教师"语言暴力"现象探析 [J]. 教育探索，2009（1）：88-90.

### (五) 教育技能的匮乏

教育技能的匮乏是幼儿教师使用"语言暴力"的一个重要原因。当幼儿的行为违背幼儿教师的命令或幼儿园的规定管理，即所谓幼儿"不听话"的时候，幼儿教师需要采取最快的方法让幼儿"听话"。而"语言暴力"这时候就发挥了制止幼儿行为的功能。对于那些教育技能掌握较好的幼儿教师而言，他们能根据自己的教育机智，更好地处理保教过程的一些意外事件，而缺乏教育技能的幼儿教师在面对一些较为棘手的问题时，通常都是使用"语言暴力"解决问题。例如，小班经常有幼儿尿床，某些幼儿教师的处理方法不免缺乏教育技能，在幼儿面前大声辱骂，完全不顾幼儿的感受和自尊心。

## 四、幼儿教师"语言暴力"的消解对策

幼儿教师是幼儿的榜样和示范者，幼儿不论身体还是心理发展都不成熟，处于发展的关键期，所以幼儿教师的一言一行都要合乎规范，以身作则，提高自身专业素养，为幼儿树立榜样。

### (一) 提高自身文化道德修养

幼儿教师作为幼儿的启蒙者，在幼儿的生活中扮演着重要角色，幼儿教师的所作所为无时无刻不在影响幼儿的生活。当今社会正处于不断发展的时代，知识也在不断更替，因此幼儿教师应提高自身文化水平和道德修养，面对幼儿的错误时，不应恶意谩骂，而是采取相应的对策，减少或消除使用"暴力语言"，成为有能力、有责任感的新一代师资力量。

情绪心理学的一项研究表明，处于积极心境下的个体善于用肯定的眼光去看待事物并做出理性的判断，因而，他们通常会表现出积极的行为；而处于消极心境下的个体习惯用否定的眼光去看待事物，通常会表现出消极行为。可见，教师的情绪状态会在一定程度上影响其言语行为。然而，幼儿教师作为不良情绪的受害者，他们对幼儿的"非善的"言语行为并不是有意为之，只要采取积极的措施去调适，就能够有效管理自己的情绪，提高自己的情绪智力。因此，为了有效避免言语失范问题，幼儿教师在日常工作和生活中，应不断调节和控制自己的情绪，使自己的心理保持健康稳定的状态，从而提高自身的情绪智力。

第一，教师要正确地进行自我认知。稳定而健康的情绪状态，首先来源于教师对自我的清醒、深刻的认知。教师作为社会成员中普通的一员，他们也有自己的喜怒哀乐。但幼儿教师的职业决定了教师必须成为幼儿的表率。在与幼儿交往过程中，教师必须时时刻刻注意自己应该扮演的角色，理性地认识自我，用理智、道德、社会责任感等进行心理暗示，强化自己的角色意识，以达到调节情绪的目的。第二，教师要善于采用心理换位的方式去看待事物。对于同一件事，不同的人会产生不同的情感体验。情绪体验的产生不是取决于事件本身，而是取决于教师对事件的理解。教师应该认识到幼儿的顽皮、淘气、好动、多嘴，都是幼儿的年龄特点所决定的。只有教师正

确认识到这点，通过心理换位把自己置于幼儿的立场去思考、去感受，才不至于因为对幼儿的"误解"而引起内心消极的情绪反应。第三，培养自我解压的能力。引起教师不良情绪反应的首要原因是来自外界的各种压力。个体的压力要得到及时缓解和释放，才能获得心理的平衡。因此，教师要学会积极主动地应对各种压力，采用有效的方式释放压力。例如，教师可以通过积极主动地与自己的亲朋好友进行交流，将自己内心的不良情绪通过正当的方式宣泄出来。此外，教师还可以通过参加各种社会活动来缓解压力。与群体其他成员进行交往的过程，不仅有助于教师建立良好的社会支持，同时，还能够帮助教师树立积极的自我意识，提高教师对工作和生活的热情。①

多点耐心，慢慢听孩子把话说完。幼儿处在特殊的年龄段，尤其是小班的孩子，教师最容易对其说出忌语。因为孩子太小，语言组织能力不健全，他们在说话之前可能大脑已经知道要说什么，但由于他们处在这个特殊的年龄阶段，很可能是想说不敢说，或者是想说说不出。

多点爱心，尽量包容犯错的孩子。爱是土壤，爱是阳光，爱是雨露。多一点爱，对孩子的帮助就会多一点。面对犯错的孩子，多点爱心，多点包容心，多问一问，他为什么会打人？他是否知道打人是错误的，他是否打了人也很害怕等。有的幼儿教师在面对打人的孩子的时候，总喜欢训斥打人的孩子，还吓唬孩子说不让别的孩子跟他玩，却不会去想打人孩子的打人行为背后的原因，孩子的一切反社会行为很可能是因为他受到了不公正的对待。

多点责任心，时刻关注孩子的一举一动。孩子一天有一大半的时间都是在幼儿园里，他在幼儿园里会受到各种各样的语言刺激，有正面的，也有反面的。受到正面的语言刺激后，他可能心情会非常好，做游戏的积极性会很高，更乐意参加活动。而受到反面语言刺激后，他有可能会心情低落，不愿参加集体活动，甚至一个人闷闷不乐，谁也不理睬。这个时候就需要老师密切关注，询问孩子原因。老师不仅应关注孩子的外在发展，更要密切注意孩子内心的成长，有时心理产生的疾病很可能就是因为老师一句无意中说的话，或者在与同伴游戏时做错一个动作，这些都需要老师的关注。②

提升自己的师德修养，真心热爱每一个孩子。热爱幼儿是教师职业道德的重要方面。苏联著名教育家苏霍姆林斯基曾说："教育技巧的全部奥秘，也就在于如何爱护幼儿。"幼儿的智力、性格千差万别，但有些教师只喜欢聪明伶俐、乖巧听话的孩子，对反应迟钝、活动过度或比较顽劣的孩子则另眼相待，流露出厌烦的情绪，这是不符合教师职业道德要求的。教师应承认幼儿的个体差异，悦纳每一个孩子。在教育教学中，教师对幼儿的爱应当是无私的、公正的，不能以"貌"取人，以"智"取人，应该爱每一名幼儿。教师只要心中充满对幼儿的爱，并有良好的修养和完善的人格，就会克服情绪上的冲动和行为上的偏激，说话才不会无所顾忌。"良言一句三冬暖，恶语伤人六月寒。"教师一句体谅的话可以温暖幼儿的心，教师一句鼓励的话可以给予他们向上的力量。教师对幼儿要多一些宽容和大度，多一些热情和友善，尤其

---

① 姚开琼. 幼儿教师言语道德失范的审思 [D]. 长沙：湖南师范大学，2012.
② 杨玲. 浅谈幼儿园教师忌语 [J]. 小学科学（教师版），2016（3）：133.

是在幼儿"屡教不改"时，更要保持冷静和克制，调整好心态，把握住自己的嘴，管好自己的舌头，别让"语言暴力"刺伤了幼儿的心灵。[1]

### （二）学会应对外来压力

积极健康的心理状态直接影响教学活动效果。因此，幼儿教师要提升自身的心理健康水平，学会适当释放压力，学会与周围的亲朋好友主动交谈，调整自己的情绪，保持一颗积极主动的心去面对幼儿，不能在压力大的情况下对幼儿使用"语言暴力"。同时，幼儿园要提供幼儿教师释放压力的场所，并时刻关注幼儿教师的心理动态；定时开展有关幼儿教师心理健康的讲座，讲解如何采取恰当的方式缓解压力；举办户外活动，如户外郊游、野炊等。幼儿教师在一个充满阳光、健康的氛围中努力工作，不适当行为必然极少发生。

"语言暴力"往往是在重压之下情绪失控造成的。教师在对幼儿进行斥责辱骂时，表明他已被负面情绪所左右。此时的言语，由于失去理智，通常不会对幼儿的教育有好的效果，只会起到负面作用。因此，幼儿教师必须主动应对压力，调控自己的情绪。调控情绪一般包括以下3个步骤：第一，敏锐地觉察自己的情绪。一旦发现自己被不良情绪控制，就应马上设法让自己冷静下来。比如先来一个深呼吸，或暂时回避一下，把自己从当时的情境中抽离出来。这样教师的感受可能会改变，处理对幼儿的教育问题时会更理性、更妥当。第二，评估压力情景。教师觉察到自己内心有压力时，首先要正视它，反思发生了什么，同时寻找问题的来源。是由于工作繁重带来了身体的疲惫和情绪的烦乱，还是幼儿的哭闹、捣乱、任性让自己束手无策。第三，利用各种心理防御机制进行有效的压力调节和情绪调控。在压力面前，心理不健康者往往会采取一些不科学、不恰当的应对措施或消极的自我防御机制，如否认、退缩、逃避、压抑、逆反、攻击或过度自责等。这样对待，结果往往适得其反。心理健康者会主动采取一些积极的应对措施，比如合理地宣泄、转移注意力、改变目标、幽默放松、行为升华等。[2]

### （三）营造良好的教学氛围

幼儿教师"语言暴力"的负面影响具有隐蔽性和后置性，表面上并不明显，但却非常影响教学。因此，幼儿教师教学活动时要注意自己的言行，控制好自己的情绪，将要破口而出的"语言暴力"转化为委婉简明的话语，学会反思。反思是内省的过程，是一个不断凝聚教育智慧的过程。通过反思，幼儿教师对自己的言语行为进行不断的审视和修正，将其上升到言语道德品质的高度。在反思过程中，教育者可以以下面两条标准进行反思：一是以科学的教育理念和幼儿身心发展规律作为标准，不断更新自己的教育观念，树立正确的教学观和儿童观，不断增强对教育教学理念的合理性认识，尽可能地减少教学实践中的盲目性，避免一些缺乏理性的短视行为，逐步摆脱陈旧的、不当的教育观念的影响，减少一些由惯习所驱使的不良言语行为。二是

---

[1] 韩宏莉. 幼儿教师"语言暴力"现象探析 [J]. 教育探索，2009 (1)：88-90.

[2] 同①。

以教育良心为标准对自己的言语行为进行自我批判。教育良心是指在教育实践中，教师对社会提出的一系列道德要求的自觉意识，是个人对学生、教师集体和社会自觉履行职责的道德责任感和对自我教育行为进行道德评价的能力。教育良心是教师言行的内在道德批判标准，对教师的言行起着重要的自我导向、自我控制及自我监督和评价作用。以教育良心作为反思的标准，需要教育者以饱含人文情怀的眼光，以一个旁观者的身份，反观自己的言语行为。在教育良心的引导下，对那些可能对幼儿造成不良影响的言语行为，进行自我反思，进而不断督促自己改变不良的言语方式和言语习惯，在实际教学活动中，做到尊重幼儿、热爱幼儿、宽容地对待幼儿的缺点和过错。①

当今时代，各大媒体和大众对于幼儿教师存在一些误解，在一定程度上也加重了幼儿教师的心理负担。因此，要用理解和尊重的方式去对待幼儿教师这个职业，积极主动构造出一个轻松愉快的氛围，给他们多一些鼓励，多一份爱，让幼儿教师始终保持着一颗阳光般的心温暖着幼儿，从而促使幼儿教师这一职业飞速发展。

### （四）加强法制道德观念

早在1959年联合国出台了《儿童权利宣言》，整个世界都掀起了尊重儿童合法权益的浪潮，1989年出台的《儿童权利公约》更是规定了儿童理应享有的基本权利。②但上述的宣言和公约不具备法律的约束力，强制力不足。虽然我国有一些法律条文明确规定了教师不能变相体罚学生，但这些内容过于笼统，并且没有专门应对幼儿教师"语言暴力"的法律法规。因此，国家要加快步伐，加强相应法律法规的完善，制定强制性的、方便可行的针对"语言暴力"的法律条款，让幼儿教师按照法律法规严格要求自己的言行。另外，幼儿园可以在园中设立法律课堂，加大法律法规的宣传，开展如何面对幼儿不使用"语言暴力"的相关场景。对于个别幼儿教师"语言暴力"情节严重的，要严格处理，不能姑息原谅，要使其受到法律的制约。

良好的社会环境应是有自由又有约束的，这就需要坚持法治。所谓"法治"即依据法律治理国家，区别于单纯依靠统治者个人意志治理国家的"人治"。法治观念反映在教育上，就是把教育纳入法律调节的轨道，使之严格按法律规范运转。具体说就是国家依法管理教育，公民依法享有受教育的权利，学校依法从国家与社会取得经费，学校内部的各项工作均按各种严格的规章制度运行。强调依法治教，并非只对少数人加以约束，而是要以法律规范包括政府官员在内的所有公民的行为。教师自觉依法施教，要强化儿童权利意识和教育法制意识教育，逐步树立尊重学生、依法执教的观念。托幼园所也要健全法制制度，重视与公安、司法行政部门密切配合，开展法律知识讲座，使在职教师了解《教师法》《义务教育法》《未成年人保护法》等相关法律法规和《儿童权利公约》的内容，增强法律意识和儿童权利意识，摒弃陈旧观念，自觉避免语言暴力、尊重学生、爱护学生，根据不同年龄学生的生理、心理特点和接受能力，依法进行法制教育。③

---

① 姚开琼. 幼儿教师言语道德失范的审思 [D]. 长沙：湖南师范大学, 2012.
② 转引自：卢佳鑫. 幼儿园软暴力的现状及对策研究 [D]. 石家庄：河北师范大学, 2015：36.
③ 韩宏莉. 幼儿教师"语言暴力"现象探析 [J]. 教育探索, 2009（1）：88-90.

## (五) 提升教育技能技巧

伟大的教育家夸美纽斯说"教师是太阳底下最光辉的职业",因为"春蚕到死丝方尽,蜡炬成灰泪始干"[①]。不同的行业,教育技能也不同。因此,幼儿教师应当不断提高教育技能技巧学习的能力。

首先,教师应该定期书写反思笔记,梳理总结自己在何时、什么情况下对幼儿使用威胁性语言,为什么使用,是否能找出更好的办法。教师可以向其他经验型教师"取经",了解他们针对不同幼儿、不同情况如何进行处理;可以通过书籍、网络等媒介,查找借鉴别人的经验,在实践中运用,形成自己的智慧;还可以加强语言表达技巧的学习,发挥语言的强大力量。一个词换一种表达可能就会达到事半功倍的效果。其次,幼儿园要为幼儿教师提供技能技巧学习的机会。《教师法》规定了教师享有参与进修或者其他形式培训的权利。幼儿教师通过培训学习,可以了解当前最新的教育发展动态,查漏补缺,学习别人的教学经验和管理课堂的能力,用有效的教学方式武装自己,而不是一遇到幼儿出现不良行为习惯就使用威胁性语言。幼儿教师使用威胁性语言,一部分原因在于幼儿教师没能很好掌握调控全局的能力,这个能力的获得需要经验的积累和不断的学习实践。

# 第四节 幼儿教师负面情绪表达及对策

幼儿身心全面发展是我国学前教育领域一直追求的目标,而很多家长和教师似乎更倾向于儿童的身体健康,忽略了儿童的心理健康。对于幼儿来说,健康的身心环境更为重要,它不仅影响幼儿身体成长及心理发育状况,而且在很大程度上影响着幼儿对知识的接受与吸收,以及未来成长过程中的生活能力的培养。幼儿教师是幼儿长期接触的重要影响个体,教师的言谈举止、教学方式、情绪状态会潜移默化地被幼儿习得于自身。其中,幼儿教师的情绪状态尤为重要,高频次的负面情绪会对幼儿的成长产生不利的影响。国内有关研究资料表明,由于外界压力和内在心理素质双方面的原因,当前我国部分幼儿教师经常处于紧张、焦虑、抑郁、恐惧的不良情绪状态中。这样的情绪状态不仅会对教师自身造成严重的伤害,而且会直接影响幼儿。因此,缓解和调适幼儿教师的情绪,使他们能在愉悦、轻松的状态下投入工作,已经成为全社会关注的问题。

## 一、幼儿教师情绪表达概述

### (一) 什么是情绪及情绪表达

情绪是对一系列主观认知经验的通称,是多种感觉、思想和行为综合产生的心理

---

① 宋晶晶. 幼儿教师威胁性语言研究 [D]. 武汉:华中师范大学,2013:20.

和生理状态。① 最普遍的情绪有喜、怒、哀、惊、恐、爱，也有一些细腻微妙的情绪，如嫉妒、羞耻、自豪、惭愧等。情绪常与人的心情、性格、脾气、目的等因素互相作用，也受到神经递质、荷尔蒙影响。无论正面还是负面的情绪，都会引发人们行动的动机，尽管一些情绪引发的行为看上去没有经过思考，但实际上意识是产生情绪重要的一环。

人是不折不扣会被情绪影响的动物，情绪在影响着自己的同时也会对其他人产生影响。幼儿的情绪变化特别大，前一秒他还在开心欢笑，下一秒可能就因为什么原因不高兴或者哭闹起来。不同的情绪会影响幼儿的行为及思想，特别是在进行某种学习或者是教育的时候，幼儿在不同的情绪情况下，学习效果截然不同。情绪表达指的是人们用来表现情绪的各种方式，其功能就是在纾解情绪水位，使水位下降。它在一定程度上控制着人们的思维方式流向，决定着人们的行为方式。因人们必须在社会中生存，情绪表达当然就必须以不伤害别人、不伤害自己等符合社会规范的方式表现，否则疏解了原来的负面情绪，却伤害或者影响了他人，给他人带来负面影响，会产生更大量新的负面情绪。

### （二）负面情绪表达对幼儿所产生的影响

情绪表达体现为两个方面：一方面是正面的；另一方面是负面的。这里着重研究幼儿教师负面情绪表达对儿童所产生的影响。负面情绪的传播会产生负面的影响，幼儿教师在没有正确处理好自己负面情绪的情况下，对幼儿进行了负面的情绪表达，这会有损幼儿教师的形象，降低幼儿知识学习的效果，形成幼儿不良情绪心理，不利于幼儿良好性格及品性的形成。

## 二、幼儿教师负面情绪表达的方式

符号互动论者认为，人们的生活中充斥着各种各样的符号，符号是传递信息与情感的媒介。情绪作为教师向幼儿传递信息和表达情感的过程，是一种符号的运用过程，具有一定的个性体现与职业特征。本研究首先通过语言表达的外显，来呈现幼儿教师的负面情绪表达。

### （一）幼儿教师的语言表达

语言是人类交流的方式，幼儿教师借助语言与幼儿沟通交流，幼儿倾听教师语言意义的同时也感受教师的情绪状态。如果教师语气温和、语言温柔，则幼儿喜欢倾听并内化回应，师幼互动良好。若教师语气严厉苛责，则幼儿或是排斥倾听，或是被动接受，这对幼儿的心理健康会产生极其不利的影响。语言暴力是幼儿教师的负面情绪通过语言的表达，过激的语言方式就是一种语言暴力，语言暴力反映了教师的负面情绪表达。观察发现，部分教师不经意间就会使用一些不恰当的语言，对幼儿进行训斥或者管教。许倩倩（2013）在研究中指出，在师幼互动中，教师指示言语、

---

① 朱智贤. 心理学大辞典 [M]. 北京：北京师范大学出版社，2003：89.

警示言语、质问与反驳、声明与解释、讽刺与宣泄及评价与判断等负面情绪语言的类型和内容都较正向语言丰富多样，展现出了大部分教师试图通过语言压制幼儿的主导意图。

**案例 5**

今天早上来到教室，孩子们都异常兴奋，因为外面操场上有许多别的幼儿园的小朋友过来参观。孩子们看到这么多陌生的小朋友在教室里坐不住了，纷纷看向窗外并且叽叽喳喳地讨论起来，李老师强调组织了好几次纪律都没有成功。突然，李老师大喊一声："所有小朋友都给我坐好！你们今天谁也不许动了！干什么呀！要疯了吗？有病！"孩子们听见老师发火都一声不吭地坐在座位上不动了，然而这一天下来教学任务也没有完成，孩子们都像受到了惊吓似的，心不在焉地度过了糟糕的一天。

幼儿教师在教学活动过程中所使用的语言会表达自己的情绪状态，这种情绪状态会传递给幼儿，直接作用于幼儿的身心发展。因此，作为一名幼儿教师，在日常的活动中，一定要注意自己的语言方式和内容，尽量减少负面情绪对幼儿的不利影响。

### （二）幼儿教师的面部表情表达

面部表情是一个人情绪的最直接表达方式。人们可以直接通过他人的面部表情来了解其情绪，比如眼神不仅可以传情还可以交流思想。面部表情是十分重要的非语言交往手段，它可以传达一个人的情绪及神态，表达想法。幼儿教师有时也通过面部表情传达一些负面情绪，例如，利用瞪眼睛来警示幼儿做事情的对错，利用撇嘴来否定蔑视幼儿。

**案例 6**

小乐是班里很调皮的男孩子。由于家长的宠溺，小乐有些"天不怕地不怕"的样子，但是他却最怕他们班里的老师，因为小乐每次犯错误，老师都会用非常严厉的眼神瞪着小乐，表情非常严肃，没有一丝笑意。小乐说他非常害怕马老师的眼神，好像要把他吃了似的，小乐不敢和老师说话，更不敢对视老师的眼睛。小乐因此非常害怕老师，对于老师所教的数学课也没有兴趣。虽然已经是大班的幼儿了，但小乐从 1 到 10 还没有数清楚。

师幼互动中，幼儿教师要时刻注意自己外显的面部表情，保持轻松愉悦的心境，吸引幼儿，这样更能拉近与幼儿之间的情感距离。因为面部直观明显，所以教师一定要学会情绪自控，不要让负面情绪在面部表情中呈现出来，以免波及幼儿。

### （三）幼儿教师的肢体动作表达

肢体动作可以传达人物的思想，是一个人行为情绪的直接表达方式。在幼儿园利用肢体动作传达想法随处可见，例如，运用竖大拇指进行鼓励和表扬，运用伸手掌制止幼儿不良行为。凡事利弊综合，在幼儿园的实践中，个别教师利用肢体动作来宣泄负面情绪。

### 案例 7

一天吃午饭，中二班教师要求吃饭时任何人不许将食物撒在桌面上。某幼儿自理能力稍差，教师要求某幼儿独自坐在靠墙的一张桌子上吃午餐，以实现监督。某幼儿不太会用勺子吃饭，无奈下开始用手抓饭。教师生气地走过去说："你怎么用手抓着吃呢，怎么不用勺子呢？"某幼儿说："老师，我不会用勺子。"教师说（皱眉、厌恶）："你怎么不会，别人为什么会？（用手推搡了一把某幼儿）嗯？我问你呢！你的脑袋怎么长的？（用手推指某幼儿脑袋）笨死得了。看！又撒了（拎着某幼儿的衣服，把某幼儿拉出了座位）。"

通过多年的观察我们发现，部分幼儿教师利用负面的肢体动作完成控制班级秩序等任务，如用手指指孩子、拽孩子等。教师通过负面的肢体动作进行情绪表达，会对幼儿产生不利影响。在教学互动中，肢体惩罚是最应被禁止的一种，身为一名教师，一定要注意切记不可用负面的肢体动作对幼儿，否则一些无意间的拖拽均有可能伤害幼儿，出现无法挽回的事故。负面情绪通过教师负面的肢体动作传达给幼儿，会对幼儿心理产生严重影响，使幼儿产生对教师的畏惧，减少与教师的交流次数，从而影响学习任务的完成，不利于幼儿的成长与生活。

## 三、幼儿教师负面情绪形成的原因分析

负面情绪产生之后才会有负面情绪的表达，幼儿教师负面情绪的产生有其一定的原因。本研究结合实地观察及相关理论，对幼儿教师负面情绪产生的原因进行了分析与思考。

### （一）幼儿教师过高的期待

实践观察发现，最常见的负面情绪表达的是生气。生气是幼儿教师情绪中最常见的一种情绪状态，这种情绪的产生更多是源于教师对幼儿的不满。幼儿年龄小，心智尚不成熟，因此有时候不能达到幼儿教师所设计期待的过高教学目标和教学效果。这些过高期待主要体现在超越幼儿最近发展区、不符合幼儿发展特点等。心理学中"皮格马利翁效应"告诉我们，适当的教师教学期望有利于幼儿的成长，而不适当的期望却难以激发幼儿的动机。当活动内容超越幼儿可接受性时，当活动方式呆板时，幼儿都会有不配合活动的行为产生，这直接导致了幼儿教师负面情绪的出现。

### （二）幼儿教师的人格缺失

幼儿教师本身的性格特征会影响对自身情绪的处理、情绪表达的方式及呈现。一

个人的行为方式会受到自身的性格特征影响。内向与外向的性格，在不同人的身上呈现着不一样的状态。大部分人可能会认为，性格就是性格，与工作时候的状态及方式并不产生冲突和交叉，其实不然，一个人在工作中所投入的状态很大一方面取决于他到底是什么性格的人。在日常工作生活中我们可以发现，一些幼儿教师由于个人生理和心理状况的原因，情绪更易处于不良状态之中。例如，神经系统属弱型的人，由于遗传因素的影响，在遇到困难和挫折时，比神经系统属强型的人更易产生焦虑和挫败感。一些意志薄弱、性格内向的幼儿教师，往往因为不善表达和自我调节，遇到挫折会自艾自怜或自暴自弃。一些遗传性生理特征（如身材矮小、相貌平平等），一定程度上也会使他们处于自卑和颓废的情绪之中。另外，部分幼儿教师过于争强好胜，期望值过高，对经济待遇、职称评定、学习进修机会及上级组织的各项活动等过于关注，易产生愤懑或悲观失望的心理反应，从而影响情绪。

### （三）幼儿教师职业素养缺乏

幼儿教师是教育幼儿的"人类灵魂工程师"，是传承中国文化的专业人员，应具备最基本的职业素养。良好的职业素养是保证幼儿教师顺利完成教学活动任务，促进幼儿发展重要的核心保障。健康的心理水平、正确的职业道德观念、良好的教学水平都是幼儿教师职业素养的重要组成部分，这些职业素养的缺失，必然会给幼儿带来不利影响。在实际的工作中，有些幼儿教师因为心理健康水平差，情绪易激动；有些幼儿教师因为缺乏活动指导手段，利用情绪宣泄。实际上，幼儿教师努力提升职业素养，就可以避免负面情绪的产生。

### （四）幼儿教师对幼儿的误解及幼儿教师权利的需要

在幼儿园的日常活动过程中，幼儿教师对幼儿的误解时有发生。幼儿在玩耍或者探索的过程中，会时不时违反教师的规定，幼儿教师便会产生负面的情绪及言论，对幼儿进行批评管教，但由于没有过问幼儿行为动机，也没有看到整个事件的全部过程，所以对幼儿产生了误解。这也是负面情绪所产生的原因之一。另外，部分幼儿教师会通过一些情绪行为来体现自己的职业权威，如大声喊叫、瞪眼睛、拍桌子、敲凳子等。

**案例 8**

"这个磁力贴是谁帮老师找回来的，老师找了好久都不知道它跑去哪里了？是谁？""老师，是我"尧尧说。"是你？谁让你到这里来的，我刚才罚你什么来着？不是让你反思吗？谁让你找这个东西了？回去，讨厌。"

上述案例中，正常情况下实际上尧尧帮助教师找到物品的行为是正确的，但是在此之前他处于被处罚的身份，若是教师在此刻表扬他，任由他违背自己被处罚的身份，实际上是对自己权威的挑战。因此，在这种情况下，幼儿教师往往通过不良情绪来维护自身的权威。

## 四、反思与建议

### (一) 重视幼儿教师的情绪劳动

大部分幼儿园都忽略了幼儿教师的情绪劳动，很少去关注幼儿教师的情绪状态，从而产生负面情绪的表达。托幼园所是幼儿教师的成长摇篮，幼儿园一定要重视幼儿教师的情绪劳动，多关注幼儿教师的情绪变化，适时与幼儿教师进行交流与沟通，及时发现问题并排解，预防幼儿教师把负面情绪带给幼儿。为维护幼儿教师的情绪智力，应从以下几个方面入手。

#### 1. 培养良好的情绪智力

情绪智力是随着人的成长逐渐发展起来的，可以通过训练和矫正措施得到提高。首先，幼儿教师应该善于分析和了解自己的情感模式及特点，更好地识别自己的情绪；其次，应该学习一些控制情绪、表达情绪、缓解压力的方法和策略，从而使自己能够把握情绪；最后，应提高理解和认知他人情绪状态的能力，并在此基础上发展自己与他人的融洽关系，进而培养自己的沟通力、解决冲突的能力及团队协作能力。

#### 2. 为幼儿教师开展心理健康教育讲座

目前我国幼儿教师培养体系和职后进修培训过分强调专业知识和技能的学习，忽视了心理健康、心理保健方面的教育。这导致很多幼儿教师在面对工作中的压力和负面情绪时，或者采用消极的方式去调节，或者茫然无从应对。为了改变这样的状况，在幼儿教师的培养教育中，应注意增设心理卫生、压力应对等课程。此外，幼儿园应该定期邀请专家举办有关压力管理、心理健康维护等方面的讲座，为幼儿教师提供缓解压力、调节情绪的具体方法和建议。另外，还可以组织教师参加情绪释放沙龙活动，通过彼此间的交流和讨论，相互理解、帮助，分享经验，共同解决所面临的困惑。

#### 3. 关注幼儿教师女性群体多重角色冲突

幼儿教师在工作和生活中承担着多重角色。从作为教师这一角色来说，如果自身职业素养不足，不能胜任工作，就会产生较大工作压力和各种负面情绪。针对这一情况，教师应该加强专业知识学习和实际工作能力的锻炼，适应社会发展的要求；而幼儿园领导也应该提供给教师进修培训、外出观摩学习的机会。从幼儿教师在家庭生活中的多重角色来看，女性这一性别特征使得她们较之男性更多地承担起劳累、琐碎的家庭事务，对于职业女性来说，更是工作和家庭一个都不能丢，从而造成身心疲惫、力不从心。为了缓解这种状况，作为家人，特别是丈夫应该体谅、理解妻子的工作，主动帮助妻子分担家务，在平时的生活中给予妻子贴心的关爱，从而缓解妻子工作和生活中的压力。家庭成员还应一起努力营造安逸、幸福的家庭氛围，如果幼儿教师能感受到家庭的幸福、温暖，就会心情舒畅，减轻身心疲劳。①

### （二）职业素养的提高

幼儿教师自身要意识到情绪表达的重要性及情绪表达会产生的影响，从而提高重视程度。首先，要注重自身良好性格的培养，这关乎良好的师幼关系的形成，关乎良好教师形象的树立；其次，职业素养的提升也非常关键，幼儿教师应该主动自觉地经常性地学习进修，充实自己的专业能力，有处理日常活动的技巧，有调控情绪的能力。

### （三）良好环境的创设

幼儿园是教师与幼儿共同学习和生活的场所，是幼儿教育中最重要的环境因素，幼儿园环境的创设包括物质环境和精神环境。良好的物质环境创设对教师及幼儿都有重要的影响。幼儿园的整体环境创设要活泼丰富、大气沉稳；班级环境创设要有特色新意，主题要健康活泼，更换要及时，要师幼共同参与。环境影响着人的身心状态，好的环境创设会给教师和幼儿营造一个良好的学习与生活的场域，使教师和幼儿保持心情愉悦，这对学习与日常生活都有积极的作用及影响。

另外，精神环境创设也不容缺少。一些幼儿园管理者非常注重提高教职员工奖金、福利待遇，认为这样就可以提高教师的满意度和工作积极性，但往往实际中并没有获得预想的效果，究其原因，是忽视了教师的心理健康。现代心理学理论认为，良好的人际关系、舒适的工作环境，是人们从事生产劳动的基本需求，同时可以促进员工更好地完成工作目标。幼儿园管理者应该清楚地认识到在幼儿园的实际工作中，教师们在这些方面的需求更加值得关注。尊重教师的心理诉求，引导教师正确面对工作压力，培养教师情绪的自我管理能力也是幼儿园管理者的重要职责。事实证明，不仅要关心教职员工们的物质需求，更应把注意力放在教师们的精神生活上，努力创造一个和谐融洽的园所工作环境，疏导幼儿教师的心理压力，引导幼儿教师情绪的合理宣泄，使幼儿园管理向着更加人性化、科学化、民主化的方向发展。因此，幼儿园管理者有责任有义务营造良好的人际关系，协调好各方面的关系，努力创设和谐美好的校园环境，积极营造良好的幼儿园精神风貌。②

### （四）掌握情绪调节的方法

幼儿教育工作是一项关系到国家发展、民族兴旺的神圣事业，同时也是一项弹性很大的工作。幼儿园要通过一日活动的各个环节促使幼儿身心全面和谐发展，一日生活各个环节都要渗透教育因素，幼儿教师要感受到肩负的神圣使命，贯彻"保教并重，教养结合"原则，以促进每个幼儿全面和谐发展为工作目标，这个过程中压力必不可少。压力研究者表明，压力管理是情绪的修炼，为了情绪的健康，人们需要压

---

① 张燕，刘云艳. 幼儿教师情绪调节方式及其对工作满意度的影响［J］. 学前教育研究，2008（1）：28-31.

② 周宝华. 幼儿教师情绪管理的有效途径［J］. 现代教育科学，2013（6）：56.

力及有意义的任务、挑战和目标，人们在良性压力中得到的是满足或幸福等愉快的情绪体验。情绪健康心理学的最近研究结果显示，人类情绪上最有智慧的行为是以聪明地同压力打交道为前提的，实现压力管理，才能变压力为动力，便于目标的实现。

### 1. 恰当表达情绪

幼儿教师作为一种情绪化特征明显的职业，在工作中有着丰富的情绪体验，常常有意无意地借助情绪传递自身的教育意图。在幼儿园中既能见到教师声嘶力竭地对幼儿"吼叫"的场景，也能目睹教师和风细雨般地与幼儿交流的画面。幼儿教师不同的情绪表达方式和情绪类型直接影响着幼儿教育的质量。幼儿教师的情绪表达不仅是开展活动的有效手段，也是积极师幼关系的基础，还是幼儿社会性发展的参照框架。作为幼儿教师，需要恰当地表达自己的情绪，充分利用温暖的笑容和爱帮助幼儿尽快适应新环境，通过创造轻松愉快的氛围激发幼儿的主动性与探究意识，还可以利用严肃的表情和坚定的语气做好班级常规建设。

### 2. 有效控制情绪

由于职业的特殊性，幼儿教师的社会地位及待遇相对不高，工作任务繁重，心理压力过大。当幼儿教师在教育活动中出现负面情绪时，对幼儿的关注程度就会降低，对幼儿的问题不能及时响应，极大地影响教育活动的质量。某些幼儿教师情绪不佳时，还会对幼儿发脾气，把幼儿正常的活泼好动看作调皮捣蛋、故意找碴儿，轻则对幼儿恶语相向，重则对幼儿实施体罚。可想而知，这会对幼儿产生多么不利的影响。因此，幼儿教师需要有效地控制自身的负面情绪，通过不断坚定自身的专业理念和专业伦理，强化自身从事幼教工作的信念；改变自身对工作生活中一些"问题"的错误认知，以积极乐观的心态看待工作与生活；学会接纳与欣赏自己，从而有效控制自身的负面情绪。

### 3. 合理宣泄情绪

情绪，尤其是负面情绪是影响人的心理健康的重要因素。在教育教学活动中，幼儿教师需要有效控制自身的负面情绪，但这并不能完全消解教师的负面情绪，过多的控制与长期的压抑反而会导致负面情绪的破坏性更强，很可能产生严重的心理问题。因此，当幼儿教师意识到自己具有较强的负面情绪时，应当给自己寻找出口，通过恰当的途径将负面情绪宣泄出来，倾诉、做运动、自我暗示、旅行等都是比较可行的负面情绪释放方式。

本书通过对幼儿教师负面情绪表达的研究，讨论了幼儿教师负面情绪对幼儿的影响，分析了幼儿教师的负面情绪表达所产生的原因，并且结合实际情况给予了建议。幼儿教师在学前教育事业中扮演着很重要的角色，关注幼儿教师的身心健康，重视幼儿教师的情绪劳动，是对教育事业发展与成长做出的必要贡献。作为幼儿教师，应该重视自己的一言一行带给幼儿的影响，以积极、健康向上的良好情绪促进幼儿的身心健康发展。

# 第三章

# 幼儿教师行为失范成因透视

## 第一节 影响幼儿教师心理健康的因素及对策

随着社会不断发展，人民生活的质量不断提高，大众对心理健康的关注热度也在逐年升温。以往，研究者多将心理健康研究对象的目光集中在高校学生和教师群体上，但由于近年来国家大力支持幼儿园的兴办，幼儿教师素质和心理健康水平正在受到普遍重视和关注，对于幼儿教师心理健康问题研究也逐渐开始深入。但放眼国内外，关于幼儿教师心理发展及健康调查的文献资料仍存在诸多不足之处，关于解决此类问题的方法策略同样有待完善。幼儿教师是幼儿教育系统中的重要因素，更是提高幼儿教育质量的关键力量，解决幼儿教师的心理健康问题刻不容缓。

## 一、引言

### （一）研究缘起

"二孩"政策开始实施之前，独生子女数量日渐庞大，一家一孩致使幼儿教育越来越成为社会关注的焦点问题，落在幼儿教师肩上的责任越来越重。当笔者以客人的身份走进幼儿园，融入天真的孩子群体当中，阵阵欢声笑语，看见一张张开心的笑脸，想到幼儿教师应该也是充满欢笑、放松自然的工作状态，可爱的幼儿教师们一定会是一个朝气蓬勃的群体。然而，当深入到幼儿教师群体之中却发现，这个职业的复杂性及工作的琐碎性，感受到幼儿教师所承载的职业压力。

一线的幼儿教师，日常除了教学、游戏等活动之外，更要照顾儿童饮水如厕、一日三餐及室内外活动的人身安全，每一环节都需要幼儿教师小心谨慎对待，不可有一丝一毫的怠慢。依据社会报道及幼儿园实践，笔者发现大部分幼儿教师都存在较大的心理压力，在园内的休息时间，常常会听到幼儿教师在交流之时提到工作太累，部分幼儿教师较难将工作状态与生活常态进行自由切换，回到家之后仍然无法走出疲惫的状态，和家人的交流往往都是对一天工作的抱怨。日复一日的备课和身体劳累使幼儿教师群体产生了不同程度的心理压力；部分女教师日积月累的心理压力已经转变为了轻微的生理疾病。长期在幼儿的喧闹声中工作，导致一些教师出现了偶尔心神不宁、失眠等症状，部分女教师出现了不同程度的内分泌失调，且极个别幼儿教师有严重脱发现象，有些甚至出现了强迫、偏执、抑郁、人际关系处理不当等人格不良问题。若想使此类问题得到解决，就必须从源头上找到问题发生的根本原因。笔者通过对相关问题进行研究和在幼儿园内进行实地考察，找出了一些幼儿教师心理问题的形成因素，并提出了有针对性的建议，希望可以为提升幼儿教师心理健康水平方面的研究做出一点贡献。

### （二）研究意义

幼儿教师是多重角色的扮演者。在园内，这个群体不单是教书育人的教师，更是幼儿的管理员、安全员、卫生保健员及同家长和园所进行沟通的联络员，多重角色往往迫使幼儿教师产生消极的心理变化。幼儿教师的心理健康水平关乎幼儿的健康成长，关乎幼儿教育质量的提升。调查幼儿教师心理健康的现状，解析幼儿教师心理健康问题的原因，从而提出相应对策，对于能够改善幼儿教师的心理健康水平，促进幼儿教师专业成长，提升幼儿教育质量具有重要的意义。

### （三）概念界定

本研究的主题是幼儿教师的心理健康问题。在研究相关问题之前，首先要明确什么是心理健康。心理健康的含义是什么呢？我国研究学者王书荃将心理健康进行了这样的定义："心理健康指人的一种较稳定持久的心理机能状态。它是个体在与社会环境相互作用时，人际交往中能否使自己的心态保持平衡，表现出相对稳定的人格特征。如果用一个简单的词来定义心理健康，就是和谐。"① 那么，何为心理健康的标准呢？1946年召开的第三届国际心理卫生大会认定心理健康的标志是：①身体、情绪十分协调；②适应环境，人际关系中彼此能谦让；③有幸福感；④在职业工作中，能充分发挥自己的能力，过着有效率的生活。放眼当下，幼儿教师的心理状况并不是十分乐观。

### （四）研究方法和对象

本研究采用调查访谈、案例分析的方法进行研究，保证了资料的客观性和真实性。通过对某市某幼儿园几位教师的访谈，笔者了解到在幼儿园内幼儿教师的实际心理状况，通过收集园内发生的相关案例，客观真实地展现出目前幼儿教师群体中可能存在的心理健康问题，进而走进幼儿教师的内心世界，思考和探究引起幼儿教师心理健康问题的原因，对解决幼师心理健康问题的对策做出总结。

## 二、影响幼儿教师心理健康问题的因素

### （一）社会大众对幼儿教师职业的偏见

幼儿教师是一类职业特殊的群体，对从业者的责任心和爱心有着较高的要求。一

---

① 王书荃. 学校心理健康教育概论 [M]. 上海：华夏出版社，2005.

名合格的幼儿教师，不仅要有过人的专业技能，更要具备非同寻常的耐心和包容心，工作之中要付出更多的汗水与情感。然而，目前仍有部分家长及社会大众不能对幼儿教师的教育成果给出积极的认可，认为幼儿教师行业门槛比较低，其本职工作无非是照看小孩在幼儿园的生活起居，职业性质类似于保姆或社会服务者。

### 案例 9

2016年3月11日下午放学，某小班门口，一名幼儿家长因其子女在下午区角活动时不慎将膝盖擦破而指责该幼儿所在班的带班教师："幼儿园老师又不用多高的文化水平，无非就照看孩子，连这么简单的事都做不好，再有这样的事情发生，就把学费退回来我们自己在家带孩子好了。"

种种偏见和不公正的对待导致了相当一部分幼儿教师产生自我认同感缺失的现象。因幼儿教师针对的教育对象是3~6岁的学前儿童，其教育成果很难有像成绩排名这样形式的直观体现，这也使幼儿教师的自我价值不易得到体现，部分幼儿教师开始抱怨社会的不公，内心产生不同程度的自卑感和不平衡感，进而引发了一系列的心理健康问题。

### （二）教师自身能力不足及职业倦怠

近些年来，我国重视幼儿教育的发展，新文件新政策屡屡出台，当代社会对幼儿教师的职业要求一直处在上升状态，经济的全球化促使了先进理念在全球范围的广泛传播。许多外国先进的幼儿教育理念及管理制度不断涌向中国，不仅使国内大部分资历深厚的老教师产生抵触心理，更是对从业不久及即将走上工作岗位的新人发出了严峻挑战。例如，近些年大学校园在学前教育专业也设置了较为先进的学习课程，如蒙台梭利教育、中外幼儿心理教育等特色课程，但总体的教育理念及教育方法仍然遵循传统，墨守成规，不注重对学生情商的培养。当新文化与旧理念发生碰撞时，国内一些幼儿教师很难适应现状但别无选择，若要继续生存，现有的知识水平远远不能满足社会需求，必须不断更新个体头脑中的知识库，开阔视野，还要增强与人沟通的能力。这导致了幼儿教师产生了极大的心理压力，不能正确处理这些压力就迫使压力转化为消极的心理暗示，从而形成了不同程度的心理健康问题。

针对园中是否有个别教师在适应新的教学模式和理念等方面感到困难的问题，我们园是有的，这种现象往往体现在任职几年以上资历较深的教师当中，这部分教师从教比较早，且学历不如今年新入职教师的学历高，对全新的教学模式适应起来较为吃力，不愿改变原有的教学方法，继而出现工作拖延，效率低下的现象。客观地说是缺乏工作热情，但从幼师这个职业出发这便是职业倦怠，它的影响还是比较大的。

—— 摘自于某园长的访谈

以上访谈内容说明，幼儿教师的心理健康水平同自身现有的文化素质及对外沟通的能力有着直接的关系。

### (三) 幼儿园教师管理制度的不完善

目前国内公办幼儿园所执行的工资制度依然是同岗同资，处在同一级别的幼儿教师所得的薪资相同，这就导致了教学成果突出的教师付出得不到成正比的回报。因此部分教师会产生倦怠心理，认为付出多少物质上的回报都是相同的，不如使自己的工作更轻松一些。长此以往，幼儿教师对自己的职业渐渐失去热情，没有兴趣就如同机械做工一般，没有情感的投入很容易产生腻烦心理。在民办幼儿园中，由于园内考核制度较为严格，幼儿教师群体的心理负担也不断加重。为了更好地生存，小部分教师群体之间出现了不良竞争。其竞争主要分为两个方面：一方面为职业地位的竞争；另一方面体现在生活品质上的竞争。在部分民办幼儿园中，一些幼儿教师为了职位竞争对授课理念及创新方法采取保留态度，不愿与他人进行交流，当他人比自己优秀时首先考虑的不是取长而是质疑他人劳动成果得来的途径是否正当。此类消极的心态对幼儿教师的工作状况及心理健康产生极为不利的影响。

### (四) 家长的不合理要求

大部分幼儿园基本每个班级都有 30 名左右的幼儿，教师并不能每时每刻都注意到所有孩子的动向，小朋友在玩耍之间出现小摩擦属于正常现象。然而，常有一些孩子家长因自己的孩子在同其他幼儿玩耍时发生口角或小磕小碰而到幼儿园大吵大闹，要求幼儿教师承担全部责任，给带班教师带来极为不利的影响。抑或要求任课教师将幼儿的某一知识领域水平提高到一个较为困难的新高度，并不估计所学知识是否符合幼儿自身的智力发展水平。

**案例 10**

2016 年 4 月 20 日早上 8 点，一名幼儿家长在早餐结束后于班级门口等到某大班班主任教师，而后同该名教师谈论自家幼儿的算数能力。通过对带班教师的询问证实了幼儿的现有算数水平后，该家长对教师提出了这样的要求："我家楼下幼儿园里的小朋友有的已经会背乘法口诀了，怎么公办幼儿园的教学进度还赶不上民办幼儿园呢？孩子 9 月就要上小学，必须教会他 100 以内的加减法运算。"

幼儿教师的工作性质既具复杂性，又具系统性，每次活动教授给幼儿的常识及知识都要按照幼儿的智力发展水平及幼儿园教学大纲的要求严格把控，然而仍有部分家长对幼儿教师的教学安排不予理解。幼儿教师在家长方面受到的不公正待遇不但会使幼儿教师对个人职业产生抵触，随着时间的慢慢推移更成为其心理健康问题形成的根源之一。

## 三、提升幼儿教师心理健康水平的措施

### (一) 自我调控

工作之中面对问题时，首先要给自己一个积极的心理暗示，牢牢记得在哪里摔

倒就在哪里爬起，在良性竞争中用欣赏的眼光看待对手，取长补短，认真反思个人的不足。其次要看清当下的形势，推陈出新，在教学过程中尝试用创新的教育模式及教育方法对幼儿进行授课。还有一点至关重要，那就是学会放松心情，幼儿教师长时间在幼儿群体之中工作，活泼吵闹是孩子的天性，在紧张的工作之余，可以进行一些体育项目的训练，生活中可以读些感兴趣的文章，培养能够陶冶情操的个人爱好，参加一些艺术培训班，如钢琴、瑜伽、美术鉴赏等。学会聆听，以宽容的心态看待事物，使身体和精神都能走出紧张的状态，人的心理负担自然会有所减轻。

### （二）社会支持

幼儿教师是幼儿教育的重要中心环节之一。在大力鼓励社会兴办幼儿园，拓展幼儿教育的同时，更应该将目光集中在幼儿教师的心理健康方面。全社会应当提高对幼儿教师的职业认同感，对幼儿教师群体给予更多的关爱，如积极关注幼儿教师的工作与生活等，有关部门应当对幼儿教师群体的薪资进行合理调配，每年定期外出学习先进教育理念，积极关注幼儿教师的心理动向，制定公正公平的考试制度，使幼儿教师的招募工作更为公开化、透明化。同时，适当减轻幼儿教师的工作压力，实施积极的鼓励政策，使幼儿教师对本职工作充满热情，激发幼儿教师群体的工作干劲，有动力有情感地投身于工作当中等。在社会全体之中，对幼儿教师这一职业形成一个强大的支持系统，有效地改善幼儿教师工作拖拉倦怠的消极现象及相关心理健康问题。

此外，应倡导广大幼儿教师的家庭成员在日常生活中给予幼儿教师更多的包容与理解，共同营造出一个舒心愉悦的家庭环境，让幼儿教师更多地感受到来自家庭的温暖。

### （三）幼儿园创设良好的心理环境

在幼儿园制度的制定与改进工作中，要遵循民主的政策，每名幼儿教师无论职称高低都是平等的，在校园内部建立起健康的教师管理模式，开设幼儿教师心理咨询室，及时对幼儿教师的心理问题进行答疑解惑，定期邀请专业人士针对幼儿教师心理健康及如何应对心理压力展开校园讲座，并在历年的常规体检中加入心理健康体检项目。与此同时，可在幼儿教师的业余时间开设园内艺术课程及体育项目等，有效地排解其内心的压力，释放其积极乐观的正能量。

教改新政策的不断出台，增加了社会对幼儿教师的需求，作为投身幼儿教育事业的幼儿教师，在激动兴奋之余也产生了危机意识。正因如此，对幼儿教师心理状况进行更深刻地了解就显得十分必要，希望通过本研究论述不断鞭策幼儿教师在未来的职业生涯中永葆新意，热爱幼儿，积极努力，早日实现个人新突破。

## 第二节 幼儿教师的社会地位及其改善

### 一、引言

#### (一) 研究缘起

近年来,国家越来越重视学前教育的发展,幼儿教师这一群体不断壮大。幼儿教师是儿童成长和成才的关键人物,对幼儿发展至关重要。基于一些复杂的原因,我国公办园所蜗居着一批与编制幼儿教师承担相同任务,但却保障不完善的编制外幼儿教师。他们的出现弥补了幼儿教师的缺口,对我国学前教育的发展做出了重大贡献,但职业发展却很受限制。因此,许多人将目光投入到编制外幼儿教师的研究领域,进一步探查编制外幼儿教师社会地位的现状问题。

#### (二) 研究意义

通过本研究,引起政府和家长及广大群众对编制外幼儿教师的重视,改变对编制外幼儿教师不专业的看法,多给编制外幼儿教师提供支持,提升编制外幼儿教师的社会地位,使编制外幼儿教师全身心地投入到幼儿教育中,从而促进教师专业的发展,提高幼儿教育质量,更好地促进学前教育事业的发展。

#### (三) 概念界定

"编制"通常是指组织机构的设置及其人员数量的定额和职务的分配,财政拨款的编制数额由各级人事部门制定,财政部门据此拨款。[①] 编制主要分为行政编制和事业编制,教师编属于事业编制。编制外的幼儿教师是由幼儿园自行外聘的幼儿教师,由幼儿园自行规定其待遇,往往与地方政府"没关系",一般编制外的幼儿教师不享有正式编制教师的待遇。

本研究所谈的编制外幼儿教师是指公办幼儿园编制外的幼儿教师。编制外幼儿教师的社会地位是指没有编制的幼儿教师在社会职业体系中所处的位置。从社会分层理论来说,可以将建立教师社会地位的指标分为经济地位、社会声望、政治地位3个部分。其中,经济地位主要指教师在社会各职业中经济收入的地位;社会声望是指个体在其生活环境中得到认可的程度和声誉;政治地位是指社会对教师职业的评价及教师在政治上享有的各种待遇。

#### (四) 研究方法和对象

本研究运用文献法,通过查阅大量文献整理和搜集相关资料,为本研究奠定了基

---

① 杨兵. 重庆市农村幼儿教师专业素养现状研究 [D]. 重庆:西南大学,2010.

础。同时还采用访谈法，通过与编制外幼儿教师面对面的深度交流，得到了真实有效的信息，使本研究更具科学性和学术性。本研究通过对某市某幼儿园 8 位编制外幼儿教师进行的细致访谈，从而了解了该幼儿园编制外幼儿教师社会地位的基本情况（以下研究均为基于某市的调研结果而进行的）。

## 二、幼儿园编制外幼儿教师社会地位的现状

### （一）经济收入

#### 1. 工资待遇

一个人社会地位的首要因素就是经济收入，经济收入的高低直接体现了他的社会地位。经济收入决定了幼儿教师的社会地位和基本生活水平，是体现其生存状态的重要指标之一。但是目前来看，编制外幼儿教师的经济收入一直不高。经过对该幼儿园编制外幼儿教师的访谈得知，幼儿园里没有编制的幼儿教师平均工资每月仅为 1500 元，而有编制的幼儿教师平均工资每月为 5000~6000 元，而且有 10 多年工作经验但没有编制的幼儿教师工资待遇还没有刚入编的新幼儿教师的待遇高。由此可知，有编制幼儿教师的工资待遇和没有编制幼儿教师的待遇差距非常大。该地区的最低人均收入为每月 2231.69 元，由此看来，编制外幼儿教师的经济收入不仅在教师行业处于底层，在当地也是处于低层的状态。可见，编制外幼儿教师的经济收入离《教师法》第二十五条规定的"教师的平均工资水平应当不低于或者高于国家公务员的平均工资水平"的要求还有很大差距。

#### 2. 享有的补贴

在访谈编制外幼儿教师的过程中得知，某些地区的编制外幼儿教师保障性稍差，调研的几所公办园，只有部分有编制的幼儿教师享有交通、医疗、教龄补助等补贴。

### （二）社会权利

#### 1. 幼儿教师的专业性权利

教师专业自主权是指教师作为主体，在遵循社会教育规范及教育规律的前提下，自由地选择教育行为，并不断地追求自我超越的教育自主权利。[①] 我国对于幼儿园没有统一的课程标准要求，也没有统一规定的教学大纲和教材，各地区都是根据自己的办园特色来选定教材和制定课程标准。虽然这在一定程度上给幼儿教师的专业性权利留下了发展的机会，但却缺少了对幼儿教师专业性权利的保障。在访谈的过程中得知，在这所幼儿园里大部分都是按照园里选定的教材和制定的计划进行课程活动，每个月有明确的教学任务，必须按计划讲课。幼儿教师管理教学和课程活动的主动权也

---

① 吴小贻. 教师专业自主权的解读及实现 [J]. 教育研究，2006，(7)：52-55.

有限，而且大部分由主班老师决定，编制外的幼儿教师几乎都要听从园里和主班老师的安排。由此可见，编制外幼儿教师的专业自主权没有得到充分的保障。

**2. 幼儿教师的学术性权利**

所谓学术权利主要体现在幼儿教师职称评定、教育科研和专业培训进修等方面。幼儿教师的职称是其学术身份的象征，职称的等级不同，幼儿教师在学术中的地位就不同。访谈时某教师说："编制外的幼儿教师参加教研科研和专业培训的机会几乎没有，外出学习的机会更是微乎其微。"很多单位都没能很好的为编制外幼儿教师提供学术发展的平台，使他们的职业认同归属感较低。

## （三）职业声望

**1. 对编制外幼儿教师职业意义和价值认识低**

职业声望是社会成员对某一职业的意义、价值、声望的综合评价，是德国著名社会学家马克斯·韦伯提出的三位一体的社会地位评价的一个重要方面。教师的职业声望就是教师对教师这一职业的意义价值和声誉的综合评价。[①] 在访谈过程中编制外的幼儿教师说到，有一次在下班的路上听到了两位家长的谈话。一位家长说："你家孩子这个月在园里都学会什么了？"另一位家长说："没学什么，在幼儿园还能学到什么，就是跟着老师玩儿，而且园里也没有几个有编制的老师，我们孩子的班级有两个老师都没有编制，能教什么呀，我们把他送到这儿也没指望他学到什么，学知识还得等上了小学。"该教师说："当听到家长这些话时，心里有些难过，同时也很疑惑，为什么说没有编制的老师教不了什么呢？没有编制的幼儿教师也是经过专业培养的，需要具备足够的专业知识和技能，必须了解孩子的身心发展规律和特征，才能更好地帮助他们成长，并不是随便一个人就可以成为幼儿教师。"不仅是家长，社会上的其他人士也认为编制外幼儿教师的专业化水平不高，而且在对待有编制和没有编制的幼儿教师的态度上也大不相同。

**2. 编制外幼儿教师的声誉不高**

对于声誉的定义，不同学者有不同的说法。在牛津词典中"声誉"被解释为"关于某人和某事的品质特征的总的看法"。其实通俗讲，声誉就是社会对某个人或某一职业某个组织的评价。编制外幼儿教师的声誉近几年不是很高。在访谈时某教师说："有些家长在接孩子时互相交流，说把孩子放在幼儿园都有些不放心，园里有编制的老师那么少，那些没编制的老师素质也不怎么高，万一她心情不好打孩子怎么办，孩子回家也不敢说，可是又没办法，平常上班没有时间管孩子只能送到幼儿园。"这种情况其实并不少见，部分家长对待幼儿教师的态度差距很大，看到没有编制的副班老师就不停地追问孩子到底怎么了，看到主班老师态度就大转变。例如，有一次教师在与家长的交流群里发了张孩子们上课的照片。一位家长发现自己家孩子哭

---

① 王新兵，杜学元. 社会转型时期我国教师职业声望的现状、成因及对策 [J]. 内蒙古师范大学学报，2006（3）：30-33.

了，就给教师打电话，甚至还来到幼儿园质问教师。在交流的过程中家长不停地质问那位没有编制的幼儿教师，而当主班老师出来后很快就露出了笑脸，还一直说"没事没事"。可见编制外幼儿教师的声誉不高。还有些编制外的幼儿教师说："有些家长认为幼儿园就是孩子玩儿的地方，特别是在没有编制的幼儿教师的班级里，对孩子的学习和成长没有太大的帮助。"这些错误的认识也严重影响了编制外幼儿教师的职业声誉。

## 三、原因分析

在访谈编制外幼儿教师社会地位的现状中发现，编制外幼儿教师的经济收入低，社会权利得不到保障，社会声望不高，总体来说，编制外的幼儿教师社会地位偏低。为此，笔者进行了系统分析，将编制外幼儿教师社会地位低的原因归结为以下几个方面。

### （一）缺少政府的财政支持和保障

近年来政府对学前教育的经费投入节节攀升，但相对庞大的学前教育系统而言，相关经费支持仍有待提升。我国学前教育相对比较复杂，一些偏远地区的教育经费下至学前教育领域确实捉襟见肘，对于聘任教师的工资待遇等也较难保障。教育的发展离不开经费的支撑，因此，相关政府部门应加强学前教育经费的投入，制定好学前教育政策，保障优良的师资队伍，以促进学前教育优质发展。

### （二）幼儿园管理和教育制度不完善

经调查发现，幼儿园管理和教育制度不完善也是编制外幼儿教师地位低的一个重要原因。通过对编制外幼儿教师的访谈得知，他们平常上下班并没有严格的规章制度，对于迟到和早退也没有相应的惩罚。同时，幼儿园对于管理和教育权力下放得过少，课程活动多数由幼儿园决定，而且幼儿园没有设立专门培训编制外幼儿教师的机制，也很少定期开展教师技能比赛等教育活动，这就使编制外幼儿教师的提升机会变得更少。权利得不到保障，又缺乏培训培养，必然不会有很高的社会地位。

### （三）社会舆论的影响

近几年媒体报道了很多起幼儿教师虐童事件。据调查得知，大部分虐童的幼儿教师都不是有编制的老师，更多的是编制外的幼儿教师。一方面揭露了一些低素质教师的丑恶面孔；另一方面也让许多家长和社会人士对编制外的幼儿教师产生了误解，开始怀疑编制外幼儿教师的师德，更导致有些人不自主地给编制外的幼儿教师贴上素质低的标签。这也加大了家长与编制外幼儿教师之间的隔阂，拉远了家园之间的距离，同时也严重影响了编制外幼儿教师的职业声誉，再加上政府对于有编制的幼儿教师提供五险一金等社会保障和福利，对于编制外幼儿教师的关注和保障则很少，这就间接地引导大家关注有编制的幼儿教师，更加降低了人们对编制外幼儿教师的信任度和关注度。而且大部分人没有意识到编制外幼儿教师所具有的重要价值，这些不好的影响和误解远远掩盖了那些没有编制的幼儿教师的辛勤付出，导致编制外幼儿教师的社会声望不高。

### (四) 编制外幼儿教师的自身因素

除了政府、幼儿园和社会舆论的影响之外，编制外幼儿教师的自身因素也是影响其社会地位的重要原因，主要包括两个方面。一方面是学历因素。在访谈时得知大部分编制外幼儿教师是中专毕业，这和本科生、研究生及更高学历的人相比，就降低了专业水准，那么社会地位自然也会降低。另一方面是心理因素。在访谈时 E 老师说："因为是编制外的幼儿教师，所以自己就觉得地位很低，总觉得和有编制的老师差很多，也许是受社会导向的影响，不自觉地认为自己就该居于有编制的幼儿教师之下。"

## 四、提升编制外幼儿教师社会地位的对策

### (一) 政府加大对学前教育的投入

#### 1. 提高编制外幼儿教师的工资

俗话说"经济基础决定上层建筑"，在教育领域也是一样。提高编制外幼儿教师的工资待遇，保障编制外幼儿教师的物质生活条件，是改善编制外幼儿教师地位的基本前提，工资待遇虽说不是决定性的因素，但有研究表明，"在当前社会状况下，教师职业的经济层面的社会地位对其整体社会地位的影响占 60%"。经济基础是一个人社会地位的重要体现，编制外幼儿教师的经济收入应该和他们的辛勤付出成正比，政府要加大对幼儿园的经济支持，提高编制外幼儿教师的基本工资，使其社会地位有所提高。

#### 2. 增加对编制外幼儿教师的社会保障

针对编制外幼儿教师相关社会保障缺乏的现实，政府应出台相关政策。保障编制外幼儿教师常规补贴和福利，进一步提高编制外幼儿教师的社会地位，这样他们才会在工作上更积极付出努力，从而推动学前教育事业不断向前发展。

### (二) 幼儿园完善管理制度

幼儿园应制定符合本园特点的课程标准，完善幼儿园管理机制，设立专门的培训机构，同时加大对编制外幼儿教师工作的支持，增加编制名额，提供先进的教学设备，提供充足的玩教具，使编制外幼儿教师在技能和理论上得到提升。除此之外，幼儿园要合理地安排教学活动，下放一些权利给编制外的幼儿教师，使编制外的幼儿教师有充足的专业自主权。同时，幼儿园要定期组织老师进行专业技能培训，定期举行比赛，制定合理的赏罚制度，使编制外幼儿教师将全部的激情放在幼儿身上。另外，幼儿园要经常举办家园联欢会，加强家园沟通，让家长体验孩子在幼儿园的生活，观察编制外幼儿教师的能力，从而提升编制外幼儿教师的社会声望，进一步提高编制外幼儿教师的社会地位。

### (三) 引导社会导向

一直以来,许多人对幼儿教师这个职业有所误解,认为幼儿教师只不过是哄孩子的保姆,没有太高的专业素质,不需要很高的学历,对于编制外的幼儿教师就更质疑了。这些误解严重影响了编制外幼儿教师的社会地位,为了改变这种情况,政府必须明确幼儿教师的身份。教育部在2012年颁布的《专业标准》第一次明确指出:"幼儿园教师是履行幼儿园教育工作职责的专业人员,需要经过严格的培养与培训,具有良好的职业道德,掌握系统的专业知识和专业技能。"[①] 但是对于编制外幼儿教师的身份仍然不够明确,所以政府应继续出台一些政策,让人们知道编制外幼儿教师也是经过严格培训,拥有一定专业知识和专业技能,清楚地了解儿童身心发展规律以后才能上岗。媒体也要加大对编制外幼儿教师的宣传,给予编制外幼儿教师和其他教师同等的社会尊重,编制外幼儿教师和有编制的幼儿教师一样,都是未来祖国花朵的培养者之一,具有不可替代的重要作用。人们应意识到编制外幼儿教师的社会意义和价值,将以前功利性的社会导向彻底改变,从而提高编制外幼儿教师的社会地位。

### (四) 提高编制外幼儿教师的自身素质

自身素质也是编制外幼儿教师社会地位高低的体现,想要提高社会地位必须从自身做起。随着社会的不断进步和发展,各个用人单位都对工作人员有了更高的要求,幼儿教师也不例外。特别是编制外的幼儿教师,要想拥有一定的社会地位必须拥有较高的专业素养,想要进步必须用知识不断充实自己的大脑,提高自身的专业水平,这样才能具备竞争优势,才会拥有较高的社会地位。但是单凭较高的文化素养是远远不够的,还必须具有同样高度的道德素质。为了避免虐童事件的再次发生,为了挽回编制外幼儿教师的社会名声,编制外幼儿教师必须不断提高自身的道德素质,只有自身的专业素质和道德素质都得到提高才会让人们重新认识。同时,编制外幼儿教师要改变自己比有编制的幼儿教师差的想法,要树立自信心,要敢于表现自己,将自己和有编制的幼儿教师放在同等的位置上,从而改善编制外幼儿教师社会地位低的现状。

## 第三节 幼儿教师职业倦怠成因及消解对策

随着社会的发展,人们对学前教育关注度不断提高,同时也对幼儿教师提出了更高的要求,幼儿教师作为3~6岁幼儿的重要陪伴者,所要承受的压力也更为明显。在长期高压状态下,部分幼儿教师对工作产生消极或懈怠的情绪,如果不能及时消解,则会发展为幼儿教师职业倦怠。这不仅不利于幼儿教师的心理健康和职业发展,

---

① 袁爱玲,单文顶. 身份重构:提高农村幼儿教师地位之路径 [J]. 当代教育论坛,2015 (3):52-59.

还会对幼儿的身心健康发展产生影响。本研究通过对某市 3 所公办幼儿园教师的调研，剖析幼儿教师职业倦怠的成因，并为减轻幼儿教师压力提出一些方案。希望本研究能为促进幼儿教师身心健康发展，缓解幼儿教师职业倦怠现象提供借鉴。

当今社会幼儿教师虐童事件频发，引发社会各界广泛关注，人们也开始探究幼儿教师虐童事件的深层次原因，本研究认为其中一个最重要的原因就是幼儿教师的职业倦怠。在长期的工作压力下，部分幼儿教师产生职业倦怠的情绪，在工作过程中慢慢失去耐心、爱心，甚至是师德。职业倦怠作为一种消极因素，严重影响着幼儿教师的身心健康和幼儿的成长环境，所以有必要分析幼儿教师职业倦怠的原因，探究幼儿教师职业倦怠消解策略。

本研究通过对某市 3 所公办幼儿园教师进行问卷调查，并从中随机抽取 6 名幼儿教师进行访谈，帮助幼儿教师正确认识职业倦怠，并指导幼儿教师根据自己职业倦怠的成因来寻找相应解决策略。本研究共分为四部分：第一部分介绍本次研究的缘起、意义、对象及方法；第二部分阐述幼儿教师职业倦怠的含义及职业倦怠的表现；第三部分分析公办幼儿园教师职业倦怠的成因；第四部分提出消解公办幼儿园教师职业倦怠的策略。本研究有助于幼儿教师身心健康发展，提高工作效率，进而为幼儿创造一个更好的学习和生活环境，推动学前教育事业朝着更好的方向发展。

# 一、引言

## （一）研究缘起

教育在人和社会发展中的地位日益突出，与此同时，教师的作用也越来越明显，教师的工作性质决定了教师要长期从事连续、紧张的，与他人交流互动的助人行业。教师工作时面对的工作对象多，工作内容繁杂、琐碎，加之家长的高要求，社会的高期望，不断更新的技术理念等，都在无形当中增加了教师的压力。长此以往，会使教师工作热情消退，进而产生职业倦怠。一些研究表明，教师职业倦怠确实存在并具有一定的严重性。例如，张娟（2011）认为职业倦怠会产生诸多危害，包括影响教师个人的成长与发展，影响和阻碍学生的进步和发展，制约学校的发展。[①]

学前教育是终身教育的开端，更是基础教育的基础。面对生活不能完全自理，认知水平极其有限的 3~6 岁儿童，幼儿教师承受着更多的压力。幼儿教师是良好环境的创设者、一日生活的组织者、游戏活动的指导者、教育活动的实施者、幼儿成长的评价者、家园共育的沟通者和自身发展的反思者。[②] 多重角色定位决定了幼儿教师工作的复杂性和长期性，也是幼儿教师职业压力大的直接体现。

研究发现，被调查的某市 3 所公办幼儿园的幼儿教师从早晨接待入园开始，到晚上幼儿离园结束，中间要做大量的工作。一些幼儿教师由于工作压力，会在工作中带有明显的懒怠、消极表现，对某些幼儿的行为表现缺乏耐心。

---

① 张娟. 教师职业倦怠的危害及对策 [J]. 当代教育论坛，2011（28）：35-36.
② 昌利娜.《幼儿园教师专业标准（试行）》解读 [J]. 早期教育（教科研版），2012（5）：14-17.

职业倦怠不仅对幼儿教师自身的身心健康产生影响，随着负面情绪的加剧，也会影响身边的人和班级里的幼儿。所以进行关于公办幼儿园教师职业倦怠的研究是极其必要的。

## （二）研究意义

教师是职业倦怠的高发人群，他们在工作中体现出的职业倦怠感会对受教育者的身心发展产生负面影响。从已有研究来看，研究者大多关注大学、中小学教师的职业倦怠，很少涉及幼儿教师。幼儿教师的工作对象具有特殊性，他们和大学、中小学教师的压力并不完全相同，所以在职业倦怠成因及消解策略上也不完全相同，单独研究幼儿教师的职业倦怠对教师职业倦怠具有完善和补充的作用。幼儿教师心理对幼儿教育事业的发展起着极其重要的作用，研究幼儿教师职业倦怠有利于促进幼儿教师心理健康发展，进而丰富学前教师基本理论，指导学前教育实践。

某市处于学前教育发展较为落后的内蒙古地区。本研究基于某市公办幼儿园教师职业倦怠现状，剖析公办幼儿园幼儿教师职业倦怠成因，探究幼儿教师职业倦怠感的消解策略，进而促进幼儿教师专业化及该地区学前教育事业的发展。

## （三）研究对象和方法

### 1. 研究对象

本研究采用随机抽样的方法，随机抽取某市 3 所公办幼儿园的 129 名幼儿教师（其中在编教师 54 名，不在编教师 75 名）作为研究对象，基本情况如表 3-1 所示。

表 3-1 被调查幼儿教师基本情况

| 年龄 | 人数（占比） | 教龄 | 人数（占比） | 第一学历 | 人数（占比） |
| --- | --- | --- | --- | --- | --- |
| 30 岁及以下 | 62（48.1%） | 0~10 年 | 67（51.9%） | 中专及以下 | 20（15.5%） |
| 30~40 岁 | 40（31.0%） | 10~20 年 | 42（32.6%） | 大专、本科 | 109（81.5%） |
| 40~50 岁 | 12（9.3%） | 20~30 年 | 10（7.8%） | 研究生及以上 | 0（0） |
| 50 岁以上 | 15（11.6%） | 30 年以上 | 10（7.8%） | | |

注：表中统计数据区间，不包含左侧数据，包含右侧数据。下同。

### 2. 研究方法

本研究主要采用问卷和访谈的调查方法。在研究准备阶段，在参考前人关于教师职业倦怠问卷的基础上，编制了幼儿教师职业倦怠状况调查问卷。对所调查的某市 3 所公办幼儿园教师发放电子问卷进行调查，回收有效问卷 129 份，通过分析数据来了解某市公办幼儿园教师职业倦怠现状。在研究实施阶段，根据研究目的拟定了访谈提纲，在研究对象中随机抽取 6 名幼儿教师（其中 2 名教龄为 5 年及以下的教师，2 名教龄在 6~10 年，1 名教龄在 11~15 年，1 名教龄在 21 年以上），进行面对面访谈和电话访谈。访谈目的是了解他们是否出现过职业倦怠的状况，如果有，是什么原因引起的，是怎么处理的。希望以此了解公办幼儿园幼儿教师职业倦怠现状，探究幼儿教师职业倦怠的消解策略。希望通过本研究了解幼儿教师职业倦怠的基本成因，为幼儿教师预防或积极应对职业倦怠提供依据。

## 二、幼儿教师职业倦怠的含义及表现

### (一) 幼儿教师职业倦怠概念

#### 1. 教师职业倦怠

职业倦怠是个体无法应付职业活动中超出个人能量和资源的过度要求时，所产生的生理、情绪情感、行为等方面的身心耗竭状态。[①] 综合前人观点，职业倦怠的表现主要有以下两点。

(1) 工作热情降低，工作效率下降

职业倦怠会带来一系列负面情绪，表现为个体在工作时精神疲惫，情绪低落，难以恢复刚入职时的工作热情，也很难保证高质量的完成工作任务。

(2) 个人成就感降低

其实每一种职业的人每天都在进行重复劳动，工作一段时间后个体或多或少都会产生一定的倦怠感，表现为对自己工作价值的评价降低，对自己能力评价下降，有时感觉自己无法胜任工作或自己的工作没有意义，失去前进的动力。

教师职业倦怠是指教师不能顺利应对工作压力时的一种极端反应，是教师在长期压力体验下所产生的情绪、态度和行为的衰竭状态。[②] 研究认为，教师职业倦怠是在其承受的工作方面的压力超过了教师自身的调节能力所产生的一系列消极反应。教师是职业倦怠的高发人群，在教师身上表现出的消极懈怠情绪往往会对受教育者产生不利影响。

#### 2. 幼儿教师职业倦怠

幼儿教师职业倦怠是指在长期的压力体验下，幼儿教师的工作热情衰减加速，个人职业成就感低，职业压力负荷大，从而产生的身心疲惫和情感枯竭状态。[③] 综合以往研究，本研究认为，幼儿教师职业倦怠即幼儿教师不能顺利应对工作压力时所产生的负面情绪体验。幼儿教师职业倦怠不仅会对其自身的身心发展产生不良影响，而且还会给幼儿身心发展带来负面影响。长期与职业倦怠的幼儿教师共处，幼儿会吸收幼儿教师身上的负面情绪。众所周知，学前期是幼儿性格形成的关键时期，且学前期幼儿的吸收模仿能力极强，这时候形成的性格特点在以后很难改变。所以幼儿教师克服职业倦怠，给幼儿营造一个良好的生活和学习环境极其重要。

---

① 王欢. 昆明市幼儿教师职业倦怠研究 [D]. 重庆：西南师范大学，2005.
② 同①。
③ 张世萍，魏勇刚，牟映雪. 幼儿教师归因方式对其职业倦怠的影响 [J]. 学前教育研究，2012 (8)：50-54.

3. 公办幼儿园

本研究所说的公办幼儿园主要是指由国家设立的直接或间接接受国家财政经费支持的幼儿园，包括直接接受国家财政经费支持的公办园。[①] 本研究中所涉及的幼儿园是指某市直接接受国家财政经费支持的公办幼儿园和公办大学的附属幼儿园。

## （二）幼儿教师职业倦怠表现

### 1. 生理表现：睡眠质量下降，活动力缺乏

职业倦怠感会引发一系列的生理反应，如失眠多梦、缺乏活动力、食欲不振、免疫力下降、精神不集中等，使身体处于一种亚健康状态。长此以往，不仅会使幼儿教师健康指数降低，影响幼儿教师的生活质量，还会使幼儿教师在工作中精神恍惚，对幼儿关注度下降，极易引发幼儿园安全事故。

### 2. 心理表现：易疲劳，烦躁，情绪低落

职业倦怠感发展到一定程度则会出现易疲劳、情绪低落的现象。表现为工作时状态不佳，时常感觉焦虑紧张，个人成就感降低，不愿与人交流，莫名烦躁。部分幼儿教师把幼儿视为什么都不懂的个体，对幼儿厌烦有抵触情绪，认为幼儿是引起其烦躁的根本原因，有时甚至影响正常工作的进行，让负面情绪波及幼儿、同事或家人。长此以往，如果没有恰当的调适策略，则会使幼儿教师陷入一种身心俱疲的恶性循环。

### 3. 行为表现：工作上行动力下降，得过且过

幼儿教师职业倦怠在行为上表现为工作懈怠，缺乏计划性，有消极逃避的心理，不到最后一刻绝不完成工作。对幼儿缺乏耐心和爱心，在幼儿吵闹或犯错误时，甚至用语言恐吓、攻击幼儿，只把幼儿教师这一职业当成一种谋生手段，缺乏兴趣和激情。无论是在教学活动还是一日生活中，都得过且过，应付了事，造成教学质量低下，幼儿身心健康发展得不到保障。

# 三、公办幼儿园教师职业倦怠现象的原因分析

## （一）社会方面

### 1. 社会对幼儿教师期望值过高

社会上对幼儿教师存在一些过高的期待，包括对幼儿教师个体的过高期待，也包括对幼儿教师培养出幼儿的过高期待。幼儿教师经常被认为应该无所不能，对幼儿的照顾

---

① 李丽，蔡迎旗，张维春. 试论我国公办幼儿园的地位与作用 [J]. 幼儿教育，2010（s3）：48-52.

无微不至，但事实并非如此。幼儿教师的关注度和能力也是极其有限的，社会上的高期待无疑会给幼儿教师带来压力。问卷显示，有76.9%的幼儿教师对"社会和家长的高要求让我产生很大压力"呈现赞同态度（其中同意占55.4%，很同意占21.5%）。

在家庭中有父母、祖父母几个看护人同时照看幼儿时都可能会出现幼儿磕碰等意外情况，幼儿教师在看护幼儿时当然也可能发生一些意外情况，但是，有个别家长因为幼儿教师看护上的小失误不依不饶，甚至迁怒于整个幼儿教师队伍。访谈中一名幼儿教师说："在等待家长接孩子离园的过程中幼儿尿裤子了，但是幼儿没有及时告诉我，因为家长太多我也没有发现，回到家后家长发现孩子尿裤子，特别不满意，打电话质问我。"这位幼儿教师在叙述的时候表情中带着一些委屈和无奈。

社会上常常存在一种认为幼儿教师应该能歌善舞，琴棋书画样样精通的误区。虽然声乐、钢琴、舞蹈等是每一个学前教育专业学生的必修课，但是幼儿教师并不一定能达到专业的水平。幼儿教师在艺术领域要做到对幼儿感受、欣赏、表现与创造进行启蒙教育，而不是把幼儿培养成音乐家和舞蹈家。一名幼儿教师说："在一次音乐公开课中，我在给孩子伴奏时弹错了一个音符就又重新弹了一次，虽然我花了一点时间和孩子们解释要从哪里开始唱，但是我认为这并没有影响到课堂气氛和孩子们唱歌的热情。家长可能认为这是一个严重的问题，在公开课后的讨论中就直接指出来，让我觉得很尴尬。"

家长对学前教育往往存在着这样一种误区，认为把幼儿交给幼儿园就不用管了。实际上学前教育的范围非常广泛，可以将学前教育分为机构教育、家庭教育、社区教育等。[①] 人们往往只认为机构教育（如早教机构、幼儿园等）是学前教育，而忽视了家庭教育和社区教育的重要性。望子成龙、望女成凤一直是家长们的期望，但是接受访谈的幼儿教师们表示："希望家长们能够尊重幼儿成长规律，不要对幼儿提出一些不合理的要求和过高的期望，幼儿在幼儿园习得的很多知识和能力是不会马上表现出来的，但是部分家长更看重的是今天孩子在幼儿园又学会了几个拼音和几个数字，这让我们教师都很苦恼。"

幼儿教师和传统观念中的"传道、授业、解惑"的教师有一定的区别，他们不仅承担着教学责任，更肩负着维护幼儿安全的重任。幼儿教师的主要教育对象为3~6岁的幼儿，处于幼儿园阶段的幼儿不具备自我保护或者缺乏自我保护的能力，幼儿的年龄和身心发展特点决定了幼儿教师的重大责任。从活动区材料的投放到日常活动的组织，事无巨细，每一件事都关乎幼儿的安全，幼儿教师不敢有一点怠慢。加之幼儿好奇、好动、好问、爱探索的性格特点，在无形中又增加了很多安全隐患。在访谈中，多名教师都表示对保护幼儿的安全小心谨慎，尽心尽力，但是仍有意外情况发生，这让他们不敢有一点懈怠。

**2. 幼儿教师社会地位较低**

幼儿教师的职业声誉是衡量幼儿教师社会地位的一个重要标准。一项名为"东昌府区幼儿教师职业地位的调查报告——基于社会学的分析"（2009）显示：在30种职业声誉排序中，大学教师、中学教师、小学教师和幼儿教师分别为第2位、第8

---

① 虞永平，王春艳. 学前教育学 [M]. 北京：高等教育出版社，2012：2.

位、第 13 位和第 17 位。① 由此可以看出，幼儿教师虽然在工作量、所需承担的社会责任及教育教学理论和技能上并不亚于大学、中学、小学教师，但是由于受到传统观念中对幼儿教师职业定位的影响，人们对幼儿教师常常是"哄孩子的""孩子王"等保姆式的评价，幼儿教师社会地位不高成为不争的事实。

收入水平是衡量社会地位的又一个重要因素，幼儿教师的工资水平普遍较低（图 3-1）。问卷显示，被调查的教师中，有 73.9% 的教师对"自己的收入低于劳动付出"这一问题持肯定态度（其中同意的教师占 33.9%，很同意的教师占 40.0%）。一名在公办幼儿园入职 3 年的教师（没有编制）说："我现在的工资每个月不到 2000 元，如果不是家在当地，恐怕会入不敷出。"很多幼儿教师经常调侃自己是"操着卖白粉的心，挣着卖白菜的钱"。虽然只是一句玩笑话，但是却折射出了幼儿教师对收入不满意这一事实。因为收入水平有限，一些幼儿教师不得不在业余时间做一些兼职，如带舞蹈班、美术班、小饭桌等。这在无形当中增加了幼儿教师的工作量，长此以往，幼儿教师会产生强烈的疲惫感，进而发展为职业倦怠。

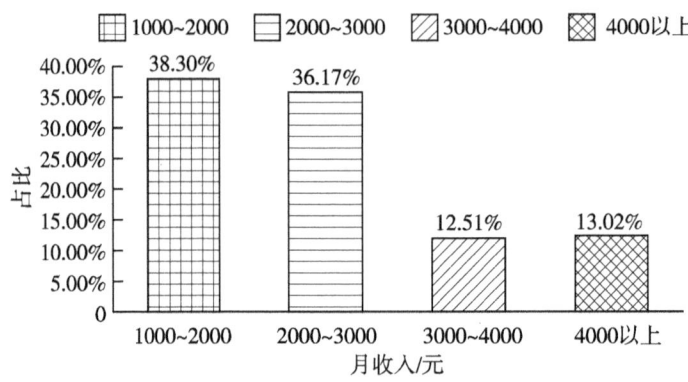

图 3-1 被调查幼儿教师月工资收入情况

## （二）个人方面

### 1. 性格特征

幼儿教师应富有爱心、责任心、耐心和细心；乐观向上、热情开朗、有亲和力；善于自我调节情绪，保持平和心态。② 如果不具备这些性格特点，将很难成长为一名合格的幼儿教师。研究发现，一些幼儿教师的性格特点并不适合这一工作，当孩子吵闹的时候，他们往往会采用大声喊或者用力按钢琴等方式制止。他们除了上课之外很少和幼儿交流，更不会把幼儿当作朋友，幼儿对这种幼儿教师表现出明显的恐惧。在一次公开课中，授课教师（以下简称 X 老师）全程一脸严肃，当她提问"老师像什么"时，小朋友都怯怯地低下了头。过了许久，一个小朋友小声说老师像"王国"（其实小朋友是想说老师像国王，因为她很厉害），之后又陷入了寂静。通过幼儿的

---

① 张晓辉. 幼儿教师的社会地位 [J]. 学前教育研究, 2010 (3): 55-57.
② 昌利娜.《幼儿园教师专业标准（试行）》解读 [J]. 早期教育（教科研版）, 2012 (5): 14-17.

回答再结合 X 教师平日里的表现，不难看出 X 教师对待幼儿特别严厉。这样的幼儿教师在工作中会表现出明显的不耐烦。这个班级的实习生说："X 老师对孩子特别冷淡，很少认真备课，上班期间吃东西排解不良情绪，有时候还大声说孩子好烦，我觉得她的性格真的不适合做幼儿教师……"

### 2. 人际关系

人际关系也是引起幼儿教师职业倦怠的原因之一。两教一保的班级，幼儿教师要与其他两位教师进行长时间的工作和接触，由于儿童观、专业知识、性格特点、教育理念等方面的不同，往往会在工作中有不同意见，当二者的意见无法平衡时，就会产生一些隔阂。对问卷中"由于幼儿园女性教师较多，琐事较多，影响情绪"一题有 67.70% 的教师表示同意（其中同意占 53.85%，很同意占 13.85%）。一名被访谈的主班老师说："在工作中，有时候我和副班老师还有保育员意见不一致，比如我认为幼儿领间餐的时候就应该有秩序地排队来领，但是她们（副班老师和保育员）却认为没必要，虽然在我的一再坚持下最后采纳了我的意见，但是两位老师明显有些不高兴。这种琐事经常发生，有时候让我觉得很苦恼。"幼儿教师和中小学教师不同，不是课堂上唯一的组织者，他们需要长时间的与同事一起面对自己的教育对象，在工作过程中难免有意见分歧，处理人际关系的难度较大，因此更易引发职业倦怠。

## （三）幼儿园方面

### 1. 部分园所管理模式僵化、教条，管理重点错位

黄志斌（1999）指出，幼儿身心健康和谐发展，是幼儿园管理的出发点，也是幼儿园管理的最终目的。[①] 研究发现，少数幼儿园存在"军事化"管理的问题。例如，一些幼儿园会每天到各个班级进行检查，对不合格的实行扣分制度，如垃圾桶有垃圾要扣分，被子没叠好要扣分……而分数又直接与幼儿教师的工资挂钩，扣的分数达到一定标准就要扣工资。一名幼儿教师无奈地说："上班期间的每一根神经都要绷着，生怕哪里做的不合格要被扣分。"当被问及"你最希望幼儿园的哪些管理制度改革"的时候，这名幼儿教师不假思索地说是"扣分制度"。显然，幼儿教师期待着一种更加合理的、更加人性化的制度取代"扣分制度"。然而，一些幼儿园在管理重点上发生错位，只重视肉眼可见的事项，而忽视了幼儿园管理的真正目的。

### 2. 活动、比赛较多，教师注意力分散

部分园所为了提高办园质量和教师技能，时常会组织一些活动或比赛。适时的举办比赛会促进幼儿教师的专业成长，但是比赛过于频繁也会增加幼儿教师的工作压力。某市某幼儿园的活动通知上经常带有"每班至少派一名教师参加或每班至少出一件作品"的字样，教师不可以根据自己的喜好来选择参加或者不参加。

问卷中对于"各种幼儿园里的大型活动常常扰乱您的工作"这一问题，有

---

① 黄志斌. 幼儿园科学管理的几个问题 [J]. 教育导刊, 1999 (s6): 19-20.

69.23%的幼儿教师持肯定态度（其中同意占50.77%，很同意占18.46%）。一些幼儿教师说："幼儿园经常会组织公开课，准备公开课需要花费大量的精力和时间，会影响班级活动的质量。""最近幼儿园举办的玩教具大赛很有意义，但是制作一个可以参加比赛的玩教具很难，专心做教具就会降低我对孩子们的关注度。""我最近总是感觉很累，情绪不稳定，有时候想要是能专心上课没有各种比赛该多好。"幼儿园的工作本来就很琐碎，再加上各种活动，常常使幼儿教师身心疲惫。更有幼儿教师直接表示："我不愿意花时间去参加那些活动，相比而言，我更愿意把更多的精力和时间花在备课和看书上。"幼儿教师要参加的活动不仅仅局限于幼儿园，还有教育部门举办的各种活动。一些幼儿园为了提高知名度会鼓励或强制本园的幼儿教师参加这一类活动，对于对活动没有兴趣的幼儿教师来说，这无疑是一种压力。

### 3. 工作环境单调，工作量大

幼儿教师的工作环境比较单调，基本集中于教室和操场，工作期间很少接触到外界的环境。幼儿教师在工作中接触到的对象也极为单一，基本上只有本班级的幼儿、家长及本班级的另外两个老师。长此以往，难免会产生厌倦情绪。研究发现，幼儿教师每天都在进行重复的大量工作：①接待入园；②晨检；③早操；④有组织的教育活动；⑤间隙活动；⑥游戏或自由活动；⑦盥洗；⑧进餐；⑨午睡；⑩午点；⑪游戏或户外活动；⑫离园。每天都要解决"老师他不让我玩（玩具）""老师某某某不好好看书""老师我不想吃菠菜"这一类的问题。在工作中，幼儿教师的激情会随着时间的延长而消退。

幼儿教师工作量大且琐事极多。每个幼儿园都要制定教育的总体目标，教师要根据本班幼儿发展情况及特点结合幼儿园教育目标组织活动。以某市某幼儿园为例，教师没有固定的办公室，主班老师和副班老师除了午休时间一直都在班级里，所以有时备课只能在下班之后进行，这无形中增加了教师的工作量。

## 四、公办幼儿教师职业倦怠的消解对策

### （一）社会方面

#### 1. 国家制定政策，保障幼儿教师工资待遇

目前幼儿教师面临的主要问题之一是工资较低，劳动付出与劳动收入不成正比。为了保证幼儿教师待遇，国家相继颁布了一些法律法规，如《国家中长期教育改革和发展规划纲要（2010—2020年）》明确规定，政府要"依法落实幼儿教师的待遇与地位"，但是目前幼儿教师的收入水平仍未达到理想状态。国家应加快解决幼儿教师工资待遇问题，让幼儿教师的生活水平得到保障，使他们专心于工作；减少幼儿教师业余时间的兼职情况，减轻幼儿教师生活压力，使幼儿教师能够具有轻松愉悦的心情投身于本职工作。

#### 2. 形成合理舆论导向，减轻幼儿教师心理压力

社会上的舆论导向是幼儿教师的压力来源之一，形成合理的社会舆论导向是有效

解决幼儿教师职业倦怠的途径之一。应该从国家层面倡导尊重幼儿教师，让更多的人了解幼儿教师这一职业，少一些误解，多一些宽容，让社会舆论更多地发挥积极作用，如举办"最美幼师"评选活动，拍摄幼儿教师宣传片等。2016年贵州举办了首届寻找最美幼师大赛，对幼儿教师成功地起到了宣传的效果，也使社会更加了解幼儿教师这一职业。研究发现，在各大视频网站及APP（腾讯、优酷、土豆、爱奇艺等）上，鲜有关于幼儿教师的宣传片。我们可以借鉴其他地区舆论宣传的成功经验，弥补本地区在此方面的不足，加强宣传，形成积极的舆论导向。

### 3. 家长增强认知，理解支持幼儿教师工作

现代社会中幼儿教师的在职教育机会有很多，但是对家长的学前教育知识的讲授却少之又少。只有对家长进行教育，让家长了解幼儿身心发展规律及特点，增强家长对于学前教育的认知，才能从根本上解决部分家长"拔苗助长"的问题，也会减轻家长基于"旧观念"对幼儿教师提出的高要求，从而理解支持幼儿教师工作。

在访谈过程中，多名幼儿教师提到"希望家长不要给我们提出过高的要求"。更有幼儿教师表示："幼儿园老师也不是神，我们很难着眼于孩子全面发展的同时又要兼顾家长的'需求'（识字、会简单的运算等）。教育是需要过程的，我们不可能用短短的3年时间把一个孩子培养成神童。"增强家长对学前教育的认知是使家长理解支持教师工作的重要因素。教育不是单方面的，需要幼儿园和家长在观念上达成一致，在教育上形成合力。家长理解支持教师工作不仅能给教师的工作带来便利，更能给教师带来精神上的动力，缓解幼儿教师的职业倦怠。

## （二）个人方面

### 1. 正确看待职业倦怠

每一种工作都有不可避免的工作压力，适当的工作压力可以使个体提高工作效率，促进幼儿教师专业成长。过度的工作压力不仅不能提高工作效率，反而会导致职业倦怠。因此，幼儿教师应正确看待工作压力，正确看待职业倦怠，化压力为动力，努力提高自身专业素质。当幼儿教师发现自己出现职业倦怠现象时，要积极思考导致职业倦怠的原因，勇于面对现实，努力调节情绪，避免负面情绪蔓延。

在访谈中，一名幼儿教师说："平时工作压力很大，我比较喜欢和我的同学聊工作上的问题，有时候他们会给我出一些主意，或者至少他们会给我一些鼓励。""相对于消极懈怠的面对工作压力，我更愿意把压力分解，并且有计划地解决问题，每一次压力都能让我在专业上有所成长。"正确看待职业倦怠要拥有积极健康的心态，不过分苛求工作环境，在理想和现实之间寻找最佳结合点。

### 2. 提高教师抗压能力

（1）合理规划时间

很多幼儿教师焦头烂额的原因是在上班时间没有把工作处理完，下了班还要接着处理各项工作，缩减了自己的休息娱乐时间，耽误了自己和亲朋好友的团聚。在访谈中，一名幼儿教师说："我尽量不把工作的事情带到家里，我希望能有更多的时间陪

家人。在幼儿园，我会把该做的工作做完，下班后就全身心地放松，这样第二天上班时，我会感觉轻松愉快。"对于幼儿教师来说，合理安排时间是必要的。及时完成工作，不拖延，会避免工作堆积、手忙脚乱的情况发生，也能提高工作效率，为自己留出更多的休闲时间。

(2) 寻求减压方法

当压力不可避免时，积极正确的减压方法是缓解压力的有效途径。在问卷调查中，针对"当在工作中，我的身心疲惫，职业倦怠感明显时，我会选择（多选）"这一问题，有86.15%的幼儿教师选择会"向他人倾诉"，有73.85%的幼儿教师选择会"和同事交流，寻求经验"。这说明大部分幼儿教师在工作中遇到问题时，会选择通过交流和倾诉的方式解压，如图3-2所示。

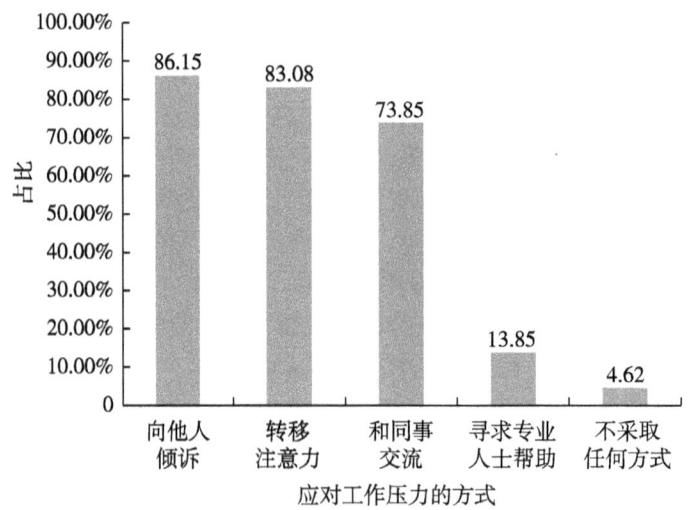

图3-2 被调查教师应对工作压力的方式

### 3. 坚定教师职业信念

教师职业信念是指教师对自己所从事的职业有了一定认识的基础上在教师劳动价值方面所产生的坚定不移的态度。[①] 很多学前教育专业的学生走出校门时信心满满，怀揣着坚定的职业信念走进幼儿园，但是在工作中遇到种种困难，热情渐渐消退，信念也随之瓦解。部分幼儿教师慢慢忘记了自己的职业信念，只是把这份工作作为谋生的手段，缺乏做好工作的内在动力。吕国光（2004）提出，应建立以"教师信念"为本位的教师继续教育的新体系。幼儿教师继续教育的角色定位和价值观类别中应增加"教师信念"的内容，使幼儿教师认识到自己职业的伟大和重要之处，坚定幼儿教师的职业信念。

幼儿教师是一份光辉而伟大的职业，特别是在我国目前学前教育发展较为滞后的情况下，每一名幼儿教师都应坚定职业信念，这有利于幼儿教师职业倦怠感的缓解，更有利于我国学前教育事业的长足发展。

---

① 王卫东. 教师职业信念问题初探 [J]. 华东师范大学学报（教育科学版），2000 (4): 8-13.

## (三) 幼儿园方面

### 1. 健全"以人为本"的管理模式

(1) 健全"以人为本"的管理制度

坚持"以人为本"的思想，幼儿园管理者应该秉承"以幼儿教师为本"的理念，尊重幼儿教师，给教师充分的自由去实施自己的教育思想，让幼儿教师工作的积极性、主动性充分发挥；改善幼儿园的硬件设施水平，为幼儿教师工作创造更好的条件，减少工作中不必要的障碍。

幼儿园应该以人性化的管理制度进行管理，减少幼儿教师因为强硬的管理模式引起的不适，让幼儿教师能在轻松愉快的环境下工作，这样才能让幼儿教师全身心地投入到工作当中，提高教学质量，推动学前教育的发展。

(2) 营造良好的精神文化管理环境

教师是知识水平较高的群体，往往有着很强的自尊心，在自己的工作中出现失误时，他们更需要的是提醒而不是不留情面的批评。事实证明，严厉的批评不会比耐心指出错误效果更好。幼儿园管理者应该充分肯定幼儿教师的优点，用恰当的方法指出他们的不足，使他们感受到自己工作的价值。用心与每一名幼儿教师交流，会比只站在领导者的角度指挥更有效果。

### 2. 加强物质文化帮扶，减轻幼儿教师压力

为幼儿教师提供有园本特色的办公室、娱乐室和图书室，营造良好的办公和娱乐氛围。办公室作为教师工作的重要环境，对教师的影响是潜移默化的。每一所幼儿园在办公室的设计风格上，都应该反映出本园的文化特征、办园理念等。此外，还应为幼儿教师营造一种舒适放松的感觉，使幼儿教师提高工作效率。办公室可以使幼儿教师把教学和备课环节分开，为幼儿教师的教学活动提供方便。良好的办公室环境更会使幼儿教师心情愉悦，缓解幼儿教师的工作压力。

增设娱乐室和图书室，在下班时间和休息日对教师开放，让教师在工作之余可以通过下棋、打乒乓球、看书等活动放松心情。图书室中图书的种类不应该只局限于学前教育方面，应涉及多种门类，让教师可以广泛阅读，提高阅读兴趣。

建设高质量的教师办公室、娱乐室和休息室有利于加强幼儿园对教师的物质文化建设，拓展幼儿教师业余生活空间，帮助教师改变生活单调的局面。这样不仅能够加强幼儿教师之间的交流，形成融洽的同事关系，更可以使幼儿教师缓解焦虑、紧张等不良情绪。

本研究以某市3所公办幼儿园教师为研究对象，采用问卷法和访谈法深入了解幼儿教师职业倦怠现状。研究结果显示，幼儿教师职业倦怠成因主要由社会、个人、幼儿园、工作特点这4个方面引起的，工作特点无法改变，但是可以通过在其他方面采取措施来缓解由工作特点引起的职业倦怠，应从社会、个人和幼儿园3个方面入手消解幼儿教师职业倦怠。幼儿教师对幼儿的身心发展尤其重要，如果幼儿教师出现倦怠情况，则会影响幼儿的身心健康发展。希望社会各界在关注幼儿发展的同时，增加对幼儿教师的关注，促进我国学前教育质量的提升。

# 第四节　幼儿教师情绪管理的研究

## 一、幼儿园教师情绪管理现状调查

情绪管理一词始见于企业管理、工商阶层及简单心理学，即领导者通过调节自己的情绪实现效率稳步提高，同时通过调整员工的情绪，调动企业员工的积极性和热情，使其全身心地投入到工作中，达到事半功倍的效果。后来，情绪管理引入教育界，而在教育界对教师情绪管理的调查研究主要聚焦于中小学教师，对幼儿教师情绪管理的研究则比较少。一方面，幼儿教师这一群体社会地位不高，社会认可度也不强，人们易忽视对其情绪管理的研究；另一方面，幼儿教师工作性质和对象具有特殊性，对他们的情绪管理研究较复杂。尽管面对幼儿百态会有太多无奈，但是幼儿教师依旧应该从容应对，解决各种难题，学会管理情绪，积极调节情绪，科学正确地掌控自己的情绪。一旦幼儿教师对自己情绪处理不得当，不能合理控制自己的情绪，这些负面情绪就会不断地积累恶化，不利于幼儿教师健全人格，影响幼儿情绪情感的发展。所以说，有效的幼儿教师情绪管理有利于幼儿教师自身成长，有利于提升保教质量，有利于幼儿园科学均衡发展。

教育家马卡连科曾说："教师态度神色上的少许变化，儿童都能看到或察觉到，教师思想上的一切转变，无形之中都会影响到儿童。"幼儿教师作为幼儿人生旅航的启航者，其言行举止对幼儿来说都十分敏感，些许神态上的变化都会对幼儿的发展产生至关重要的影响。本研究以幼儿教师情绪管理作为主题，采用了调查、观察等多种方法，通过对某市某幼儿园的调查研究，了解某幼儿园幼儿教师的情绪管理状况，分析影响幼儿教师情绪管理的原因，并提出了营造良好社会环境、建立幼儿园管理条例及提升幼儿教师自身素质等解决策略，更有效地帮助幼儿教师提高情绪管理水平，创设利于师幼共同发展的良好环境。

### （一）幼儿教师情绪管理概述

#### 1. 研究缘起

心理学对情绪的定义是个体对本身需要和客观事物之间关系的短暂而强烈的反应，是一种主观感受、生理反应、认知的互动并表达出特定的行为。[①] 从其定义可以看出情绪是由个体发出的一种短暂却强烈的反应，根据这种反应表现出的一些特定的行为，这种行为以开怀大笑、低声哭泣、捶胸顿足、火冒三丈等形式表现。而情绪管理就是用正确的方法、适当的方式调整自己的情绪，放松心情，释放压抑的情绪，使自己的情绪与外界环境达到平衡。

---

① 孟昭兰. 普通心理学 [M]. 北京：北京师范大学出版社，1994.

情绪管理并非去除或压制情绪，而是在觉察情绪后，调整情绪的表达方式。有心理学家认为，情绪调节是个体管理和改变自己或他人情绪的过程。① 在这个过程中，通过一定的策略和机制，使情绪在生理活动、主观体验、表情行为等方面发生一定的变化。因此，问题的关键不在情绪本身，而在于对情绪的调节控制和管理。情绪管理在幼儿教育领域具有积极的作用。幼儿教师情绪管理的重要性主要体现在生活、学习和工作中。在生活中，良好的情绪管理有利于教师增进人际关系，改善生活状态，影响身心健康；在学习中，合理的情绪管理能使幼儿教师有效地提高学习效率，改善学习质量，有助于学习效果的显著提升；在工作中，有效的情绪管理有利于提升幼儿教师的工作效率，提高教师在同事、领导及幼儿家长之间的认可度，增强幸福感。所以，以适当的方式在适当的情境表达适当的情绪，就是健康的情绪管理之道，才会成为真正的情绪控制专家。

**2. 研究意义**

（1）理论意义

本研究的理论价值在于补充和深化情绪管理理论，验证幼儿教师情绪管理理论的实践意义。

（2）现实意义

对于幼儿教师情绪管理现状的研究，能够使被调查教师对自己情绪管理状况有一定的了解和感知，让幼儿教师明白"教师不良情绪会使工作效率低下，教学进程缓慢，同时也不利于儿童的身心健康发展；良好的情绪能够使幼儿教师精神焕发，以积极乐观的心态对待任何一件琐事，能在与孩子一起学习、游戏和生活中感受到职业的快乐、生活的幸福和成功的喜悦，一个优秀的教师必须要学会合理管理自己的情绪"，积极健康的情绪管理能够使幼儿园形成良好的组织情绪和工作氛围。明确情绪管理的影响因素，有针对性地调节自己的情绪，并借鉴提出的对策，改善幼儿教师情绪管理。

**3. 概念界定**

简单地说，情绪管理是一个对个体和群体进行的情绪感知、控制、调节的过程，② 其要点是必须将人作为最重要的管理根源，使人的价值得到充分体现；从尊重人、依靠人、发展人、完善人出发，提高对情绪的自主意识，控制情绪低落，保持乐观健康心态，不断进行自我激励，实现自我发展和完善。幼儿教师作为教育事业中情绪困扰和情绪障碍的易发群体，在教育工作过程中，往往会受到社会环境、幼儿园环境、家庭环境及自身状态等多种因素影响。因此，关注幼儿教师的情绪管理状态，了解情绪管理的方法已然成为重中之重。国内外关于情绪管理内涵外延研究诸多，下面对国内研究情况通过维度划分来开展研究（表3-2）。

---

① 乔建中. 情绪研究 [M]. 南京：南京师范大学出版社，2003.
② 邹竹林，丁道群. 进化心理学视角下的情绪管理 [D]. 长沙：湖南师范大学，2013：11.

表 3-2  情绪管理调查维度汇总[①]

| 研究者 | 年份 | 情绪觉察 | 情绪表达 | 情绪调节 | 情绪运用 | 情绪分析 | 情绪理解 |
|--------|------|----------|----------|----------|----------|----------|----------|
| 栗早霞 | 2011 | √ | √ | √ | | | √ |
| 孟佳 | 2012 | √ | √ | √ | √ | | √ |
| 廖丽娟 | 2013 | √ | √ | √ | | | |
| 吴佳钰 | 2013 | √ | | √ | √ | | |
| 朱朕红 | 2014 | √ | √ | √ | | | √ |
| 屈振荣 | 2015 | √ | √ | √ | | | |
| 詹伟 | 2015 | √ | √ | √ | | | |

根据表 3-2 对情绪管理的定义及维度划分，我们把情绪管理分为 3 个层面：情绪表达、情绪调整、情绪运用。

（1）情绪表达

情绪表达是指人们对情绪的展现方式，其功能是缓解情绪水位，使水位下降，主要分为语言和非语言等表达方式。教师需要通过情绪表达来舒缓自己的情绪，但情绪表达本身不能违反社会规范，否则就会受到社会规范的责罚。

（2）情绪调整

情绪调整则是指人们通过各种方式途径调理自己的情绪，使情绪符合当时实际情景的需要。适时的调整情绪有利于改善自己的不良情绪，避免因为情绪不良问题造成不必要的负面影响。

（3）情绪运用

通常情况下人有 5 种自然情绪：悲伤、愤怒、羡妒、恐惧和爱。这些自然情绪如果被不正常地压抑就会产生不正常的反应。这些情绪就好像是我们的朋友，合理的调整和运用就会使它变成塑造自己优良品格的工具，促成完善人格。

4. 研究对象和方法

本研究主要采用了问卷调查法和观察法。

（1）问卷调查法

通过对幼儿教师发放问卷了解幼儿教师的情绪管理状况。问卷主要对某市某幼儿园的 38 名幼儿教师进行信息采集，因为是个案研究所以样本即全体教师。问卷总计 15 个问题，题目类型为单选题，问卷采用不记名的方法，共计发放 38 份，收回 38 份，回收率达 100%。调查结果通过表格形式呈现，统计过程通过 Excel 计算出研究数据的平均值（$M$）、标准差（$s$）、最大值、最小值等描述数据，其中 $N$ 表示人数，$V$ 表示项目数，将平均值 3 作为相对比较值进行数据分析。

（2）观察法

为获得一线数据，本研究进行多次实地观察，记录了幼儿教师情绪管理的现状，整理了幼儿教师如何控制和管理自己情绪的案例，以佐证研究。

---

① 杨叶恒. 幼儿园新教师情绪管理现状调查研究 [D]. 长春：长春师范大学，2016：8.

## (二) 幼儿园教师情绪管理现状

### 1. 现状调查

(1) 幼儿教师情绪表达现状

情绪表达的调查项主要体现在问卷中的项目1、项目2、项目8、项目11、项目12中（表3-3）。通过问卷可以直接反映出教师情绪表达的总体水平，反映教师的情绪变化。其中，项目1、项目2、项目8、项目11、项目12的平均值分别为4.131579、3.500000、2.875789、2.631579和2.973684。在这5项中有2项的平均值在3分以上，说明幼儿教师能比较明确地感知自己的情绪状态。其余3项的平均值不到3分，相对于其他项分数较低，说明仍有大部分的幼儿教师不能合理表达自己的情绪，情绪状态不佳时不易找到有效的方式表达。而在这几项中标准差最小的是项目1，说明在情绪表达方面，幼儿教师教师可以很明显地了解到自己情绪的状况差距最小，离散度较高，幼儿教师对这项问题的总体反映情况良好。综上，幼儿教师了解自己情绪的整体状况较好，在情绪外显表达上略显不足。

表3-3 情绪表达各项目统计量

|  | $N$ | 最大值 | 最小值 | $M$ | $s$ |
| --- | --- | --- | --- | --- | --- |
| $V_1$ | 38 | 5 | 2 | 4.131579 | 0.832594 |
| $V_2$ | 38 | 5 | 2 | 3.500000 | 1.141329 |
| $V_8$ | 38 | 5 | 1 | 2.875789 | 1.143753 |
| $V_{11}$ | 38 | 5 | 1 | 2.631579 | 0.929259 |
| $V_{12}$ | 38 | 4 | 1 | 2.973684 | 0.873193 |
| 有效的 $N$ | 38 | | | | |

(2) 幼儿教师情绪运用现状

问卷中的项目4、项目5、项目6、项目10总体反应幼儿教师情绪运用方面的现状（表3-4）。从统计数据可以看出，在情绪运用的所有项目中有3项分数均集中在3分以上，呈现出较高水平，说明幼儿教师在情绪运用方面处理得较好。项目6的分数在3分以下，说明幼儿教师的情绪受到其他因素影响较大。在统计结果中，项目6的标准差较其他项目分数略高，说明幼儿园教师在情绪运用中受环境因素影响表现明显，情绪易出现波动。

表3-4 情绪运用各项目统计量

|  | $N$ | 最大值 | 最小值 | $M$ | $s$ |
| --- | --- | --- | --- | --- | --- |
| $V_4$ | 38 | 5 | 3 | 4.184211 | 0.682691 |
| $V_5$ | 38 | 5 | 1 | 3.789474 | 0.922180 |
| $V_6$ | 38 | 5 | 1 | 2.684221 | 1.028675 |

续表

|  | $N$ | 最大值 | 最小值 | $M$ | $s$ |
|---|---|---|---|---|---|
| $V_{10}$ | 38 | 5 | 1 | 3.052632 | 0.929659 |
| 有效的 $N$ | 38 | | | | |

### 案例 11

2017年11月5日，某教师情绪饱满地进入班级，带领小朋友们以小跑的形式去食堂吃饭，师生互动好，幼儿很开心。早饭过后进入教室，点名过程中有小朋友溜号，老师叫了好多声均没听见，老师走到幼儿身边提醒。自由活动期间，一名幼儿将班级的花盆土抠了出来，并涂抹到班级的玻璃上，教师声音提高，语气过硬，言语较犀利，摔打书本。

由此可见，在情绪运用上，大部分教师可以用正确情绪态度工作，并能把握自己的情绪。但当出现突发事件时，教师的情绪会发生急速翻转，不良情绪马上呈现，情绪运用水平有待提高。

（3）幼儿教师情绪调整现状

情绪调整是幼儿教师进行情绪管理的一个重要环节。这一项在问卷中的项目3、项目7、项目9、项目13中得到充分体现。通过对问卷结果统计分析（表3-5）可以看出，某市幼儿园教师的情绪调整项目中所有分数的平均值均在3分以上，而且分数较高，说明教师的情绪管理总体水平很高，即在面对困难时幼儿教师善于调整情绪，能够运用正确的方法进行情绪调整并得到了显著的效果。项目7的标准差分数为0.731655，与其他项相比分数略低，表明在情绪的自我调节上幼儿教师的能力会有所欠缺，但是总体呈现的标准差分数低，离散程度高，差距较小，幼儿教师在情绪调整表现良好，整体水平较高。

表3-5 情绪调整各项目统计量

|  | $N$ | 最大值 | 最小值 | $M$ | $s$ |
|---|---|---|---|---|---|
| $V_3$ | 38 | 5 | 1 | 3.605263 | 0.987807 |
| $V_7$ | 38 | 5 | 2 | 3.868421 | 0.731655 |
| $V_9$ | 38 | 5 | 2 | 3.421053 | 0.990257 |
| $V_{13}$ | 38 | 5 | 1 | 3.289474 | 0.997573 |
| 有效的 $N$ | 38 | | | | |

从情绪调整的维度来讲，教师通过调整情绪可不可以使情绪得到好转？从数据中可以看出教师在了解自己不良情绪产生时会主动去调节，努力使自己克服不良的情绪。在访谈案例中，多数教师回答："当我因为某些小孩子很淘气又不听话，特别气愤的时候，我对他们发脾气他们就会一声不响地看着我，每当这个时候我就会突然醒悟'我不应该对他们发脾气，他们还什么都不懂'。我深吸一口气努力使自己平静下来，过两分钟再和他们讲道理，语气就会好很多。"可见通过调整，幼儿教师是会改

善自己情绪的,只要努力学着去改变。

**2. 原因简析**

(1) 幼儿教师自身方面

研究显示,幼儿教师的情绪管理与年龄、学历、薪金、教龄成正比关系,与婚姻状况、班级幼儿人数无关。在年龄差异方面,年龄越大,教龄越长,所接触到的情况越多,阅历和经验都比较丰富。调查发现,年轻的幼儿教师虽然年轻、有活力、有想法,但是在情绪管理方面相对比较薄弱,在面对幼儿时不及年长的教师懂得把握情绪上的"分寸",难以控制"度"。另外,幼儿教师一般以女性为主,女性偏感性化,抗压能力也较弱,在遇到问题后易情绪化,难以抑制和平复自己的心情。部分幼儿教师在幼儿园随意发泄情绪,对幼儿大吼大叫,更有甚者出现殴打虐待幼儿的现象。情绪管理也与教师的性格有很大关系,具有良好性格特征的教师,善于掌控自己的情绪,面对困惑积极乐观;具有不良性格特征的教师,容易情绪波动,对情绪掌控能力弱,心态多消极、悲观。

(2) 幼儿园方面

汤普森认为,个体情绪管理发展是一个个体与社会环境之间相互作用的协调过程。幼儿园是幼儿教师工作的内部环境,幼儿园对教师的关注和理解程度,也在一定程度上影响教师的情绪管理。幼儿园作为教师一天工作活动的主要场所,如果不注重对幼儿教师的人文关怀,给幼儿教师施加的压力过大,幼儿教师的情绪就会变得不稳定。幼儿园内部的支持主要表现在领导对教师的关怀,教师与教师在工作上的互帮互助,幼儿园创造与家长合理沟通的条件及幼儿园为教师提供的培训等方面。另外,根据调查显示,幼儿教师情绪管理能力的高低与薪金水平的高低有一定的因果联系。薪金越高越能满足教师的日常需要,幼儿教师的情绪管理水平也会相应提高。

(3) 家庭方面

家庭对幼儿教师的影响主要体现在家庭文化背景、遗传、家庭和谐度及情绪的感染程度上,正如幼儿教师在接受访谈时提到:

①有时候在家里会因为一些事发生矛盾,到幼儿园还不能及时调整过来,但是又不得不继续上课。

②我爸爸脾气就很暴躁,总是因为一些小事就和我妈妈吵,弄得全家都鸡犬不宁,可能有遗传因素在里面,我的脾气也很急。

③我家有四口人,我有一个比我小18岁的弟弟。在家里时,因为处处都要让着他,所以我性格、脾气还是挺好的。

④我在家里很少提工作上的事情,父亲母亲也不会主动去问我。

从访谈记录可以看出,幼儿教师在家中的情绪反应会影响到对工作的处理方式,家人的情绪会潜移默化地影响幼儿教师。在家庭和睦友爱互助的环境下成长的幼儿教师,情绪波动较小,处理问题的方式具有逻辑性,面对幼儿时充满爱心和耐心。但是如果家庭矛盾严重,幼儿教师的情绪易变得极端化,带着繁重的心情进行一天的工作,遇到问题消极处理,更不会去努力平复和调节自己的情绪。

### 3. 小结

通过调查、观察得出：某市某幼儿园教师情绪管理较好，幼儿教师的情绪管理水平相对来说中等偏上。情绪觉察能力很好，情绪表达总体水平有待提高，情绪运用的技巧有待加强，情绪调整有待训练。幼儿教师可以清楚地了解到自己在某种环境状态下当时的情绪状态，可以用多种方式表达出自己的情绪，但是在意识到自己的情绪状态后造成的后果不会做过多考虑，仅仅停留在问题的浅层上，解决问题的能力有所欠缺，面对孩子"不听话""撒谎""讲脏话"时，幼儿教师不能及时调节自己的情绪状态，易出现言语侮辱、身体伤害等粗暴行为，缺乏情绪调整的技巧。为此，本研究提出相应的解决策略。

### （三）幼儿教师情绪管理策略

情绪管理是幼儿教师身心健康的"护航者"，是建立良好师幼关系的"润滑剂"。幼儿教师要善于自我调节情绪，保持平和心态。在面对孩子"你叫我做什么我偏不做，我就要这么做"的时候，要学会调节和控制自己的情绪，切勿因为冲动做出不良行为，影响幼儿的健康成长。那么，如何控制和管理情绪才是最合理的呢？笔者认为，幼儿教师的情绪管理应该从社会、幼儿园、教师个体等方面来探讨。社会上应该给予幼儿教师足够的支持，营造良好的社会环境，避免职业歧视；幼儿园则应建立良好的管理机制，形成团结友爱、互助和谐的同事关系，在一个幸福和谐的环境中工作是每名幼儿教师都应该享有的权利；同时，幼儿教师也应提升自身的素质，丰富阅历，改善工作状态，加强对情绪的控制和管理。

#### 1. 营造良好的社会环境

良好的社会环境、完整的制度体系对幼儿教师来说是必不可少的。政府要完善法律法规，重视教师各项待遇的落实、工作条件的改善、社会地位的提升，把重视幼儿教师、关爱幼儿教师提上日程；加强对幼儿教师的尊重和保护，保证幼儿教师应有的权利；要提高幼儿教师的社会地位，形成尊师重教的社会风尚。幼儿教师培养的不仅仅是一个个天真可爱的儿童，更是祖国的未来，在对待教师的问题上要更加人性化、合理化，形成积极向上、健康和谐的良好情绪氛围，让幼儿教师感受到受人尊敬、受人爱戴和被羡慕的自豪感和荣誉感。这样，幼儿教师才会以饱满的精神状态对待工作，对待儿童。

#### 2. 完善幼儿园管理制度

幼儿园管理者应该结合相关法律法规，在管理制度、工作计划中重视教师情绪管理的制度建设和措施安排，要积极营造良好的园所文化环境和育人情景等组织情绪氛围。第一，发挥制度文化强大的凝聚力和影响力，与幼儿教师建立顺畅的交流沟通渠道，时刻关注幼儿教师的情绪变化，引导幼儿教师合理宣泄，及时调节，防止个别不良情绪的蔓延和扩散。第二，要运用法治思维，建立幼儿教师情绪管理体系。园本管理既要体现以人文本及尊重幼儿教师的主体性，又要运用法治思维，着眼制度管理，依法治理。

### 3. 科学运用情绪管理的方法

近年来,随着幼儿教师对幼儿施暴事件的频发,社会各界人士对幼儿教师信任度直线下降。越来越多的家长要求,在班级安装监控进行实况监拍。尽管以偏概全的思想不正确,但是只要有个别素质低的教师存在,就说明幼儿教师的道德素养和专业素养有待改进。教师是一个平凡而伟大的职业,既然选择了这份职业就要认真对待,为人师表、爱岗敬业、无私奉献不能流于口头,要通过不断学习来完善自己,努力掌握科学文化知识,提升政治思想觉悟,养成良好的道德品质,真正成为幼儿学习活动的支持者、合作者、引导者,让其在幼儿成长发展的道路上发挥不可替代的作用。

在师幼交往中,情绪的敏感性对幼儿和幼儿教师的影响都是不可忽视的。幼儿教师应做到从幼儿的实际出发,一切为了幼儿发展,并努力地调整、控制好自己的情绪。幼儿教师的职业要求当幼儿教师踏入教室后,就要将一切烦恼统统抛之脑后,将所有可以影响到情绪的事情全部忘记,一心一意地投入到教育活动中,这一点在幼儿教师身上更应该体现得淋漓尽致。当幼儿教师身处教学环境之中时,就要明白自己的职责和使命,明白自己的一言一行都可能会对幼儿的终身发展产生至关重要的影响。因此,幼儿教师要用积极乐观的心态去解决问题,促进幼儿健康快乐成长。

## 二、职前幼儿教师情绪觉察的眼动研究

《国家中长期教育改革和发展规划纲要(2010—2020年)》中明确指出,"教育大计,教师为本,努力造就一支高素质专业化教师队伍"[1]。这足以说明国家对教师专业素质的重视。情感素质是教师专业素质重要的组成部分。近年来,教师的情感素质越来越受到关注。教育部颁发的《专业标准》中明确提出,幼儿教师要"善于自我调节情绪,保持平和心态"[2]。职前幼儿教师将来工作面对的主要是一群思维简单、模仿性强、情绪易感性高的幼儿,幼儿教师情绪对幼儿性格塑造、心理健康有重要影响。其情绪觉察能力十分重要,只有敏锐的觉察能力,才能更好地了解自我,了解幼儿,促进幼儿的健康成长。经过为期2个月的观察发现,大部分学前教师不能很好地识别幼儿的情绪,在情绪调节方面存在一定的问题。

幼儿教师情绪觉察是指当幼儿教师表现出某种情绪时,幼儿教师自己能够觉察到自己的情绪。近年来,我国亦有相关些许研究,但关于职前幼儿教师情绪觉察的眼动研究十分匮乏。本研究运用实验法,从2个维度对33名学前专业的毕业生进行眼动研究:一个维度是认知任务的难易程度;另一个维度是不同的情绪。为即将走上工作岗位的准幼儿教师更好地控制情绪,提升情感素养提供帮助。

研究结论显示:当准幼儿教师受悲伤情绪影响时,准幼儿教师关注得更多的是表

---

[1] 汪海彬. 职前教师情绪觉察的特点及优化[D]. 上海:上海师范大学,2013:4.
[2] 王卫国. 基于专业标准的幼儿教师情绪管理对策探析[D]. 运城:运城幼儿师范高等专科学校,2015.

情严肃的幼儿；当受愉快情绪影响时，关注更多的是一些面带笑容的幼儿，注视范围广。认知任务简单时，准幼儿教师对兴趣区关注时间比较长，注视范围较大；反之，对于兴趣区关注时间短，注视范围狭窄。

## （一）引言

### 1. 研究缘起

心理学将情绪定义为人们对客观事物的一种态度的反应、体验。基本每个人都有两种情绪：一种是正面情绪，如喜悦、愉快、喜爱等；另一种是负面情绪，如悲伤、嫉妒、愤怒等。虽然情绪是身体本能的反应，但是我们可以有效地控制情绪。

情绪觉察是众多情绪智力结构中都存在的成分，许多研究者都强调其在情绪智力中的重要性。曾经质疑情绪智力存在的 Davies 等人在系列研究后证实了"情绪觉察"的存在，甚至建议用"情绪觉察"来代替"情绪智力"这一概念（Davies et al., 1998）。Lane 等人认为，情绪觉察是情绪智力的重要基础和先决条件（Lane, 2000）。Salovey 等人也认为，情绪觉察处于情绪智力结构中的基础层面，是诸如情绪调节等情绪智力其他成分的重要基础（Salovey et al., 2001）。[①]

准幼儿教师即将面对的是一群思维简单、模仿性强的幼儿，所以首先要及时进行情绪觉察才能更好地控制自身的情绪，幼儿教师更需要优等和高效的情绪觉察。对于即将步入岗位的准幼儿教师，情绪觉察能力到底如何？本研究从 2 个维度，运用眼动仪对职前幼儿教师情绪觉察进行眼动研究。

### 2. 研究意义

情绪觉察对于幼儿教师的身心健康和人际交往都具有重要作用。掌握好情绪觉察有利于提升教学活动质量，同时利于幼儿情绪的良好发展，培养幼儿的良好性格。本研究以现有教师情绪觉察研究成果为依托进行眼动研究，利于丰富情绪智力理论，通过现实探究知道情绪觉察的特点，利于提高职前幼儿教师的情绪素质。

### 3. 研究设计

（1）研究材料

幼儿表情差异明显的教学活动图片 2 张。一张写有两道计算题的 A4 纸：一道题是"100 减 3"；另一道题是"3×4×5×6×7 = ?"。两小段视频：一段是比较快乐的视频，节选自电影《唐伯虎点秋香》，时长为 2 分 51 秒；另一段是比较悲伤的视频，来自泰国的一个公益广告《好人有好报》，时间长为 2 分 55 秒。

（2）研究仪器

本研究使用眼动仪来观测职前幼儿教师情绪觉察的眼动，记录职前幼儿教师在不同认知任务和不同情绪下观看幼儿教学活动时情境图的眼动状况，得到一些眼动指标。眼动仪的型号是 RED5，最高的采样频率为 500 Hz，两张图片在 22 寸的宽屏显

---

[①] 汪海彬. 职前教师情绪觉察的特点及优化 [D]. 上海：上海师范大学，2013：4.

示器上显示，被试显示器分辨率是 1680×1050 像素，主机显示器分辨率为 1280×1024 像素。这款眼动仪在记录职前幼儿教师眼球运动的过程中不需要使用任何束缚性装置，允许职前幼儿教师在刺激材料面前自由和自然地移动。

（3）研究对象

在某大学学前教育专业毕业班中，随机抽取 33 名毕业生，所有被试者都是女性且不存在眼睛疾病等问题。由实验中出现的问题得知，去除计算错误、因身体发生转动导致注视时间短形成注视点少的数据，最终实验获得的有效数据是 20 名毕业生的实验数据，所获得的有效数据比例是 60.61%，数据真实有效。这 33 位同学没有做过相关的眼动实验，对于所做实验的目的与内容都不了解，在实验过程中行动自由，观看图片真实自然，确保了实验结果的真实性、精确性和可靠性。

（4）实验准备

实验及数据收集在 2017 年 4 月完成，实验在某大学教学楼实验室中不容易受外界影响且光线较好的房间里进行，便于研究者观察。

请被试者坐好，选择舒服的姿势，被试者距离屏幕 60~80 厘米，采用五点定标法对职前幼儿教师的视线进行校准。当职前幼儿教师将双眼调节到屏幕正中而且不出现任何颜色的箭头，则可以进行眼睛校准即进入练习阶段。被试者盯着屏幕上的小白点，小白点到哪里，被试者眼睛看向哪里，头不能动，当被试者对实验过程熟悉及理解之后，开始眼动实验。

（5）实验过程

实验指导语：大家好，感谢大家能积极配合我来完成这个实验。实验分为两个部分：一部分是认知任务难易程度对眼动的影响；另一部分是不同情绪下的眼动研究。假设你所观看图片上的幼儿在你所教的班级，教学活动中你们怎么关注幼儿，那么你在看图片的时候也怎么去观看，这个实验只是测试你的眼动轨迹，和智力没有关系。

实验具体划分为 4 种情况，只需要完成其中 2 种情况就可以，每个人用时大约不超过 5 分钟，希望大家耐心完成实验。大家完成实验后，不要和还没有做实验的同学讨论，避免影响实验的有效性。

第一部分：

导入语：大家好，下面请你计算"100 减 3"，当教学活动情景图片出现的时候也不要停止计算，假设这张教学活动情境图片是你所教班级活动时的图片（简单认知任务）。下面请你计算"$3×4×5×6×7=?$"，当教学活动情境图片出现的时候也不要停止运算，假设这张教学活动情境图是你所教班级活动时的图片。实验结束时请将答案写在纸上（复杂认知任务）。

12 秒后手动播放第一张教学活动图片，10 秒后图片消失。

第二部分：

亲爱的老师，请观看下面一段影片。

选择《唐伯虎点秋香》（愉快情绪）或者选择泰国公益广告（悲伤情绪）。影片播放结束后手动播放第二张教学活动图片，图片停留 10 秒后放映结束。

（6）研究指标

注视点个数：指被试者从开始观看图片一直到结束观看的整个过程中，注视兴趣区域的次数。

注视时长：指从注视兴趣区开始到注视兴趣区结束所用的时间长度。也就是兴趣区所有注视点的持续时间。

兴趣区的划分：将两张图片划分成不同的兴趣区。图 3-3 和图 3-4 共划分了 6 个兴趣区。图 3-3 的整张图片为兴趣区 1；图片中幼儿的表情明显不同于其他幼儿表情的部分为兴趣区 2 和兴趣区 3；图 3-4 的整张图为兴趣区 4；图 3-4 中幼儿的表情明显不同于其他幼儿表情的部分为兴趣区 5 和兴趣区 6。

图 3-3　教学活动图片 1

图 3-4　教学活动图片 2

热点图：眼动热点图是指注视时间的一种直观的表现。某一点的颜色越深越亮，说明在这一点上注视的时间越长，也说明大多数被试者都在注视着这一点。

眼动轨迹图：眼动轨迹图是指被试者从第一眼看图片开始一直到最后，把每个注视点和眼动的路线连成线，可以很直观地看到每个被试者的眼动信息，清晰地看出她在关注什么，并且比较出不同的被试者在不同情绪下和不同认知任务难度下的眼动特征。

## （二）研究结果

使用 Excel 表格统计分析工具，对眼动实验的结果进行统计分析。分别计算出注视点个数、兴趣区注视时间的长度等相关数据。

### 1. 不同刺激条件下眼动指征的描述性统计结果

分析在不同的情绪状态（愉快、悲伤）和不同的认知任务（简单、复杂）下，被试者的眼动指征，其结果如表 3-6 所示。

表 3-6 不同刺激条件下眼动指征的描述性统计结果 ——均值（$M \pm s$, $n=20$）

| 项目 | 情绪状态 | | 认知任务 | |
| --- | --- | --- | --- | --- |
| | 愉快 | 悲伤 | 简单 | 复杂 |
| 注视点个数 | 30.8±13.86 | 29.91±14.50 | 28±13.88 | 27.36±13.98 |
| 平均注视时长 | 191.29±86.12 | 174.15±77.30 | 241.89±102.96 | 249.77±150.24 |

（1）不同情绪状态下眼动指标分析

从表 3-7 和表 3-8 中的数据可以看出，不论被试者处于悲伤情绪还是愉快情绪，注视点个数差异很小。使用独立样本 $t$ 检验得知，在愉快和悲伤这两种情绪下，被试者注视点个数的差异检验不显著（$P>0.05$）；在平均注视时长方面，被试者在愉快状态下的平均注视时长长于悲伤状态下的平均注视时长，这个差异在兴趣区 6 达到了显著性水平（$P<0.05$）。

表 3-7 不同情绪状态下注视点个数的独立样本 $t$ 检验结果

| 兴趣区 | 愉快 | | 悲伤 | | $t$ | $P$ |
| --- | --- | --- | --- | --- | --- | --- |
| | $M$ | $s$ | $M$ | $s$ | | |
| 兴趣区 4 | 25.45 | 10.25 | 24.64 | 10.85 | 0.70 | 0.61 |
| 兴趣区 5 | 3.10 | 2.13 | 2.36 | 3.26 | 0.97 | 0.58 |
| 兴趣区 6 | 3.15 | 1.25 | 3.16 | 1.16 | 0.22 | 0.73 |

表3-8  不同情绪状态下平均注视时长的独立样本 t 检验结果

| 兴趣区 | 愉快 | | 悲伤 | | t | P |
| --- | --- | --- | --- | --- | --- | --- |
| | M | s | M | s | | |
| 兴趣区 4 | 194.08 | 60.57 | 177.25 | 37.49 | 0.76 | 0.46 |
| 兴趣区 5 | 131.13 | 92.77 | 69.15 | 78.01 | 0.98 | 0.34 |
| 兴趣区 6 | 82.00 | 71.30 | 180.95 | 130.60 | 2.80 | 0.02 |

（2）不同认知任务下眼动指标分析

从表3-9和表3-10可以看出，无论在简单认知任务情况下还是在复杂认知任务情况下，注视点个数差异较小，而且通过 t 检验得知，在简单和复杂两种认知任务下，被试者注视点个数的差异检验均不显著（$P>0.05$）。在平均注视时长上，复杂任务下的平均注视时长长于简单任务下的平均注视时长，差异在兴趣区3达到了显著性水平（$P<0.05$）。

表3-9  不同认知任务下注视点个数的独立样本 t 检验结果

| 兴趣区 | 简单 | | 复杂 | | t | P |
| --- | --- | --- | --- | --- | --- | --- |
| | M | s | M | s | | |
| 兴趣区 1 | 20.21 | 5.26 | 19.00 | 9.01 | 0.51 | 0.62 |
| 兴趣区 2 | 1.51 | 1.35 | 1.10 | 0.73 | 0.97 | 0.35 |
| 兴趣区 3 | 1.65 | 1.38 | 1.15 | 0.75 | 0.95 | 0.33 |

表3-10  不同认知任务下注视点平均注视时长的独立样本 t 检验结果

| 兴趣区 | 简单 | | 复杂 | | t | P |
| --- | --- | --- | --- | --- | --- | --- |
| | M | s | M | s | | |
| 兴趣区 1 | 215.00 | 57.64 | 215.00 | 71.40 | 0.04 | 0.10 |
| 兴趣区 2 | 208.61 | 56.71 | 209.20 | 57.21 | 0.08 | 0.13 |
| 兴趣区 3 | 216.13 | 63.23 | 220.15 | 80.23 | 2.55 | 0.03 |

2. 热点图和眼动轨迹图分析

图3-5至图3-8分别是愉快情绪下的热点图和眼动轨迹图及悲伤情绪下的热点图和眼动轨迹图。从图中可以看出，当职前幼儿教师处于愉快情绪的状态下，职前学前教师在兴趣区注视时间长，注视幼儿教学活动时的情境图范围较大；当职前幼儿教师处于悲伤情绪状态下，职前学前教师在兴趣区注视时间短，注视幼儿教学活动时的

情境图范围较小。

图 3-5　愉快情绪下的热点

图 3-6　愉快情绪下的眼动轨迹

图 3-7　悲伤情绪下的热点

图 3-8　悲伤情绪下的眼动轨迹

图 3-9 至图 3-12 分别是简单认知任务下的热点图和眼动轨迹图及复杂认知任务下的热点图和眼动轨迹图。从图中可以看出，在难度小的认知任务情况下，职前幼儿教师注视幼儿教学活动时的情境图范围较大，而且在表情特殊的幼儿身上注视的时间长，因为颜色越深越大说明准教师在特殊表情的幼儿脸上注视的时间越长；在难度较

大的认知任务情况下,职前幼儿教师注视幼儿教学活动时的情境图范围小,热点图的形状小、颜色浅,在表情特殊的幼儿身上注视时间短。

图 3-9　简单认知下的热点

图 3-10　简单认知下的眼动轨迹

图 3-11 复杂认知下的热点

图 3-12 复杂认知下的眼动轨迹

## (三) 实验讨论

**1. 不同认知任务下对幼儿教学活动图片的加工**

从上述数据及图 3-9 至图 3-12 可以得出，在不同认知任务下，职前幼儿教师在注视点个数、平均注视时长、热点图和眼动轨迹图的眼动指标差距很小，只是在简单认知任务情况下，职前幼儿教师注视范围较大。职前幼儿教师可以很轻松计算出所给的数学题，而且可以一边计算一边认真地注视着教学活动中的幼儿，对于表情特殊的幼儿注视时间长，甚至也关注到了周围环境的变化。在复杂认知任务下注视范围小，可能职前幼儿教师一心想着计算出答案，对于教学活动中的幼儿关注时间短，而且眼睛盯在某个幼儿身上一直不动，或者只是稍微移动一点，而难以大范围关注其他幼儿，只是将注意力集中在个别幼儿身上。但是无论在什么任务下，职前幼儿教师对于表情特殊的幼儿注视时间长，对于大部分表情相同的或者表情不明显的幼儿关注少。而且对于位置靠前且在中间位置的幼儿关注更多，这应该是因为位置优势，幼儿教师首先看到这些幼儿。这说明，在教学活动中，不仅任务的难易程度影响教师对幼儿的关注程度，幼儿的位置也影响教师对幼儿的关注程度。

### 2. 不同情绪状态下对幼儿教学活动图片的加工

从上述数据和图3-5和图3-8也可以得出，在不同情绪状态下，职前幼儿教师注视点个数、兴趣区注视时长、热点图和眼动轨迹图的眼动指标差距小，但是在兴趣区注视时长方面差距较大。在愉快情绪下，兴趣区注视时间长，职前幼儿教师对于表情好的幼儿关注时间长，而且注视范围广，对于表情严肃的孩子也能注意到。在整个教学活动中，不仅关注到孩子之间的不同，对于周围环境也有所注意。在悲伤情绪下，兴趣区注视时间短，对于表情好的幼儿关注时间短，而对于表情严肃的孩子有所关注。说明情绪对于职前幼儿教师兴趣区注视时长有一定的影响。愉快情绪时，职前幼儿教师对于情绪好的幼儿注视时间长；悲伤情绪时，职前幼儿教师对于情绪不好的幼儿比较关注。但是这并不能说明教师情绪不好的时候，能更多地关注其他幼儿。无论在什么情绪状态下，其实职前幼儿教师关注的更多的是表情比较好的幼儿，因为他们的表情比较吸引人的注意，而且职前幼儿教师关注位置在中间及在前面的幼儿比较多。这也说明，在教学活动中，不仅情绪影响教师对幼儿的关注程度，幼儿的位置也影响教师对幼儿的关注程度。

### 3. 实验中的不足

图3-3和图3-4是取自于中班幼儿教学活动时的情景，图片和实际上课还是有差距的。实际课堂是动态的，课堂变化较大，教师关注的范围也较大，而实验中的图片是静态的，职前幼儿教师在实验中关注表情特殊的幼儿的时间较长，对其他幼儿关注较少。而且教师的个人喜好不同，关注的侧重点也不同，这样也降低了情绪对职前幼儿教师的影响。

### 4. 实验结论

①不同情绪下，对于幼儿教学活动时的图片注视指标有影响。当职前幼儿教师受悲伤情绪影响时，职前幼儿教师关注更多的是表情严肃的幼儿；当受愉快情绪影响时，关注更多的是一些面带笑容的幼儿，注视范围广。虽然幼儿教师情绪好的时候，注视范围要大一些，但是对于个别幼儿的关注少，所以幼儿教师要在教学活动前，控制好自己的情绪，尽量关注每个幼儿。

②不同认知任务下，对于幼儿教学活动时的图片注视的指标不同。简单认知任务下，注视范围较大，兴趣区注视时间长；复杂认知任务下，注视范围小，兴趣区注视时间短。所以幼儿教师教学活动时要合理安排课堂任务，不仅要完成教学任务，也要关注每个幼儿。

### (四) 教育建议

#### 1. 重视情绪觉察

情绪觉察是识别与描述自己和他人的情绪。这种情绪觉察是一种能力，且这种能力可以在具体情绪信息的觉察过程中得以体现。① 情绪觉察是情绪控制的基础，是情绪智力的重要部分，作为幼儿教师应该重视自己的情绪觉察，努力提升自己的情绪觉察能力，及时调整自己的情绪，争取高情绪觉察，这样才能有效地获取信息，同时也有利于提高教学质量。高情绪觉察的幼儿教师能够有效地获取信息，更加广泛地关注每名幼儿；而低情绪觉察的幼儿教师在教学活动中，不能很好地关注幼儿，而是把注意力更多地集中于自身，并且容易受情绪的影响。所以幼儿教师要重视情绪觉察，要及时觉察情绪并有效控制自己的情绪，培养自己的情绪觉察能力。

#### 2. 教师要有效控制自己的情绪

情绪在学前儿童心理活动中起着非常重要的作用，这是学前儿童不同于年长儿童的突出特点。② 学前儿童的行为充满着情绪色彩，其行为基本受制于情绪，所以幼儿教师应该经常关注幼儿的情绪。幼儿教师是幼儿的学习榜样、示范者，如果幼儿教师教学活动时的情绪比较低落，心不在焉，对于幼儿的关注也很少，忽略幼儿的表现，而且幼儿教师的情绪也会影响到幼儿。幼儿教师经常情绪低落，幼儿也会慢慢习染致情绪低落。如果幼儿教师教学活动时心情很愉悦，对幼儿关注范围比较大，对面部表情比较好的幼儿注视时长更久。所以幼儿教师在教学活动前要调整好自己的情绪，保持积极饱满平稳的情绪状态。

幼儿教师应该学会用一些调节情绪的技术。①合理宣泄法：幼儿教师可以通过微信聊天来舒缓自己的情绪，也可以通过微博、写日记等方法宣泄自己的情绪。作为幼儿教师，不仅要克制自己的情绪，也要宣泄自己的情绪。②转移情绪法：当自己情绪状态不佳时，听歌、运动、画画、看书等都是比较好的转移情绪的方法。③自我清醒法：幼儿教师可以学习心理学方面的知识，能够控制自己的情绪，避免喜怒无常。为人之师，要学会控制自己的情绪。优秀教师能够做到把自己的一切忧伤留在教室之外，情绪饱满地走进课堂。这样，才能使幼儿保持良好的情绪状态。③

在日常生活中，幼儿园的幼儿经常对成人的表情特别敏感，他们能够察觉到幼儿教师的面部表情，所以在教室中，幼儿教师要营造良好的情绪氛围，布置有利于放松情绪的环境。幼儿教师也要保持良好的情绪，避免影响幼儿的情绪。成人的情绪示范

---

① 汪海彬. 职前教师情绪觉察的特点及优化 [D]. 上海：上海师范大学, 2013：4.
② 陈帼眉. 学前心理学 [M]. 北京：北京师范大学出版社, 2015：310, 334.
③ 同②。

对孩子情绪的发展十分重要。

### 3. 教师要合理设置活动任务

幼儿的思维处于人类思维发展的低级阶段，具有思维的本质特点——概括性、间接性，但是抽象概括水平很低，还不是典型的人类思维特点。因此，对于学前阶段的幼儿来说，不适合学习太多知识，幼儿教师更多的是通过游戏开发他们的智力，培养他们的兴趣。即使在教学活动中讲一些知识，幼儿教师也要结合幼儿的生活经验，结合幼儿的兴趣进行教学。活动内容的难易程度要设置合理。内容太难，幼儿教师过分专注于教学活动，无法关注幼儿情绪的变化；内容量多，幼儿教师忙于转换活动内容，也会忽视幼儿的情绪变化。

所以幼儿教师在教学活动前要做好充分的准备，根据教学计划进行教学，不要过分地赶超教学进度，否则会适得其反。适当放慢速度，合理安排教学任务强度，积极关注引导，这样会获得意想不到的结果。

## （五）研究不足及展望

本研究主要是职前幼儿教师情绪觉察的眼动研究，利用眼动仪研究职前幼儿教师的情绪觉察，分析相关眼动指标。职前幼儿教师情绪不同对幼儿教学活动时情境图的注视指标不同。在整个过程中秉着严谨的态度进行研究，基本得出了理想的结果。但是实验中难免会有无关变量的干扰，例如，职前幼儿教师在实验过程中有些人头部有些转动；有些职前幼儿教师受到仪器的干扰，不能专心注视幼儿，这也导致了在实验中出现一些无效数据。

在以后的研究中，首先，要花费时间学习，并有效利用眼动仪等先进的仪器设备。其次，设计严谨的实验，尽量控制并减小无关变量的影响，进一步探究影响情绪觉察的因素及幼儿教师情绪觉察还有哪些重要价值，并且提出更加有效可行的教育建议。

# 第四章

# 幼儿教师的价值选择

## 第一节 幼儿教师自我效能感的培养

"自我效能感"是在特定情境下,行为主体对自己是否有能力完成某一任务的心理预期。对自我效能感的研究必须针对某一特定情境领域才有意义,因为不同的情境状况下,所需要的个人能力会有明显的差异性,行为主体的心理预期即自信心也会不同。

本书中涉及的幼儿教师自我效能感指的是,幼儿教师对自己能否攻克保教工作中所遇到的困难或是需要解决的问题的预先判断。这种判断是幼儿教师在充分考虑到自己所掌握的专业知识、专业技能和专业情意,与幼儿园中实际的保育教育工作相契合的程度,因此,它是幼儿教师胜任力和幸福感之间的桥梁。自我效能感不同,但是胜任力基本相同的幼儿教师,在解决和考虑问题时会表现出明显的不同。自我效能感低的人在遇到困难、缓解压力时,常常会怀疑自己的能力,从而畏惧,不敢勇于尝试。实际上,很多时候自我效能感低的人可以通过自己的努力突破难关,获取成功,但就是缺乏走出第一步的勇气和力量,也就造成了其低成功率、高失败率的现状,由此形成恶性循环。但值得肯定的是,自我效能感的高低不是由先天确定的,而是在无数次的实践过程中不断积累逐渐形成的。幼儿教师自身的努力程度、托幼园所同事、幼儿家长及社会的评价,教学工作中的成败经验,都会制约自我效能感的高低。

### 一、幼儿教师自我效能感的表现

#### (一) 不同水平教学效能感的教师在教学行为上的表现

教学效能感水平不同的幼儿教师,其教学行为也会表现出明显的不同。研究发现,具有高教学效能感的幼儿教师,在教学内容的选择上更丰富,教学方式方法更多元。他们较倾向于创新出可供幼儿学习和探索的学习内容,而不单单局限于传统固化的形式。在教学中常常采用民主式教学风格,以幼儿为主体,重视幼儿良好性格和多元兴趣的培养,对于幼儿提出的问题和疑惑能够有效而快速回答,对于园长分配的任务大都可以有效完成,也能够很好的处理与幼儿家长的关系。而低教学效能感的教师则显得一成不变,教学内容保守,教学形式固定,在课堂中的关注点多放在能否顺利完成自己的工作任务,对于幼儿的个体感受、个人经验及兴趣的关注度不高。可以看出，教学水平层次不同，在教学效能感表现上存在着明显的个体差异，直接影响其教学的开创性和有效性。

### （二）不同水平教学效能感的教师在教学监控上的表现

个人教学效能感的水平对教师的教学监控能力水平有显著的预测力（罗晓路，2000），高水平教学效能感的教师对教学过程的监控、对教学动态的评估能力更强；反之，则较弱。不同教学效能感的教师在教学改革创新意愿、能力上存在显著差异：高效能感的教师一般相信自己的应变能力，面对改革实践，总是表现出积极和活跃的态度，并能很好的付诸行动；低效能感的教师则表现出消极和被动的态度。不同教学效能感的教师在教学归因方式上也存在显著差异。将自己教学成功与否归因于外围环境，将失败归因于自身能力不足、努力不够等内部因素，常常是低教学效能感教师的态度倾向；而具有高水平教学效能感的教师对教学的成功更倾向于内部归因，对教学失败倾向于外部归因（张艳霞，2003）。教学效能感与职业紧张水平相关，教学效能感较低的教师会积蓄更多的压力，面对职业压力时更有可能采取消极应对策略（徐富明，2003；艾娟 等，2005）。具有高教学效能感的教师在教育教学的过程中具有很好的监控能力。他们能够对自己的教学结果有一个良好的心理预期，并能为此不断努力以实现预期目标。若是实际情况超出预期时，他们也能够很好地灵活处理。

## 二、影响幼儿教师自我效能感的因素

### （一）学历

随着我国幼儿教育的高速发展，人们对幼儿教师专业知识与能力的要求不断提升，幼儿教师的学历逐渐成为制约其自我效能感的重要因素。高学历和低学历教师在学校接受的培养教育不同，当前一些学校重技能而轻理论的现象仍然比较严重。目前我国很多专科学校仍然将培养专业技能作为主要教学内容，这些教师在讲故事、跳舞、唱歌等方面表现突出，但是相关幼儿发展、教育和保育理论的基础知识很不牢固，职业信念也相对薄弱，这就致使他们在进入幼儿园工作的过程中，专业知识相对匮乏，不能很好地适应自己的工作。幼儿教育是一项长期效益的工程，低学历幼儿教师见到自己的教学效果并不明显时，就会怀疑自己职前所接受的教育，降低自己的自信心。相对而言，高学历幼儿教师有着比较全面清晰的职业认识，容易形成较高的职业认同感，确信通过自己的努力可以在本领域有所成就。高学历幼儿教师综合素质普遍比低学历的幼儿教师更强，接受幼儿园不同任务的能力更强，自我效能感更高。在幼儿园的实践工作越长，高学历与低学历幼儿教师的成长速度差异越明显。

### （二）成功经验

班杜拉认为，教学效能感作为个体对自己与环境之间发生相互作用的效能的主观判断，依托于个体往复的直接经验。这些经验是个体获取教学效能感很重要的途径，也是验证已有教学效能感的有效方式。高频次的失败会降低个体的教学效能感，尤其是在尚未建立牢固效能感之前，多次失败易使教师归因于自身能力，从而无法拥有较高的教学效能感。新入职的年轻教师，处于职业生涯的前适应阶段。首先，他们将在一个全新的环境工作，完成从学生到教师的角色转换，需要投入较大的精力来调试自己与之相关的各方面复杂人际关系，很难全身心地将全部精力投入到教育教学中。其次，他们将学校学到的专业技能、理论知识应用到实际的幼儿园现场时，由于缺乏实战经验等因素，难免会产生排异反应，常常让他们有"我已经很努力了，为什么园长还是不满意，是不是刻意针对我？为什么家长不能理解我？为什么孩子这么不听话"等疑问，结论是往往把这些问题的原因归结到自己身上，形成对自己的否定，产生一种挫败感和无力感。最后，新入职幼儿教师工作之初往往面临种种考验，一般园所领导也会对他们提出较高的要求或是报以较高期望，与经验丰富的幼儿教师相比，其成功的愉悦感自然较少。一般幼儿园的中青年教师教学效能感较高，因为他们已经对自己的工作环境、教育教学能力有了明确的认识，也获得了比较丰富的经验。

### （三）幼儿教师家庭状况

幼儿教师婚姻状况会通过影响他们的工作态度继而对教学效能感产生影响。幼儿园新教师正处于努力工作并逐渐进入家庭角色的时期，这一阶段他们往往对工作表现出极大的热情，未生育子女使他们有更多的精力参与园内的活动。一些幼儿教师勇于从失败中接受教训，愿意去尝试新的教学方法。但是工作10年以上教龄的幼儿教师则表现出明显的职业倦怠倾向，工作热情大不如前。其中，家庭是一个很重要的原因。这一阶段的教师家庭任务开始繁重，工作与家庭的责任分担使他们出现了较为明显的矛盾。这一阶段的幼儿教师的共同特征是孩子基本进入小学，处于夫妻关系维护的关键期，家庭关系的处理占据了他们很大精力。在幼儿园，他们基本已经成为幼儿园的骨干力量，教学和科研压力大，家长、园长对他们的期望比以前更高。他们没了刚入职时的小心谨慎，工作起来却要比以前更认真与精益求精。但是很多时候他们会感到精力有限，力不从心。如果不能很好地协调这两个方面的关系则很容易陷入职业倦怠。

对于45岁以上的教师，他们开始慢慢对工作产生了疲惫感。一方面，重复性的工作散耗掉了他们的热情；另一方面，自己的子女处在小学升中学或高中升大学的关键期，家庭的重担始终压着他们。因此很多教师有得过且过的心理，对工作没有什么更高的要求，缺乏动力，对教学成败的关注度也比较低。

## 三、提升幼儿教师自我效能感的对策

### （一）教师自身方面

**1. 教师需要形成积极的归因风格**

幼儿教师自我效能感是其对自身是否具备完成某项工作的心理预期，很大程度上也体现了教师对自身能否顺利完成某项工作任务的信念。拥有较强信念的幼儿教师坚信自己能够胜任工作，因此对待工作的热情相对于低信念的教师来说更高，自我效能感也随之得到提升。因此，教师自我效能感的提升必须从教师自身入手，使教师形成积极稳定的归因风格。罗伯特的内外控制理论观点认为，教师的教学归因与他们的教学效能感之间存在着必然的联系。外部归因类型的教师常常将自己教学上的成功归结于运气，认为自己的成功有偶然的因素。这种归因模式使他们中的大多数比较庆幸于一次的成功，对于下次成功则不报更大的希望。与之相反的是内部归因型教师，他们将自己在教学上的成功多归因于自己的能力，而将失败归结为是自己的努力程度不够，若继续努力会取得更好的效果，对再次成功抱有很大信心。归因风格作为幼儿教师对已完成教学活动结果的总结评判，直接反映其对于事物结果的认识，更决定他们的情绪体验。有些体验能够促使幼儿教师对自己充满信心，相信通过努力可以做好，有些体验则认为运气占有很大成分，下次能否成功是未知数，不同的情绪体验直接体现教师效能感的水平。

所以，幼儿教师应该掌握正确的归因模式，认识到教育教学获得成功并非偶然因素所致，是自己努力的结果。随着教学实践经验的不断丰富，这种成功经验会越积越多，自身能力也会不断增强。在日常工作中，偶尔的失败或者工作不如意很正常，幼儿教师要学会悦纳自己身上的不足，给自己更多成长空间。同时也应清醒地认识到不足可以用努力去弥补，切不可原地踏步。如果幼儿教师学会正确归因，就可以增强自己对完成工作的自信心，并且能够时刻督促自己完成教学任务，以此来增强自己的教学效能感。

**2. 合理安排时间，提高工作效率**

幼儿教师的工作烦琐，每天都处在忙碌之中，很多幼儿教师将工作带回家中，常常出现工作和生活界限模糊的状态。这种情况也给幼儿教师心理造成了极大的困扰，在感到身心疲惫的同时，往往质疑自己的工作能力，觉得是自己并不能很好地处理工作与生活的关系。

作为幼儿教师，一定要明确自己的目标，对自己的职业发展制定一个合理的规划。凡事预则立，不预则废。只有计划明细了，目标才易达到，工作也会更有方向。这样就避免了盲目工作，能够将时间合理地利用起来，工作也会更有效率，这是幼儿教师良好自我效能的重要来源。具体来说，幼儿教师要制定一个从远到近的详细具体规划。可以具体细化到每一天，这样工作起来就会有条不紊，避免忙乱且没有效率的情况出现。这一规划就如同备忘录一样时刻提醒着自己，也能帮自己理清工作思路，每天都有事可做，会觉得工作踏实，生活充实，能够体验到自己在教育教学中的独特价值。一般托幼园所都要求幼儿教师做职业工作规划，要求幼儿教师安排自己的作息时间，但是很多幼儿教师的计划过于空洞，操作性不强。这需要幼儿教师自身和托幼园所共同努力，合理计划，恰当安排，最大限度地实现教育教学的有效化，提升幼儿教师教学效能感。

## (二) 幼儿园方面

### 1. 加强对幼儿教师的培训

幼儿教师专业能力的高低会直接影响其自我效能感。对刚入园的新任幼儿教师来说，帮助他们提高专业能力才能从根本上帮助其树立职业自信。大多数幼儿教师在入职前已经掌握了较为丰富的专业知识，但对于如何将这些知识与实际相结合还处于探索阶段，教育教学的灵活性不足，处理各种事情的能力弱。因此，幼儿园要通过多种方式，帮助这些实践经验不足的幼儿教师提高解决现实问题的能力。幼儿园工作具有灵活性和复杂性的特点，对幼儿教师的能力要求多且高。比如，要求幼儿教师有与家长沟通的能力，有创设幼儿园各种环境的能力，有教育活动设计的能力，有与幼儿交往的能力，有自主学习的能力等。但是对于新任幼儿教师来说，他们刚刚踏入这个行业，以前认为与讲桌距离只有一尺，而当他们真正成为教师的时候却发现这些可能需要一辈子去领悟。这种强烈的反差和现实压力让他们常常显得手足无措，这些问题如果不能得到及时有效的解决，就会削弱他们的专业动机，降低职业热情与自信，从而影响他们的教学效能感。

第一，采取"老带新"的形式，培养新教师。现在很多幼儿园都会采取"老带新"的方式，即让一个教育教学经验丰富的老教师，带领一个刚入职的新教师。这种配班模式可以给新教师更多的学习机会，并且对于自己不懂的问题可以及时请教，能够帮助他们少走弯路，尽快适应自己的职业角色，更好地投入教学工作。作为新任幼儿教师需调整好心态，虚心求教。老教师也应该认真负责，帮助新任幼儿教师尽快成长。幼儿园可以建立起明确的制度，明晰这种导师制的职权，对这种一对一的结对模式给予监督与评估，真正使这种制度对提高新教师教育技能技巧发挥作用。同时也可以采取定期观摩、同事相互评课等方式客观评价新幼儿教师取得的进步，及时肯定他们的成长与成绩。作为幼儿园的管理者，还应当定期组织谈心会，及时了解新教师在现实教学中遇到的困惑，利用集体的力量为他们答疑解惑。这也为幼儿教师之间交流搭建了一个良好的平台，发挥幼儿教师之间的榜样力量。一方面，他们能够领会全新环境中每个人都有可能遇到各种困难，这是常态，应能够调整好心态；另一方面，通过学习老教师成长故事及专业技巧特点，以这种替代性经验增强自己的自信，坚信自己也有能力解决类似问题，因此教学效能感会自然提高。

第二，为新教师提供专业成长的舞台。作为新教师，他们很愿意虚心像老教师学习，不断提升自己，更渴望幼儿园能够提供合适的平台，让他们有机会展示自己的各项才能，发挥自身的价值，从而得到别人的认可，获得成就感。所以，幼儿园要为新入职教师搭建一个能够让他们充分展示自我的平台，让每个人都能发挥自己的专业特长，在自己擅长的领域获得积极的情绪体验，从而增强自信心，成功的情绪体验有助于幼儿教师教学效能的获得。除此之外，新入职幼儿教师与家长沟通也常出问题，大部分家长对新教师报有"观察"的思想，高期待、严要求同时夹杂着不信任成分，这成了新教师与家长之间难以逾越的鸿沟。幼儿园应当主动承担起"修路架桥"的职责，积极宣传新教师的特长与风采，让他们尽快获得家长的信任与认可。例如，通过开展"新教师专业能力"大赛，利用网络、新教师橱窗展等多种形式，使幼儿园其他员工及家长能够了解新教师的工作能力，提升新教师的职业幸福感，减轻工作压力，进而提高新教师教学效能感。

### 2. 给予成熟型教师学习与表现的机会

相对于新教师来说，成熟型教师教育教学经验丰富。应该注意的是，虽然 10 年以上教龄的成熟型教师教学能力开始趋于稳定，并且很大程度上他们的教学效能感要明显高于年轻教师，但是如果不对他们进行合理的引导，就会出现只有效能感没有实际功效感的状况。所以说，这一时期是幼儿教师专业成长的危机期。这一阶段过渡得不好，容易出现工作热情衰退，教学创新意愿与创新能力降低，最容易出现职业倦怠。因此，幼儿园要帮助成熟型教师保持工作的热情。例如，给他们提供更高层次的学习机会，让他们有直接与领域专家面对面的机会，通过专家理论分享可以让成熟型教师意识到，依旧有很多新知识、新理论是他们不熟悉的，使他们重新反思自己身上的不足，唤起对于学习的热情。幼儿园可以鼓励成熟型教师尝试运用新的教学方法，帮助其掌握多媒体技术。有条件的幼儿园可以让一些成熟型教师去蒙台梭利、奥尔夫音乐等专业的教育机构接受培训，使他们能够教有专长，在为本园培养专业人才的同时，也为他们克服职业倦怠向新的职业模式转换提供保障。外出学习拓展了幼儿教师的视野，重新创造了幼儿教师的升值空间，提升了教学效能感，同时也可以让他们作为教研、科研的带头人，把自己在一线工作的丰厚经验分享给年轻幼儿教师，在带领新教师的过程中树立更高层次的自信。给成熟型教师提供更多的高水平学习机会，让他们充分发挥自己的行业价值，不但能够维持其该阶段本该具有的教学效能感，也能不断提高其教学有效性，更好地促进其专业发展，顺利渡过职业上的瓶颈期。

### 3. 幼儿园需要建立发展性评价机制

良好的评价体系有助于幼儿教师教学效能感的提升，通过评价可以使幼儿教师的付出得到认可，通过评比能促使幼儿教师间不断成长，达到专业上的共同进步。反之，若是幼儿园评价体系不完备，就会造成幼儿教师的劳动成果不能得到认可或是得到不公正的评价，消退他们工作的积极性，挫败其自信心，降低教学效能感。在访谈中，很多年轻的幼儿教师有"明明我比她还努力，但是大家却看不到，评比的时候那些做得少、能力差的反倒跟我的区别不大，那我还努力干什么？"这类想法。可以看出，幼儿园评价体系并没有发挥其甄选、监督、促进的作用，反倒是成为制造不公平的根源。幼儿教师所感知到的评价体系越公平时，就会认为自己的工作得到了大家的认可，就会更加热爱自己所从事的职业，从而表现出更高的责任感，积极投身于幼教行业，产生更加强烈的工作动机。

发展性评价是在全面收集信息的基础上，对被评价者的活动进行价值判断，最终实现评价者与被评价者共同发展的评价模式。这种模式现今被广泛应用于学前教育领域。发展性评价不仅注重被评价者的全面发展，也注重个体间的独特差异，走出了以前评价模式僵化的弊端。这种模式在充分考虑每个个体独特性的基础上，对被评价者，即幼儿教师的教育过程进行全面系统的关注，从以前总结性评价转向了教育过程中的评价。这种评价的最终目的不是将幼儿教师按照评分区分等级，而是为了促进他们更好的发展。幼儿教师对自身能力的认识容易受到他人外部评价的影响。如果幼儿教师在工作中获得成功，工作成果得到家长、同事、幼儿等各方面的肯定，那么他的自我效能感就会随之得到强化。反之，如果他的工作得不到大家的认可，便会很快失去工作动力，并且害怕因为尝试带来的不好结果。据此，以发展性评价为依托，要充分肯定幼儿教师在工作中所做出的成绩，在及时表扬的同时提出进一步提高的方案。对幼儿教师的评价要将关注点集中在他们都做了些什么，并为之做出了哪些努力，削弱结果评价的分量，重视评价过程。

此外，利用发展性评价体系对幼儿教师进行评价时要注意考虑到幼儿教师间的个体差异，评价标准要根据被评价者个体的实际情况进行灵活调整，切记用统一的评价尺度来衡量全体幼儿教师的工作情况。对于刚入职的新教师，在评价时要注意保护他们的自信心，需要进行比较时可以与同样入职年限的幼儿教师对比，要多看到他们的优点及日后的成长空间。除了他人的外部评价之外，幼儿教师自评也有重要的作用。自我评价是幼儿教师对于自我工作进行反思后的认识，体现幼儿教师对工作结果的满意度。自我评价较高的幼儿教师，对教学能力也会充满信心。因此，能够全面并且以积极的心态评价自己工作的幼儿教师，能客观地看待自己的优势与不足，会通过自己的不断努力取得进步。

**4. 幼儿园应创设一个宽松的工作环境，缓解教师的工作压力**

宽松的工作环境是影响幼儿教师教学效能的重要因素。宽松的工作环境包括两个方面：一个是物质环境；另一个是精神环境。物质环境包括能够满足幼儿教师教育教学需要的硬件设施，如能够为幼儿教师提供有关幼儿身心发展、课程设置、幼儿保育教育等方面的书籍刊物，能够给幼儿教师配备备课、休息的房间，建立网络资源共享平台，购买与幼教领域有关的付费网络资源等。这样既能满足幼儿教师学习的需要，促进专业知识的提升，也能够缓解他们的精神压力。精神环境主要包括托幼园所的人际关系。管理者如果能够爱才、惜才、合理用才，就能提升幼儿教师对于专业的认同感，增加其职业幸福感，成为促进其努力工作的强大动力。在与同事交往的过程中，互助和谐的同事关系也会对幼儿教师教学效能产生影响。主要表现在同事间能够放平心态，本着相互学习的宗旨，相互发现他人身上的优点，客观看待自己身上的不足，不断提升自己的教学技巧，交流教学经验，解决教学中的困惑，以此来提高教学水平。同事的互助不但能够帮助新教师尽快的适应新环境，也能减轻部分幼儿教师的职业倦怠。宽松氛围下更有助于幼儿教师不断地完善自己，以良好的心态面对自己的工作，精益求精，提升教学效能感。

## （三）社会方面

合理的幼儿教师流动有利于引进新鲜血液，优化幼儿园人力资源。近年来，民办园所管理缺失、教师工作负担过重、精神压力大、福利待遇低、合法权益得不到保障等因素造成幼儿教师流动频繁。诸多研究发现，幼儿教师的流失率极高，很多幼儿教师工作不久就选择跳槽转行。究其原因是因为幼儿教师社会地位低，人们对幼儿教师就是"看孩子"的想法没有从根本上得到改观，幼儿教师的职业没有得到充分尊重，尤其是一些男性教师更不愿意加入幼教行业。加之幼儿教师福利待遇低，很多刚毕业的年轻教师将这一工作当作踏板，并不是真心想在这个行业一直干下去，所以一旦有更好的目标就会选择新的就业机会。第一，自己的劳动所得得不到物质性的回报。第二，得不到精神性的鼓励，导致他们工作积极性越来越低。甚至一些幼儿园给教师的工资没有达到最低工资标准，就更不要说幼儿教师的教学效能了。这一现象在民办园中更加普遍，也是导致民办园幼儿教师个人教学效能感低于公办园的原因。因此，幼儿教师福利待遇的提高不但能够吸引更多的优秀人才加入幼教行业，而且能够稳定教师队伍，有助于从整体上提高幼儿教师教学效能，对于我国学前教育事业的发展具有长远的影响。社会经济地位不能直接反映一个人的存在价值，但是却体现着一个人的劳动成果被社会认可的程度。这种社会认可有利于幼儿教师重新审视自己的职业价值，增强对本行业的认同感和自信心，为提高自身教学效能奠定基础。

## 第二节 幼儿教师职业幸福感的提升

幼儿教师职业幸福感是幼儿教师对自身职业的内心体验，是其对自身职业价值的认同感。幼儿教师职业幸福感影响幼儿教师的工作质量，直接对幼儿身心发展造成影响。新教师构成了幼儿园的新鲜血液，在幼儿园中具有重要价值。新教师在幼儿园的职业幸福感是一个值得探讨的问题，下面将主要围绕影响幼儿教师职业幸福感的几个维度展开研究，主要运用了问卷调查法对某市某幼儿园新教师进行调查，根据问卷的结果分析幼儿园教师职业幸福感现状，剖析影响幼儿园教师职业幸福感的影响因素，并针对此问题提出一些相关解决对策。

## 一、引言

随着生活水平的不断提高，人们越来越追求精神上的满足，"幸福"越来越成为人们追求的目标。幸福来源于主观体验，当一个人找到人之为人的目的，践行这一行为时带来的愉悦，就是幸福感。教师作为一项职业，幸福感的获得来自于教学工作中被需要，潜能得到发挥，自我价值得到实现，这种快乐体验激励着教师不断努力，追求更高层次的自己。

教师是塑造人类灵魂的工程师，幼儿教师对幼儿的影响至关重要。幼儿教师的职业幸福感直接影响幼儿的身心发展。如今，新教师在幼儿园发挥的作用越来越重要，因此本研究主要以幼儿园的新教师为研究对象，对幼儿园新教师职业幸福感影响因素进行剖析，提出有效的解决策略。

### （一）研究缘起

幼儿教师职业幸福感直接关系到幼儿的身心健康发展，影响幼儿教师教学质量。本研究的主要目的是通过调查某市某幼儿园新教师的职业幸福感，了解影响幼儿教师职业幸福感的因素，探索有关提高幼儿教师职业幸福感的建议措施。

### （二）研究意义

第一，通过对某市幼儿教师职业幸福感的调查，不仅能够让幼儿教师心理的压力得到倾诉和释放，给他们一个表达自己的机会，而且还能够让幼儿教师发现自己的不足，及时改进，提升自己的职业幸福感。同时，本研究能够丰富幼儿教师职业幸福感的相关理论，研究结果可为其他园所幼儿教师职业幸福感提升提供借鉴。

## （三）概念界定

### 1. 幼儿园新教师

有人将幼儿园新教师界定为进入工作岗位不久，已完成了所有职前训练教育课程，包括学生阶段的教学实习，并取得国家规定的教师资格，受雇于某个幼儿园并且负有的责任常与那些较有经验的教师所必须负有的责任在种类和程度上是相同的，而自身却没有达到成熟的、专家水平的教师群体。这个定义相对来说比较全面，但对于工作期限界定有些模糊。为了研究的方便，并尽量凸现新教师在职业适应上的一些问题，本研究所选取样本是工作年限为从教1~3年的幼儿园新教师[1]。

### 2. 职业幸福感

职业幸福感是指基于自身的满足感与安全感而产生的一系列欣喜与愉悦的情绪。根据束从敏对职业幸福感的界定，职业幸福感是主体在从事某一职业时基于需要得到满足、潜能得到发挥、力量得以增长所获得的持续快乐体验[2]。

## （四）幼儿教师职业幸福感维度

关于幼儿教师职业幸福感维度有诸多划分。Joan E. van Horn 提出了一个五维模型：情感维度、职业维度、社会维度、认知维度和身心健康维度。束从敏认为，择业动机、同事关系、教师地位及获得幸福的原因应该是幼儿教师幸福感的维度。本研究主要在借鉴褚建红的8个维度基础上，结合多次幼儿园的实践观察，将幼儿园新教师的职业幸福感分为6个维度：职业认知、社会地位、工作态度、园所环境、薪资待遇、从业动机。

### 1. 职业认知

职业认知是对自己职业的认识，对幼儿和团体的认识。

### 2. 社会地位

社会地位是指在职业体系中所处的位置，包含专业地位、经济地位、职业声望等。

### 3. 工作态度

工作态度是对工作所持有的评价与行为倾向，包括工作的认真度、责任感、努力

---

[1] 段健华. 主观幸福感研究概述[J]. 心理学动态，1996（4）：46.
[2] 束从敏. 幼儿教师职业幸福感研究[D]. 南京：南京师范大学，2003：9.

程度等，是幼儿教师对待幼儿教育工作时所持有的评价和行为倾向。心理学专家郝滨曾说，对一份工作的主观评价，在很大程度上决定了工作态度和工作效率，而工作态度和工作满意度就形成职业幸福感。

#### 4. 园所环境

园所环境是指幼儿园的物质环境和精神环境。精神环境要宽松、和谐、融洽、和谐、没有压力。物质环境是具有现代化的硬件设施，能够为孩子提供学习、生活、娱乐等各种活动的场所。

#### 5. 薪资待遇

薪资待遇是教师在该幼儿园获得的工资和奖金福利及对教师的重视程度等。

#### 6. 从业动机

从业动机是指最初从事幼儿教育工作的心理倾向。

此6个维度构成该幼儿园的新教师职业幸福感。[①]

### （五）研究对象和方法

#### 1. 研究对象

本研究选取某市某幼儿园为调查点。该幼儿园共有幼儿教师42名，其中教龄在1~3年的新教师有10名，均为女性。本研究选取了6名幼儿教师进行深度访谈和观察，通过分析该幼儿园新教师职业幸福感的影响因素，提出一些改进措施。

#### 2. 研究方法

本研究主要采用访谈法和观察法，根据对调查点6名新教师的观察，了解幼儿园新教师职业幸福感的基本状况，对该幼儿园教师薪资待遇、社会地位、园所环境、工作态度、职业认知、从业动机6个方面分别设置访谈提纲，并选定合适的对象进行施测。通过分析该幼儿园新教师的访谈记录，探讨该幼儿园新教师的职业幸福感的影响因素，提出相应的解决对策。

## 二、影响幼儿园新教师职业幸福感的因素

通过调查发现，影响幼儿园新教师职业幸福感的因素主要有以下几个方面。

### （一）薪资待遇

职业幸福感作为一种精神上的体验，必须有物质保障作为前提。薪资待遇是影响幼儿园新教师职业幸福感非常重要的因素。

---

[①] 马斯洛. 马斯洛心理学 [M]. 上海：上海译文出版社，2011：132-133.

我们工资很低，刚来时每个月的工资才1400元，感到非常不满。现在每个月的工资是1500元。但我在这干了3年了，每满1年工资涨50元，还要在外面租房子，不过我主要是来这儿锻炼的，再过一两年考编或者去大城市工作。现在工作很难找，只能将就。要是工资高，我们当然开心了，干劲儿肯定也足，现在感觉没什么意思。有时候我会把一部分精力放在微店上，还能赚更多的收益，但把刚工作时的职业理想都丢了。

——来自教师A的访谈记录

依上述访谈可见，该幼儿园新教师对于薪资待遇不满意。物质满足是精神满足的基础，经济基础决定上层建筑。马斯洛的需求层次理论告诉我们，只有缺失性需要得到满足之后，才可能去实现成长性需要，当基本的物质条件得到满足后精神才能得到满足。幼儿教师的缺失性需要没有得到满足，没有办法更深一步实现幼儿教师的幸福感。如今社会发展进程加快，消费水平越来越高，但幼儿教师的薪资待遇偏低，会影响其生活质量。经济压力使得幼儿教师无法全身心地投入到工作中，长此以往容易形成焦虑，从而想要放弃幼儿教师这个职业，对本专业的职业认同也被削弱，大大降低幼儿教师的职业幸福感。

## （二）社会地位

在整个职业体系中，幼儿教师的社会地位偏低。受传统思想观念的影响，人们对幼儿教师的职业特征始终缺乏正确定位，很多人认为幼儿教师是什么人都能胜任的工作，与"保姆""哄孩子的"没什么本质区别，并不认同幼儿教师的专业性。在幼儿园有时仍然能够听到"宝宝，快跟阿姨再见"这样的话语，实际上这是对幼儿教师的形象、不高的社会地位的直接体现，极易导致家长、社会人员对幼儿教师工作的不尊重，很难形成对自身工作的高度认可，会挫伤幼儿教师的积极性，降低幼儿教师的职业幸福感。

## （三）园长管理和园所环境

从某种意义上来说，园长管理归属于园所环境，而幼儿园环境一般包含物质环境和精神环境。物质环境一般指对教育产生影响的一切物的关系的总和；园长管理是幼儿园的软环境，一般提倡以人为本的管理理念，强化教师主人翁态度。园所的内外环境和园长的管理理念都是影响幼儿教师职业幸福感的重要因素。

### 1. 园所环境

我们幼儿园是一级幼儿园，硬件环境在这个地区还算可以，而且幼儿园给孩子提供的伙食水平在整个市来说，算得上数一数二的，并且价格很便宜。很多家长都希望把幼儿送来，我们也很有面子。幼儿园经常举行一些教师技能比赛，给的奖品比较丰厚，奖励评比也很民主，可以让我们得到一个比较好的锻炼机会。幼儿园环境还可以，比一般的公办幼儿园室内外活动空间大得多。但是幼儿园不经常给我们提供外出学习的机会，一般很少进行培训。

——来自教师B的访谈记录

对我们教师来说，我觉得应为午休不回家的教师配间休息室。另外，最好有间办公室，能上网查阅资料，有些教具不用自己做。当然这都是理想的状态，毕竟资源有限。

——来自教师 C 的访谈记录

第一，根据调查，研究认为幼儿园物质环境有很大的改善空间。例如，幼儿园的墙面设计更换时间间隔过长，无法在感知觉上给予幼儿和幼儿教师新颖的感官刺激，长期视觉疲劳，容易造成美感下降，幸福感降低。另外，宽敞安静的幼儿教师休息室、充满学术氛围的阅览室、先进的教学设备、丰富的教育辅助教具，是幼儿教师们渴望的优质幼儿园环境。

第二，根据对 6 位年轻幼儿教师的访谈来看，幼儿园几乎没有外出学习培训的机会，教师的职业素养不能与时俱进，缺乏成长空间。大部分年轻教师是大、中专学历，原有理论水平有限，工作中遇到一些难题往往力不从心，极易导致职业成就感偏低，相应也会影响其职业幸福感。

### 2. 园长的管理理念

第一，园长作为一所幼儿园的带头人，其教育理念很大程度上会影响幼儿教师的职业幸福感。园长拥有先进的教育理念，能够正确带领幼儿园向着一个好的方向发展时，幼儿教师才能充满极大的工作热情及处于饱满的精神状态之中。科学、民主、创新的管理思想，利于幼儿教师发挥自身的主观能动性，提升幼儿教师的专业自觉，所以园长的管理理念是幼儿园走向的风向标。

第二，物化的评价管理标准也影响幼儿教师的职业幸福感。传统的教师管理体制一般比较关注个体为集体付出的量化指标，因此，在日常的工作管理中，园所领导会不自觉地设置诸多"合理"的工作，以备观看幼儿教师完成情况，评价教师优劣，但这种做法在增加幼儿教师工作量的同时，往往容易忽视幼儿教师的内在成长需求。调研表明，年轻幼儿教师认为幼儿教育工作压力大，不仅要进行教学活动还要照顾幼儿饮食起居，此外还有各种工作，如准备教学活动材料、各种教育笔记和听课心得，关注幼儿教师内在需求的很少。通过访谈了解到，幼儿教师期望幼儿园在活动评价比较民主公正的同时，更加关注幼儿教师的内在需求、自主努力程度等。

### （四）职业认知

职业幸福感作为一种情感体验在很大程度上取决于自己的内心状态。幼儿教师对自己的职业认同感，对幼儿的热爱、工作态度和自身的从业动机等起着主要影响。

我很热爱幼儿教师这份工作，将来的幼儿数量越来越多，幼儿教育工作对未来和社会发展非常有价值，而且就业前景会越来越好。幼儿园没有什么升学的压力，我还是蛮喜欢这份工作的。我们一般只在开学的那个月特别忙，其他时候都还好，和孩子们在一起我感到很开心。虽然有时候白天照顾孩子们会有一些累，但总体还是感觉挺幸福的。

——来自教师 E 的访谈记录

当一名幼儿教师真的太累了。我们每天要跟着幼儿跑来跑去的，眼睛时刻要盯着孩子，担心他们有什么突发情况。我其实对幼儿教师这个工作不是很满意，主要是为了找到一个工作才做了幼儿教师，现在的工作太难找了。我们要照顾37名幼儿，当然不可能面面俱到，但是家长们不是很理解，感觉一点人生意义都没有。

——来自教师C的访谈记录

从以上的访谈来看，该幼儿园年轻教师的职业认同感有两种。一种很认同自己的职业，对自己的职业充满了快乐和积极的态度，而且也觉得自己过得很充实，幸福感足；另一种并不认同自己的职业，不喜欢自己的职业，对自己职业的情绪是一种不快乐、消极的体验，认为幼儿教师得不到家长理解，工作累，社会地位低下。乐业才能敬业，才能爱业，没有良好的职业认同，就缺乏从事职业的幸福感。当幼儿教师认识到自己的工作价值时，就会主动对教育注入无尽的爱。爱是一种巨大的力量，能把十分辛苦的工作当成乐趣去做，这样才能享受职业所带来的幸福感。

### （五）工作态度

对工作的态度影响幼儿教师的职业幸福感，对工作认真负责更容易取得成就感，从而在工作中产生幸福的体验。

虽然工作很累，但是对工作很有原则；虽然不是很喜欢幼儿教师这个职业，但一码归一码，工作还是要做好了。

——来自教师D的访谈记录

每天的工作都一样，其实只要根据幼儿园安排好的计划实行就行了。工作虽然累，但是需要自己创新的东西不多，每天把自己该做的工作做好就行了。比如，8点上班，但是我们一般7点半就需要在幼儿园，要照顾幼儿园的幼儿吃早餐、收拾餐具。幼儿年龄小，我们要负责一些，要把工作做好。

——来自教师B的访谈记录

每天一上班就有做不完的事，接待幼儿、教学活动、间餐、教学活动、午餐、午睡，期间各种打扫卫生，处理幼儿之间的矛盾。总之，每天忙碌重复性的工作，我觉得自己像个机器，很没意思。再者，我不喜欢上级来检查，真的好烦，一来检查就要做好多工作。反正一堆琐事感觉工作真的又累又无聊。

——来自教师C的访谈记录

访谈中，经常听到"单调、无聊、烦"等字眼，这些状态来自于幼儿安全、工作重复、家长理解等多方面。很多幼儿教师敷衍工作，完成主要任务就行。幼儿教师无法从工作中体验到成就感，职业幸福感受到影响。

### （六）从业动机

从业动机是个体选择幼儿教师这个职业的原因和理由，一般从两个角度进行考量：其一，为什么从事这份职业；其二，至今为止还从事本职业的原因。从业动机也是影响幼儿教师职业幸福感的一个重要因素，从业动机不同，职业幸福感往往不同。

选择这个职业是因为本专业的原因，不想放弃，而且也很喜欢这个职业。因为学习成绩不好没考上高中，觉得幼儿教师找工作特别好找，于是就学了幼儿教师这个专业。觉得幼儿教育有前途，所以就选择了这个职业。幼儿教师的竞争压力相对于中学教师压力小，幼儿没有升学压力。

——来自教师 E 的访谈记录

高考后选这个专业，是因为父母觉得好就业，自己也挺喜欢小孩子的。学了3年，喜欢上这个专业了，毕业后顺理成章就来幼儿园工作了。因为工资低，责任大，我也无数次的动摇过，但每当看到孩子的笑脸，就不忍离开。我其实内心里想放弃，但又不舍，工作久了，对这个专业有感情了。

——来自教师 A 的访谈记录

研究发现，很多幼儿教师选择进入幼儿教育这个行业，最初都是源自于外部引导，随着从业和学习的熏陶，幼儿教师开始发自内心喜欢这个职业，并能克服诸多不如意，继续在岗位上努力奉献。内驱力最能点燃人的热情和智慧，从事喜欢的职业，往往工作体验也是积极的，这种情况下容易使幼儿教师产生幸福感。但是也不能忽视，一些外在的不良因素正在侵蚀幼儿教师的初心。努力为幼儿教师提供宽松的环境、良好的薪资报酬，使幼儿教师不忘初心，砥砺前行。同时，迫于外在压力而从事本专业，职业幸福感一般不会很高。

## 三、提升幼儿园新教师职业幸福感的建议

根据该幼儿园新教师的职业幸福感现状和影响因素分析，可以从以下几个方面采取相关措施提升幼儿教师的职业幸福感。

### （一）国家政府要出台相关政策

#### 1. 提高幼儿教师的薪资待遇

《教师法》规定，教师的平均工资水平应当不低于或者高于国家公务员的平均工资水平，并逐步提高。建立正常晋级增薪制度。具体办法由国务院规定。从经济学付出和回报角度出发，给予幼儿教师适当的薪资待遇是其工作付出的必然。教育管理者应该出台相关政策，提高幼儿教师工资待遇福利，满足幼儿教师合理的经济要求，给予幼儿教师心理上的安全保障，使他们全身心地投入到工作中去。

#### 2. 加强宣传力度，改善社会对幼儿教师的看法

幼儿园教育是基础教育的启蒙阶段，是小学、中学乃至大学学习教育的重要基础，就像建造一所房子，根基牢固了才好往上盖楼层。以往，家长及社会倾向于将幼儿教师视成"保姆""孩子王"，这种错误的教育观念严重挫伤了幼儿教师工作的积极性，因此，应该加强社会舆论宣传力度，提升幼儿教师的社会认可度，逐渐转变家

长和社会人士的观念，树立正确的教师观。这些积极的肯定有利于幼儿教师形成职业自豪感，从而提升职业幸福感。

## （二）幼儿园要提升管理理念

幼儿教师是幼儿园教育的主力军，是开展各项工作的重要主体。幼儿园要给予幼儿教师更多关怀，在工作上尽量提供帮助，建立相对人性化的管理制度，采用以人为本的先进管理理念。

### 1. 创设宽松和谐、民主自由的幼儿园人文环境

首先，幼儿园应该建立一个宽松和谐的人文环境，营造一种积极向上的氛围，尽量满足幼儿教师的合理需求，听取幼儿教师的意见，了解幼儿教师的想法，能够让幼儿教师轻松愉快地投入工作。对幼儿教师的努力和优点给予嘉奖和肯定，对幼儿教师的工作给予认可，激励幼儿教师提高工作热情，能够让他们全身心地投入工作，在工作中感受到幸福。

其次，幼儿园应开展丰富的教师教育活动，丰富幼儿教师的业余文化生活，加强幼儿园的精神文化建设，组织开办多种文体娱乐活动，让幼儿教师在繁重的工作中释放自己的压力，劳逸结合减少职业倦怠，体验作为一名幼儿教师的幸福感。幼儿园还应该定期请专业人士对幼儿教师进行心理健康教育讲座，也可以派幼儿教师代表去参加相关活动，关心幼儿教师的心理健康，为幼儿教师减压。

最后，幼儿园要帮助幼儿教师实现自我价值，为他们带来无限的满足感和幸福体验，帮助幼儿教师在工作中获得成就感，促进专业发展。幼儿园管理者要根据幼儿教师不同的能力、性格特征、经验和工作上的需要，进行人员调整，采取"全盘考虑、统一安排、合理调整"的办法为每名幼儿教师安排适合的工作任务，尽量做到人尽其才，发挥幼儿教师的专业能力，提升工作效果。

### 2. 工作职责明确到位，工作量适当

大量的研究表明，繁重的工作任务、紧张的工作时间、超负荷的工作量都会对幼儿教师造成非常大的压力，影响幼儿教师身心健康，降低幼儿教师职业幸福感。因此，管理者安排工作时，应安排适中的工作量，适当的工作量有利于幼儿教师发挥自己的实力，提高工作效率。同时，明确幼儿教师工作职责。每名幼儿教师明确自己的工作任务和职责，有利于减少幼儿教师的角色混乱，可以帮助幼儿教师减轻工作负担，提高幼儿教师的工作效率，也能减少因工作量大而带来的职业倦怠。安排任务时要考虑到幼儿教师教龄、工作经验、能力和职责等。当有高额工作任务时，必须与幼儿教师本人协商，获得幼儿教师的理解。

## （三）幼儿教师自身要树立正确的理念

### 1. 树立良好的工作态度

幸福感毕竟是一个主观体验，作为一名幼儿教师必须要发自真心地热爱幼儿，这

是幼儿教师职业道德的核心。对幼儿充满爱的教师能克服很多不利因素，即使身处恶劣的环境中也能感受到幸福。古今中外不乏有许多客观环境处于恶劣，但仍能在教育生活中感到快乐的教育者，例如，国外的裴斯泰洛奇、夸美纽斯、蒙台梭利等，中国当代的李镇西教师。李老师几十年如一日热爱教育工作，每天坚持写班主任日记，不辞辛劳，把教育当成其终生的事业，并且乐在其中。教师的职业幸福感很大程度上还是取决于教师自身，热爱自己的职业才能从中体验到乐趣。"做最好的教师！是一种平和的心态，也是一种激情的行动；是对某种欲望的放弃，也是对某种理想的追求。"① 良好的工作态度和热情，是成就一名优秀幼儿教师的重要条件。

### 2. 形成职业认同感

幼儿教师这个职业必然有其存在的价值。有位诺贝尔奖获得者曾说过，对他一生影响最大的教育阶段便是幼儿园，幼儿教师的言行对他影响至今。幼儿教师的重要性可见一斑。但是有些幼儿教师却对自己定位错误，认为自己只是幼儿的保姆，从而产生一些对职业的认知偏差，缺乏对自己的职业认同。幼儿教师需要正确认识自己职业的独到之处，要积极参加一些关于教师教育的活动，强化自己的教师职业意识，时刻保持一种作为人民幼儿教师的无上自豪感。热爱自己的职业，拓展专业知识，培养专业情怀，敦实专业信念，还要有亲和力及一颗宽容的心。这样的幼儿教师不但会受到幼儿的欢迎，而且还会在工作中获得成就感，收获教师的职业幸福感。

### 3. 热爱幼儿

对幼儿发自内心的爱，才能从教育幼儿中体验到快乐。要从幼儿身上寻找快乐，要学会欣赏幼儿身上天真无邪的纯真美，平时多与孩子们交流，学会平等地对待每个孩子，发现他们身上的优点，不要打骂幼儿，也不要言语上对幼儿进行攻击，用一颗真诚的心去接纳对待幼儿，幼儿也会同样会以一颗真诚的心来回报幼儿教师。幼儿教师从中收获的是幸福。作为幼儿教师，教育幼儿的过程本身就是一种享受，用心去观察幼儿，对自己的教育事业无怨无悔，这样的幼儿教师才能幸福。

### 4. 拥有健全的心理素质

幼儿教师的职业道德要求幼儿教师必须有健全的心理素质，要学会控制自己的不良情绪，遇到挫折的时候要学会从工作中寻找幸福。如果从以上几个方面着手，该幼儿园的新教师职业幸福感将会得到很大提升。

随着"二孩"政策的开放，幼儿数量急速上升，社会需要上百万名幼儿教师，新教师在幼儿园的比重逐渐上升，教师的职业幸福感直接影响幼儿的身心健康发展，因此研究新教师的职业幸福感至关重要。本研究主要以某市某幼儿园新教师为研究对象，用访谈法和观察法，分析研究影响该幼儿园新教师职业幸福感的主要影响因素，并提出相关对策。研究尚有不足之处，比如尚需大量的量化来实证，对策的针对性还需考量，要深入研究幼儿教师职业幸福感，还有待进一步学习调查。

---

① 李镇西. 爱心与教育：素质教育探索手记 [M]. 桂林：漓江出版社，2004：75-77.

# 第三节  幼儿教师正确专业伦理的树立

随着我国学前教育事业的高速发展，社会对幼儿教师专业能力的要求越来越高。专业伦理作为衡量幼儿教师专业素质的重要指标之一，越来越受到重视。近年来幼儿教师虐童事件频发，更加剧了社会各界对于这一问题的广泛热议。加强幼儿教师专业伦理建设成为制约当前我国幼儿教育发展的大问题。

## 一、幼儿教师专业伦理的内涵及意义

### （一）教师专业伦理

教师专业伦理指的是在自己所从事的专业范围内，如何有效且合理地处理与学生、家长、同事、社区及社会之间的关系，获得被服务对象的一致认同，从而维护其自身专业地位的一套行为规范和行为准则。上述定义要注意以下几个方面：第一，专业伦理从本质上说是如何处理教育教学中所面对的复杂人际关系的问题。幼儿教师的工作对象是活生生的人，是一种"育人""予人"的活动，在传授知识的同时，如何处理与幼儿的关系，如何与家长进行有效沟通，怎样创造良好和谐的同事关系，如何处理自身与社区及社会的关系是衡量其专业伦理的重要指标，是幼儿教师对本行业的理解在实践中的具体表现。第二，专业伦理体现社会对于幼儿教师的期待，一旦教师的某些行为超出预期，就不可避免地会造成矛盾。无论是家长还是整个社会，对幼儿教师的职业操守都会有所期待。幼儿教师在这种社会期待下也会严格要求自己，并且会不断努力提高自己以获得别人对自己的认可。第三，幼儿教师作为服务者，表面上是具有权威的自由人，但实际上在这种复杂的人际交往中则处于劣势。职业道德主要体现在幼儿教师与人际关系的处理上，但是我们应该认识到人际关系的处理要比教授知识更为复杂和多变。没有人能够清楚地告诉一个刚入职的教师具体的细则，他们只能从多年的实践中不断总结经验，学会自控调整。

### （二）幼儿教师专业伦理

幼儿教师专业伦理，是幼儿园教师与幼儿、家长、同事及社会互动时，需要遵守的专业行为规范，借以维持与发展幼儿教师与服务对象的关系，是社会分工条件下为了维护职业声誉，保护职业利益，对幼儿教师进行的伦理约束。[1] 它仅在幼儿教师专业范围内起作用；它的实践主要靠幼儿教师的自律；它要求幼儿教师在服务供求及双方责任关系的基础上，自觉地遵守专业的伦理规范；它与学前教育的知识和技能紧密相连。[2] 总而言之，幼儿教师专业伦理是指幼儿教师在从事幼儿保育教育任务中所应

---

[1] 张杰. 幼儿教师专业伦理困境研究 [D]. 重庆：西南大学，2015：27.
[2] 王小溪. 幼儿园教师专业伦理研究 [D]. 长春：东北师范大学，2013：35.

遵守的一系列行为规范或准则，以及在此基础上所展现的观念和品质，对于规范幼儿教师的专业行为具有指引作用。现如今，我国幼儿教师的专业素质虽然有所提高，但是在幼儿教师教育教学活动中专业伦理失范的现象却频频出现。可见，幼儿教师专业伦理重塑迫在眉睫。

由于幼儿教师面对的教育对象是一群认知能力较弱的特殊群体，他们对幼儿教师的教育行为更多的是被动接受，因此幼儿教师专业伦理显得格外重要。

### (三) 建设幼儿教师专业伦理的意义

当某一行业走向专业化，为了维护其社会地位，获取良好声誉，就必须建立自己专业的内部准则及行业规范。对于学前教育而言，幼儿教师专业伦理建设是当前我国学前教育事业发展的关键性问题，也是社会普遍关注的热点问题。

#### 1. 保护幼儿不受伤害

幼儿教师的工作任务具有示范性和渗透性。幼儿每日生活与教师接触极其密切，沟通频繁，幼儿教师的一言一行都对幼儿产生着深远影响。幼儿身心发展处于初级阶段，自理能力差、辨别能力低、自我保护意识不强，幼儿教师对他们具有很强的权威。当幼儿教师提出要求时，幼儿一般都会服从。因此，进行幼儿教师伦理建设，制定专业伦理规范，对约束幼儿教师行为，提升专业自律具有重要意义。幼儿教师的重要任务是保证幼儿的健康与安全，每一名幼儿教师都应该树立良好的行为准则，明确知道哪些行为可以做，哪些行为坚决不能做。以保护幼儿不受伤害为基本宗旨，树立服务意识，履行专业责任，提升专业自律能力，保障幼儿身心健康。

#### 2. 帮助幼儿教师解决伦理问题

幼儿教师所面临的事情多样且复杂。在多项事务中，与他人的关系是考验其专业伦理的重要指标。每一种关系中幼儿教师所扮演的角色都有所不同，这就需要幼儿教师具有良好的人际沟通能力和随机应变能力。关系的主体都希望幼儿教师能够满足他们的需要与诉求，这无疑是对幼儿教师提出的巨大考验。当一名幼儿乱涂了班级的墙面时，当一名家长询问自己的子女不良行为时，当别人向自己塞红包时，幼儿教师专业伦理可以起到限制幼儿教师行为，引导解决伦理问题方向的作用。缺乏专业的伦理教育，容易使幼儿教师走错路，形成错误失当的伦理行为。因此，幼儿教师专业伦理规范的建设势在必行。

#### 3. 有助于促进幼儿教师专业发展

幼儿教师专业建设意味着幼儿教师成为专业化的从业人员，有了内部的规范与制度。媒体曝光的多起虐童事件是幼儿教师在专业伦理上迷失的体现。建立文本化的专业伦理规范已经成为幼儿教师这一专业团体维护社会声望和名誉，树立良好公众形象的必然之需。幼儿教师专业伦理规范是针对幼儿教师群体制定的，其各项规范反映了幼儿教师的共同价值追求，能够让人们了解幼儿教师的工作性质、内容及教育理念，使人们信赖幼儿教师的专业行为，从而增强幼儿教师自身的职业认同感，推进幼儿教师的专业化进程。[①]

## 二、幼儿教师专业伦理失范

目前，我国对幼儿教师伦理失范的聚焦点主要集中于幼儿教师与幼儿的伦理关系上，对于幼儿教师与家长、园所同事，幼儿教师专业地位与社会关系的探讨还十分匮乏。因为幼儿教师与幼儿的关系是幼儿教师专业伦理关系的核心，也是最受到社会各界广泛关注的问题。我国幼儿教师专业伦理失范主要表现在如下几个方面。

### （一）言语伤害

言语伤害较体罚更具隐蔽性，一般称之为软暴力。对于稚嫩懵懂的幼儿来说，幼儿教师一些消极、带有讽刺挖苦意味的语言对其造成的伤害有可能会持续一生。幼儿与幼儿教师本应是亲密无间的依恋关系、相处融洽的伙伴关系、相互尊重的师生关系，但是由于一些幼儿教师缺乏对于专业伦理的深刻认识，使得在工作中对幼儿不能正确看待，总是以高高在上的姿态命令幼儿，用消极色彩的语言抒发自己对幼儿的不满，如"全班就你不行!""再说话把你嘴巴粘上!""我再也不喜欢你了!"等。正如世界上没有两片完全相同的树叶一样，幼儿也具有明显的个体差异，教师对那些看起来"不乖""不聪明"的幼儿总会用一些带有标签意味的词来评判，这是严重缺乏职业操守的表现。幼儿教师使用这些语言在寻求自我情感"发泄"的同时，伤害的是一颗颗稚嫩的心，是一个个幼儿的尊严，对幼儿心理的隐形伤害不言而喻。

### （二）身体伤害

身体伤害是幼儿教师伦理失范的极端表现，相比言语伤害，幼儿教师对幼儿的身体伤害表现得更为直接和易显。大众传媒对此类问题的报道屡见不鲜，总会将幼儿教师的师德问题推向风口浪尖。越来越多虐童事件的出现，反映出新时期幼儿教师伦理发展提升的迫切。网络透明化、公开化对幼儿教师能够起到警醒的作用，也能够监督规范他们的行为，能不能有效减少类似案件的发生，关键在于幼儿教师自身的责任意识，以及专业伦理的发展。

**案例12**

2016年12月22日，知情人士爆出一段视频：安徽六安霍邱县的一家民办幼儿园，只因为两个孩子跳舞不协调，一名教师先是将一个孩子拽到墙角进行掌掴，结束后又拎着另一名孩子衣服将其摔在一边，并不断用脚踢，随后又多次掌掴，其他幼儿看着老师的行为继续跳舞。

视频一经流出就引起了社会各界的广泛关注，这名老师后被停职。据了解，该园有数百名幼儿，多为留守儿童。

---

① 邓亚玲，阳泽. 论幼儿教师专业伦理的重塑 [J]. 教育探索，2015（8）：24-27.

## 案例 13

2016年11月26日,一段"幼儿园数名员工虐待男童"的视频在网上广泛传播。视频中,一女子将男童放在距离地面约1.5米高的窗框上面,用双手将他向后推,令其呈倒"U"形仰面"搭"在窗框之上。视频中,不断有大笑声传出。

该视频引发网友愤怒,有网友爆料,此事发生在河北深州市大疃幼儿园,视频中的女子均为幼儿园教师。幼儿园已停业整顿,涉事的3名保育员被警方行政拘留。①

幼儿教师是幼儿在入小学前接触最多的成人之一,尽管要求幼儿教师如同父母一般疼爱、宽容孩子有难度,但虐待的状况却是绝对不应出现,不能容忍的。原本是"天使姐姐"却变成了"狼外婆",本该是幼儿信任的人却成为危害其身心健康发展的隐形杀手。幼儿教师拎起的不仅仅是孩子的耳朵,更是他的内心;摔打的也不仅仅是他的身体,更是对幼儿教师的信任与尊重。无论哪一种都会使幼儿受到巨大的伤害,有些时候根本不能弥补。

## 三、幼儿教师专业伦理失当的原因分析

虽然越来越多的虐童事件被报道,但是不能因此就一口认定幼儿教师专业伦理高度迷失,必须客观地看待这一问题。一方面,虐童事件并不是近年来越来越多,而是社会各界对其关注度不断增加,对幼儿教师的监督力度不断增加,使得以前被隐藏的行为得以快速传播,被更多的人所知。这也是使得幼儿教师伦理发展被推上了风口浪尖的重要原因。另一方面,随着学前教育高速发展,幼儿教师大量短缺,幼儿教师的准入标准又相对较低,幼儿入园数量较以前明显增加,也就造成了幼儿教师专业伦理失当行为比例增高。

但是也应认真思考,到底是哪些因素导致部分幼儿教师做出不良行为,找到根源所在,才有利于重拾社会对于幼儿教师的信任,捍卫幼儿教师专业地位。

### (一) 幼儿教师

#### 1. 幼儿教师对于专业伦理认识不足

幼儿教师伦理意识模糊是指在现实情境中对于本专业伦理的概念和专业伦理的内容认识模糊不清。实践调研中发现,部分幼儿教师在日常的活动与教学中,不知道哪些行为是不被允许的,不可以做的,做出这些行为后果的严重性是什么。这就造成了他们只会根据自己的意愿行事,随意表达自己的想法,由此做出一些不得当的行为。当然不能单单凭借这一点便认定部分幼儿教师没有专业伦理,只是表明幼儿教师在实

---

① 新华网. 悬空吓唬、拍照取乐!3幼儿园员工虐待男童[EB/OL]. (2016-11-27)[2017-08-20]. http://www.xinhuanet.com/photo/2016-11/27/C-1119998154.htm.

践中没有从专业伦理的角度去考量自己的行为，专业伦理标准对其行为没有任何约束力。他们成为自由与标准中间的荒原地带。

幼儿教师往往将专业伦理看作维持纪律、规范幼儿行为的小事情，而纪律维持得好不好，幼儿行为有没有达到自己最后的期望结果才是大事情。不注重师幼交往过程，单方面的考虑结果造成了教师"权威"意识的增长，并伴随着伦理意识开始不断丧失。从对一名幼儿教师的访谈中可以清晰地看到这一问题。笔者就幼儿教师有时会用罚站的方式规范幼儿行为，维持班级纪律的问题询问某位老师的看法。这位老师说："现在的孩子都太不好管，一个比一个不听话，你要是给他们太多的笑脸以后就对他没有威慑力了。你要是好好地商量，他们根本不听你说，你要是让他自己一边站着，他还能有点记性。"可见由于幼儿园教师缺乏对专业伦理的认知，在幼儿园情境中，他们的决策更多是一种反应而不是一种反思，更多是直觉而不是理性，更多是例行公事而不是自觉意识。幼儿教师在现实情境中为了较为快速地制止幼儿某种行为，常常会使用语言暴力、直接罚站等方式来解决，其实这是将自己的个人权威凌驾于专业伦理行为之上的表现，是应该商榷的。

### 2. 幼儿教师对于专业伦理敏感性低

幼儿教师的专业伦理敏感性低，是指幼儿教师在一日生活中对于专业伦理的各方面关系认识与理解领悟能力不足，甚至有些时候根本不能觉察自己的行为已经超越了伦理标准的界限。反之，专业伦理敏感性高的幼儿教师能够敏感地意识到伦理价值，并在实践细微之处将其发挥。也许专业伦理敏感性并不能直接导致幼儿教师做出符合专业伦理的行为，但它确实在很大程度上决定着幼儿教师行为前的抉择、行动中的调整及行动后的反思。用专业伦理原则去审视自己与幼儿、幼儿家长、同事等各方面的关系，带着承诺和决心有意地将伦理原则"应用"到对其工作的概念化过程中，无疑是其符合伦理行为开始的前提。

在幼儿园活动中，如果能够明确的感知专业伦理标准的信号，就可以较为及时地制止自己不得当的行为。反之，如果对于专业伦理标准的信号感知能力弱，就意识不到自身行为的不得当之处，在行动中缺少总的行动方向，导致具有很大的随意性。只有具备良好的伦理敏感性才有可能提升自身的专业伦理水平，从而使自己的专业伦理意识得到激发。幼儿教师专业伦理可以划分为三种水平：第一种水平为行其所想，想到什么就去做什么，不对自己的行为做仔细的思考；第二种水平是对于自己的行为有清醒的认识，能够清楚的判断哪些行为是正确的，哪些行为是违背教育原则的，抑或是哪些行为是突破了专业伦理底线的，但是为了达到自己所期望的目标，在踌躇不定中摇摆；第三种水平是理智阶段，能够对自己的行为进行深刻的思考，并利用专业伦理标准对自身行为进行评判。

### 3. 幼儿教师专业化程度不高

幼儿教师职业具有特殊性，面对的是稚嫩的幼儿，他们正处于人生发展的关键期，幼儿教师的一言一行对他们都起着重要的模范作用，对其一生都会产生深远的影响。因此，幼儿教师入职前必须要经过全面系统的训练。这其中不但包括专业知识的学习和专业能力的训练，还应该进行专业道德的培养，这样才能使幼儿教师成为高尚性和不可替代的专业性职业,才能从根本上提升幼儿教师的整体素质。但是随着近年来学前教育事业的高速发展,幼儿毛入学率也逐年增长,幼儿教师数量出现了很大的缺口,为了满足对教师的需求,很多幼儿园不惜降低幼儿教师的准入门槛,一些没有经过专业培训的人员进入幼教队伍,无证上岗的现象在一些地区比较普遍。对于一些没有资质的人员,部分幼儿园也会同意其暂时留下任教,没有专业资质的幼儿教师整体专业素质低,对于幼儿心理、教育知识掌握明显不足,行动缺乏专业知识基础指导,对幼教行业的热爱程度低,若再加之工作压力大、待遇低,常常情绪暴躁。他们甚至还存在一些心理问题,表现为稍有不如意就会对幼儿大喊大叫,为了让幼儿听自己的话会采用恐吓威胁的方式,更有甚者会以体罚幼儿来发泄自己心中的不满等。这些名义上的幼儿教师,从根本上来说无论是从其专业知识、专业能力还是专业素养,都没有达到一名专业幼儿教师的标准。幼儿教师整体专业素养偏低,致使幼儿园教师的专业化程度不高,甚至出现违反幼儿教师专业伦理的极端行为。

## (二) 幼儿园管理

幼儿园管理对教师专业伦理的发展有着重要的影响,应该更重视通过幼儿园这一专业共同体对教师进行专业伦理的教育。幼儿教师专业伦理失当行为的出现,与托幼园所尚未建立全面的监督与评价机制等有关。

### 1. 缺乏对幼儿教师专业伦理的培训

当前,幼儿园越来越重视教师的职后学习,职后培训方式多样。但这些培训大部分针对提高幼儿教师教育教学能力,获取幼儿教师专业知识,还有一些幼儿园为了追求幼儿园"特色"发展,进行一些主题式培训学习,如蒙台梭利教学法、奥尔夫音乐教学等,主要目的是为了幼儿教师能胜任教学。很少有幼儿园开展以提升幼儿教师专业伦理作为目标的培训。这是由于一方面幼儿园管理者没有意识到幼儿教师专业伦理的隐性价值,培训工作表面化;另一方面以专业伦理为目标的培训确实是一项见效慢的长期工作,管理者们总是希望培训的结果具有立竿见影的实效性,而不是作为精神文化性的伦理意识,这就致使在培训目标的选择上陷入功利化的误区。专业伦理规范的形成虽然是一个见效慢的长期工程,但其影响确是深远的,是幼儿园文化的体现。

在幼儿教师的职后培训中,专业伦理内容长期缺失,使幼儿教师这方面的相关知识极度匮乏,他们的伦理意识越发模糊。所以幼儿园的培训中应该有目的地渗入专业伦理内容,抑或是将专业伦理的教育融入知识、技能的培训中,最终力求实现知识、技能与专业伦理的有机统一。

### 2. 缺乏对幼儿教师专业伦理行为的监督与评价

幼儿园中的教师评价制度将关注点集中于教师学历、知识水平及教学技能,而对专业伦理方面并没做出明确规定,也就是说评价幼儿教师课堂表现的时候往往不会将幼儿教师的道德行为作为一个单独的维度进行衡量。例如,在年终评选优秀幼儿教师时,可参考的指标多是教学技能、优秀教案、科研成果、家长评价、平时考勤等方面,但是对于专业伦理的考量所占的比例少之又少。优秀幼儿教师的评选作为一种激励制度，其指标体现幼儿园对专业素质的要求，势必能够引导幼儿教师的行为。专业伦理的指标缺失则加剧了广大幼儿教师对于专业伦理的忽视。

幼儿教师专业伦理评价的建设可以借鉴浙江省的做法——将幼儿教师专业伦理纳入本人档案，做到多方位、多渠道对幼儿教师专业伦理进行评价，同时做到奖惩结合，张弛有度，使专业伦理真正受到幼儿教师的重视和实践。为促进师德师风建设，浙江省建立了学生、家长、社会三位一体的师德评价体系，将教师是否体罚或歧视学生、是否进行有偿家教、教学认真程度等师德情况，都归入本人档案，作为教师资格认定、业绩考核、职称评审、岗位聘用、评优奖励的首要内容，采取不合格者"一票否决"制度。为此，浙江省每学期各级各类中小学和幼儿园都将进行教师师德师风检查，并将其结果纳入相关考核。同时还采取问卷调查、座谈会、教师互评、学校间交叉检查等多种方式，听取家长、学生、社会和教师的意见和建议。

其实相较于幼儿教师专业伦理的评价制度，监督制度在实施上显得尤为困难。一来，因为幼儿教师与幼儿一日活动大多数都处在一个相对独立的空间中，别人很难对幼儿教师的行为进行干涉。再者，教师之间在教育教学和教学机智上面存在着明显不同，很难将一个统一的标准用在教师道德行为的规范上。

### （三）社会因素

现代经济社会充分提倡个人价值、自我实现和个性自由，使传统规范不断遭受冲击与挑战，带来了价值取向的相对主义危机。要想形成统一的幼儿教师专业伦理规范，还需要进一步形成以幼儿教师服务幼儿、责任意识为宗旨的现代幼儿教师专业伦理的思想基础和社会基础，这也是提升幼儿教师专业伦理的重要方面。由于社会的整体状况，使得我国虽然有关于幼儿教师专业伦理的各种论述，但是还没有形成统一的、已获得广大幼儿教师认可的专业伦理规范。幼儿园中每一个人的发展都有赖于他人和整体；幼儿教师对于自己所做的一切都负有不可推卸的个人责任，因而幼儿教师要慎重地抉择和行为；敬畏幼儿的生命和尊严，尊重幼儿生活的独特性与多样性，使每一个幼儿毫无例外地得到符合人性的对待；拒绝暴利和伤害，和幼儿彼此敞开心怀，在交流中消弭彼此之间的分歧，团结一致去解决共同面对的问题。①

## 四、对幼儿教师专业伦理规范建设的建议

面对幼儿园专业伦理出现的问题，各国相继建立了幼儿教师专业伦理标准，但我国尚缺乏一部单独的幼儿教师伦理规范来为幼儿教师的行动提供范本。这也是我国虐童事件频发的重要原因之一。纵观国外的专门性文本，对我国幼儿教师专业伦理规范建设提出如下建议。

### （一）建立专业行规，唤起行业自觉

一般而言，当某一种专业发展到略具社会组织的形态时，一方面就应该制定内部

---

① 王小溪. 幼儿园教师专业伦理研究 [D]. 长春：东北师范大学，2013：63.

规定，要求团体成员遵守，达到行业自治的目的；另一方面专业团体通过制定本行业规范，帮助自己的成员在遇到道德问题时，将专业标准作为判断自己德行的指针，指引自身的实践行为。2010年以来，我国学前教育行业发展快速，规模不断壮大，已经具备了建立本行业专业标准的条件，利用专业标准来规范内部人员的专业行为，获取社会人员的肯定，强化专业性，免除外行人干扰。只有制定行业内部的自律规范，幼儿教师专业伦理才具有实际功用。当然，政府应适当减政放权，给予学前专业组织话语权，使本行业有权制定符合自己的专业伦理规范，监督专业伦理实施的效果，惩戒不良行为，从而唤醒行业自觉，使从业人员通过自身不断努力进取，克服困难处境，更进一步推进规范的修订，做好幼儿教师专业伦理工作。

### （二）关注实践探索，立足行为解困

众观中外优秀的教师专业伦理范本，无不以实践为基底起草，即使后期的修订完善，都是建立在大量的实践研究基础上。因此，一些优秀的教师专业范本能够解决幼儿教师日常工作中出现的种种伦理道德问题，能真正反映事实，解决的方式契合幼儿教师的实际，操作性极强。我国虽没有专业的幼儿教师专业伦理标准范本，但《专业标准》将师德部分作为重要参考。本书第一章中曾进行过详细论述，但是细细品读就会发现，对幼儿教师师德的关注点聚焦于理想的"应然状态"，缺乏一定的实操性。在今后幼儿教师专业伦理标准制定的过程中，要重视行业的自觉，同时在标准的起草、制定、修缮等多个环节，一定要紧紧依托于实践，真正帮助幼儿教师解决实践中遇到的"两难问题"，将解决实际问题视为宗旨，避免空洞说教。这样的专业标准才更具可行性，更具有实践价值。

### （三）厘清内容框架，确保有矩可循

一个好的幼儿教师专业伦理规范，其架构一定是清晰的。从横向来看，立足于教师所面临的人际关系的维度，具体包括幼儿教师与幼儿、家长、同事及社区（会）的关系，形成一个极大的效应网，涵盖了幼儿教师在保育教育中所要面对的所有伦理关系，且就每一维度都有具体而明确的说明。从纵向来看，在内容构成上分为核心价值、理想目标和具体原则，对所涉及的每一种关系都提出了最高的绝对标准和适当的符合最高绝对标准的相对标准，以及达到最高标准和相对标准的具体操作性原则。这些原则中所使用的一些具有明确限定性的或能够清晰界定其行为程度的词语，如"不准""确保""应该""不应该"，都充分考虑了幼儿教师在现实中的可操作性。相比之下，"乐观向上、热情开朗、有亲和力"等过于模糊笼统和宽泛。在发展和完善我国幼儿教师专业伦理规范方面，应厘清幼儿园专业伦理规范中幼儿教师所涉及的伦理关系，并提出明确清晰、可操作的原则性规定，才能让幼儿教师在实际践行中有矩可循。

幼儿教师专业伦理建设是一个漫长而反复的过程，我们将始终在这条道路上不断努力探索。构建全面系统且具有操作性的专业伦理规范，能够促使幼儿教师在专业伦理发展的过程中持续改进，不断发展，而这也是未来我国幼儿教育事业发展的重要因素，应该引起人们足够的重视。通过文书的内在规范，最终转为幼儿教师的行业自觉，这是我国幼儿教师专业伦理发展的必然之路。

# 附　录

## 附录1　关于家长心目中理想幼儿教师形象的调查问卷

尊敬的家长：

您好！

孩子是家庭的希望，民族的希望。他们正处于思想道德品质形成的关键时期，他们的健康成长，直接关系到家庭的幸福和民族的未来。本调查问卷是为了了解家长对于幼儿教师形象的看法和要求，您的回答会为我们提供重要的参考价值。我们将对您做出的回答严守保密准则，谢谢您真诚的配合。请您在选项上打"√"，在空格上填写合适的信息。

1. 您的性别：

    A. 男　　　　　　　　　　　　B. 女

2. 您的孩子今年：

    A. 4周岁及以下

    B. 4~6周岁

    C. 6周岁以上

3. 您是孩子的_____。

4. 您的家庭月收入：

    A. 2000元及以下

    B. 2000~5000元

    C. 5000~8000元

    D. 8000元以上

5. 您认为理想幼儿教师应是女性还是男性？

    A. 女性

    B. 男性

    C. 无所谓

6. 您认为什么体型是理想幼儿教师的体型？

    A. 偏瘦　　　　　　　　　　　B. 体重正常

    C. 偏胖　　　　　　　　　　　D. 无所谓

7. 您觉得幼儿教师应该穿什么款式的衣服最好?
   A. 运动服　　　　　　　　　B. 职业服装
   C. 休闲服　　　　　　　　　D. 无所谓
8. 您认为以下幼儿教师的妆容哪个更好?
   A. 淡妆　　　　　　　　　　B. 浓妆
   C. 不化妆　　　　　　　　　D. 无所谓
9. 您认为以下理想幼儿教师的语言哪项是重要的?（多选）
   A. 说话条理清晰　　　　　　B. 语气温柔
   C. 经常使用鼓励性的语言　　D. 都重要
10. 您认为理想幼儿教师的行为包括什么?（多选）
    A. 动作优雅
    B. 工作认真
    C. 有亲和力
11. 您认为理想幼儿教师的行为还包括哪些?_____
12. 您认为理想幼儿教师内在形象和外在形象哪个更重要?
    A. 内在形象
    B. 外在形象
    C. 一样重要
13. 您觉得幼儿教师的学历水平重要还是工作能力较重要?
    A. 学历水平较重要
    B. 工作能力较重要
    C. 都重要
    D. 无所谓
14. 您认为幼儿教师良好的职业素质很重要吗?
    A. 非常重要　　　　　　　　B. 重要
    C. 一般　　　　　　　　　　D. 无所谓
15. 您认为理想幼儿教师良好的职业素质包括什么?（多选）
    A. 热爱职业
    B. 尊重幼儿
    C. 理解家长
16. 您认为理想幼儿教师良好的职业素质还包括哪些?_____
17. 您认为理想幼儿教师的性格是怎样的?
    A. 内向的
    B. 外向的
    C. 并无好坏之分

18. 您认为理想幼儿教师的健全人格应该具备以下几点?(多选)

   A. 积极的生活态度

   B. 良好的心理素质

   C. 正确的人生观和价值观

   D. 与人为善

19. 您认为理想幼儿教师的健全人格还应具备哪些? _____

20. 您认为幼儿教师必须具备较高的教育教学水平吗?

   A. 必须具备

   B. 最好具备

   C. 无所谓

21. 您认为理想幼儿教师较高的教育教学水平包括什么?(多选)

   A. 较强的教学能力

   B. 具有一定的科学知识

   C. 专业知识过硬

22. 您认为理想幼儿教师的教育教学水平还应具备哪些? _____

# 附录2  幼儿教师的访谈提纲

非常感谢您在百忙之中接受访谈,我们的谈话仅供研究之用。请您根据下面的问题做一些回答,说一些您的看法。

1. 请问您对您的职业有何看法?您喜爱这个职业吗?
2. 请问您在工作中的感受和状态是怎样的?您遇到不愉快时情绪是怎样呢?您对待工作的态度持一种怎样的心态呢?
3. 请问在工作过程中,贵园经常给您提供发展的机会吗?比如,外出学习、培训,或者其他方面的发展机会。
4. 您对贵园的环境满意吗?
5. 您对贵园工资、奖金、福利满意吗?您认为您的付出与您的收入成正比吗?您感到您的工资能满足您的日常生活吗?
6. 您最初是由于什么原因选择做一名幼儿教师呢?是什么促使您现在还在从事幼儿教师这份工作?

## 附录3 编制外幼儿教师的访谈提纲

非常感谢您在百忙之中接受访谈,我们的谈话仅供研究之用。请您根据下面的问题做一些回答,说一些您的看法。

### 一、编制外幼儿教师的基本信息
1. 您的月收入为多少?
2. 您的学历为?
3. 您的教龄为?

### 二、编制外幼儿教师的权利保障问题
1. 您享有多少专业自治权(管理班级和决定课程活动等权利)和学术权力(参加教研等学术活动)?
2. 您是否享有五险一金等社会保障?
3. 幼儿园是否经常组织编制外幼儿教师进行技能比赛?
4. 您所在园如何进行职称评定?

### 三、编制外幼儿教师的社会声望问题
1. 您在与家长交流时他们态度如何?
2. 您周围的人怎样评价编制外的幼儿教师?
3. 您自身如何看待编制外的幼儿教师?

## 附录4 关于幼儿教师职业倦怠状况的调查问卷

尊敬的老师:

您好!

我是学前教育领域的研究者,现在正在做关于幼儿教师职业倦怠的研究,感谢您参与本次调查。本问卷仅用于科学研究,不会用作其他用途,请您放心填写。

1. 请问您的年龄是:
   A. 30岁及以下　　　　　　　B. 30~40岁
   C. 40~50岁　　　　　　　　D. 50岁以上

2. 请问您的教龄是:
   A. 5 年及以下　　　　　　　B. 5~10 年
   C. 10~15 年　　　　　　　　D. 15~20 年
   E. 20 年以上

3. 请问您的学历是:
   A. 中专及以下　　　　　　　B. 大专、本科
   C. 研究生及以上

4. 请问您的月收入是:
   A. 2000 元及以下　　　　　　B. 2000~3000 元
   C. 3000~4000 元　　　　　　D. 4000 元以上

5. 您是否曾经因为工作压力出现过失眠多梦、食欲不振、活动力缺乏的情况:
   A. 很同意　　　　　　　　　B. 同意
   C. 不确定　　　　　　　　　D. 不同意
   E. 很不同意

6. 您是否曾经因为工作压力感到疲劳、烦躁、情绪低落:
   A. 很同意　　　　　　　　　B. 同意
   C. 不确定　　　　　　　　　D. 不同意
   E. 很不同意

7. 您的工作总是能拖则拖:
   A. 很同意　　　　　　　　　B. 同意
   C. 不确定　　　　　　　　　D. 不同意
   E. 很不同意

8. 您是否曾经因为工作压力缩减了原本应该做的工作:
   A. 很同意　　　　　　　　　B. 同意
   C. 不确定　　　　　　　　　D. 不同意
   E. 很不同意

9. 很多家长把幼儿教师当成是看孩子的保姆,尊重老师并非发自内心:
   A. 很同意　　　　　　　　　B. 同意
   C. 不确定　　　　　　　　　D. 不同意
   E. 很不同意

10. 幼儿园工作量繁重,经常需要加班:
    A. 很同意　　　　　　　　　B. 同意
    C. 不确定　　　　　　　　　D. 不同意
    E. 很不同意

11. 您不喜欢幼儿园组织的各种比赛,没有实际意义,走形式而已:
    A. 很同意　　　　　　　　　B. 同意

C. 不确定 D. 不同意
E. 很不同意

12. 您认为您的收入低于劳动付出：
    A. 很同意 B. 同意
    C. 不确定 D. 不同意
    E. 很不同意

13. 社会和家长的高要求让您产生很大压力：
    A. 很同意 B. 同意
    C. 不确定 D. 不同意
    E. 很不同意

14. 由于幼儿园女性教师较多，琐事较多，影响情绪：
    A. 很同意 B. 同意
    C. 不确定 D. 不同意
    E. 很不同意

15. 一些家长提出的一些不切实际的要求会让您产生压力：
    A. 很同意 B. 同意
    C. 不确定 D. 不同意
    E. 很不同意

16. 当您在工作中遇到困难时，能得到同事的帮助：
    A. 很同意 B. 同意
    C. 不确定 D. 不同意
    E. 很不同意

17. 班级孩子太多，班额过大，严重影响您开展各种工作：
    A. 很同意 B. 同意
    C. 不确定 D. 不同意
    E. 很不同意

18. 孩子在幼儿园里出现安全事故，家长大多能通情达理：
    A. 很同意 B. 同意
    C. 不确定 D. 不同意
    E. 很不同意

19. 您担心您会失去工作：
    A. 很同意 B. 同意
    C. 不确定 D. 不同意
    E. 很不同意

20. 在向别人介绍自己时，您以自己是幼儿教师为荣：
    A. 很同意 B. 同意

C. 不确定 　　　　　　　　D. 不同意

E. 很不同意

21. 各种幼儿园里的大型活动常常扰乱您的工作：

A. 很同意 　　　　　　　　B. 同意

C. 不确定 　　　　　　　　D. 不同意

E. 很不同意

22. 幼儿园工作繁重，使您常常无法顾及家人：

A. 很同意 　　　　　　　　B. 同意

C. 不确定 　　　　　　　　D. 不同意

E. 很不同意

23. 您很喜欢和孩子在一起：

A. 很同意 　　　　　　　　B. 同意

C. 不确定 　　　　　　　　D. 不同意

E. 很不同意

24. 当在工作中，您的身心疲惫，职业倦怠感明显时，会选择：

A. 向家人、朋友倾诉

B. 逛街、吃饭、唱歌等放松心情

C. 和同事交流，寻求经验

D. 寻求专业人员的帮助（如心理医生等）

E. 不采取任何消解压力的方式

F. 其他

# 附录5　关于幼儿教师职业倦怠的访谈提纲

非常感谢您在百忙之中接受访谈，我们的谈话仅供研究之用。请您根据下面的问题做一些回答，说一些您的看法。

1. 您在工作中会经常感到疲惫吗？如果有，您认为是什么原因导致的呢？
2. 您认为幼儿教师是一个令人骄傲的职业吗？
3. 您认为幼儿园的人际关系如何？
4. 您认为家长对幼儿教师持什么样的态度？
5. 您希望幼儿园来做一些什么来减轻您工作中的压力？

# 附录6 关于幼儿教师情绪管理现状的调查问卷

本问卷主要针对某市幼儿园教师情绪管理的调查。调查结果仅用于研究，不作为其他所用，感谢各位老师的配合！

1. 我的情绪常常很好。
   ○符合　　○基本符合　　○一般　　○不符合　　○完全不符合
2. 我经常在一天工作中体验到的负面情绪多于正面情绪。
   ○符合　　○基本符合　　○一般　　○不符合　　○完全不符合
3. 我在工作中会努力使自己显得很热情和很投入。
   ○符合　　○基本符合　　○一般　　○不符合　　○完全不符合
4. 情绪不好的时候，我会回避处理一些复杂的问题。
   ○符合　　○基本符合　　○一般　　○不符合　　○完全不符合
5. 当他人表现良好时，我能及时赞扬他。
   ○符合　　○基本符合　　○一般　　○不符合　　○完全不符合
6. 有时生活中发生的不愉快事情会影响我的工作。
   ○符合　　○基本符合　　○一般　　○不符合　　○完全不符合
7. 我认为通过调节情绪可以好转。
   ○符合　　○基本符合　　○一般　　○不符合　　○完全不符合
8. 情绪不佳的时候我不会主动去和他人诉说。
   ○符合　　○基本符合　　○一般　　○不符合　　○完全不符合
9. 面对幼儿时，我会隐藏内心真正的感受。
   ○符合　　○基本符合　　○一般　　○不符合　　○完全不符合
10. 工作时表现出适当的表情和态度，对我而言如同表演。
    ○符合　　○基本符合　　○一般　　○不符合　　○完全不符合
11. 我能用肢体表达自己的情绪。
    ○符合　　○基本符合　　○一般　　○不符合　　○完全不符合
12. 我在工作中感受到的情绪与我表现出的情绪是一致的。
    ○符合　　○基本符合　　○一般　　○不符合　　○完全不符合
13. 心情不好时，为了工作，我会暂时忘掉不快，使自己能够有面对幼儿的心情。
    ○符合　　○基本符合　　○一般　　○不符合　　○完全不符合
14. 请问您的年龄是：
    ○20岁及以下　　　　　　○20~30岁

○ 30~40 岁  ○ 40~50 岁
○ 50 岁以上

15. 请问您的月薪是：
    ○ 1000 元及以下   ○ 1000~2000 元   ○ 2000~3000 元
    ○ 3000~4000 元   ○ 4000 元以上

# 附录 7　关于蒙古族幼儿园双语教师教学能力的调查问卷

尊敬的老师：

您好！

这份问卷的目的是想对自治区蒙古族幼儿园双语教师的教学能力有一个基本了解，希望您能根据自己的实际情况认真思考并坦率地给出您的感受和意见。您的回答无对错之分，信息绝对保密，仅供研究分析之用，您如实回答是我们研究成功的基础。衷心感谢您的支持与协作！谢谢！

## 一、您的基本情况

1. 性别：
   A. 男　　　　　　　　　B. 女
2. 年龄：
   A. 25 岁及以下　　　　　B. 25~35 岁
   C. 35~45 岁　　　　　　D. 45 岁以上
3. 学历：
   A. 中专　　　　　　　　B. 大专
   C. 大学本科　　　　　　D. 硕士
4. 您的职称：
   A. 幼教高级　　　　　　B. 幼教一级
   C. 幼教二级　　　　　　D. 其他（请注明）＿＿＿＿
5. 幼儿园双语教学执教时间：
   A. 1 年及以下　　　　　B. 1~3 年
   C. 3~6 年　　　　　　　D. 6 年以上
6. 上岗前，您是否接受过双语教学知识与技能培训？（没有接受过培训的教师问题 7、问题 8 不用回答）
   A. 是　　　　　　　　　B. 否

7. 上岗前,您所接受的双语专业知识与技能培训时间为:
   A. 不到 1 个月
   B. 1~3 个月
   C. 3 个月以上
8. 上岗前,您接受的双语专业培训内容为(可多选):
   A. 语言知识及语言技能    B. 教育理论
   C. 教学方法及技能       D. 其他

## 二、教师教学能力

1. 在双语教学过程中能否灵活运用母语与汉语:
   A. 是                B. 否
2. 您认为自己汉语的语音语调:
   A. 很标准            B. 基本标准
   C. 不很标准          D. 不标准
3. 您认为自己汉语的语法修辞:
   A. 好                B. 较好
   C. 一般              D. 差
4. 您认为自己的汉语听力能力:
   A. 好                B. 较好
   C. 一般              D. 差
5. 你认为自己的汉语阅读能力:
   A. 好                B. 较好
   C. 一般              D. 差
6. 您认为自己的蒙语语调:
   A. 很标准            B. 基本标准
   C. 不很标准          D. 不标准
7. 您认为自己蒙语的语法修辞:
   A. 好                B. 较好
   C. 一般              D. 差
8. 您认为自己的蒙语阅读能力:
   A. 好                B. 较好
   C. 一般              D. 差
9. 您认为幼儿双语教学的目标是(可多选):
   A. 培养幼儿对语言的兴趣   B. 使幼儿能用双语进行简单交流
   C. 促进幼儿的发展         D. 为幼儿以后的学习打基础
   E. 提高幼儿的竞争力       F. 培养幼儿的多元文化意识

10. 您选择双语教学活动内容的依据是（可多选）：
    A. 教学内容突出、有代表性　　B. 自己的兴趣能力
    C. 幼儿身心发展的特点　　　　D. 蒙语教材
    E. 汉语教材　　　　　　　　　F. 季节、节日及周边环境资源

11. 您常用哪种教学法进行双语教学活动（可多选）：
    A. 游戏教学　　　　　　　　　B. 实物教学
    C. 全身反应法　　　　　　　　D. 情境教学
    E. 儿歌唱诵法

12. 组织双语活动时，您使用过的教学手段主要有（可多选）：
    A. 图片　　　　　　　　　　　B. 实物
    C. 教学模型　　　　　　　　　D. 自制教具
    E. 电教设备

13. 您在编写双语教学教案（单元教学计划）时，总是写：
    A. 详案　　　　　　　　　　　B. 简案
    C. 详、简结合　　　　　　　　D. 时详时简
    E. 不写教案

14. "对于教案的设计我已经形成了自己的风格"，对此，您表示：
    A. 非常同意　　　　　　　　　B. 同意
    C. 不知道　　　　　　　　　　D. 不同意
    E. 很不同意

15. 您经常为幼儿布置整齐、有条理的双语教学环境：
    A. 经常　　　　　　　　　　　B. 偶尔
    C. 很少　　　　　　　　　　　D. 从不

16. 您在进行双语教学活动时，是否经常组织游戏：
    A. 每次组织　　　　　　　　　B. 经常组织
    C. 偶尔组织　　　　　　　　　D. 很少组织
    E. 从不组织

17. 您组织双语教学活动的形式有（可多选）：
    A. 集体活动　　　　　　　　　B. 小组活动
    C. 个别指导　　　　　　　　　D. 其他（请说明）

18. 您能否做到体态语言与双语内容的有机结合：
    A. 完全做到
    B. 不能完全做到
    C. 没做到

19. 您在双语活动中使用汉语的比例是多少？
    A. 80%以上　　　　　　　　　B. 70%～80%

    C. 60%~70%        D. 50%~60%
    E. 50%及以下
20. 幼儿双语教学活动时，您是否使用多媒体教学手段：
    A. 经常使用
    B. 很少使用
    C. 从不使用
21. 您对多媒体教学技术的运用情况：
    A. 很好            B. 好
    C. 一般            D. 不好
    E. 很不好
22. 您是否经常从家庭、社区、自然环境中收集双语教学所需的素材、教具：
    A. 经常            B. 偶尔
    C. 很少            D. 从不
23. 由于双语教学的需要，您是否经常带领幼儿参与与家庭、社区有关的活动：
    A. 经常            B. 偶尔
    C. 很少            D. 从不
24. 双语活动结束后，您能否针对每个孩子的特点对作品做出相应的评价语言：
    A. 经常            B. 有时
    C. 很少            D. 从不
25. 您是否编制过评价工具，如评价问卷、评价表格等：
    A. 是              B. 否
26. 在双语教学活动中，您是否对自己的教学行为感到困惑：
    A. 经常
    B. 有时
    C. 从来没有
27. 当您对自己的双语教学产生困惑时，您会选择以什么方式来对待：
    A. 想想而已，过后就忘了
    B. 先记录下来，等有时间了再说
    C. 记录下来，矫正以后的教学行为
    D. 深入思考，指导今后实践
28. 您进行双语教学反思是为：
    A. 完成幼儿园的规定
    B. 提高自己的教育教学能力，增强自己的专业竞争能力
    C. 满足幼儿的兴趣和需要，更好地促进幼儿的发展
    D. 其他

## 附录8  关于蒙古族幼儿园双语教师教学能力的访谈提纲

非常感谢您在百忙之中接受访谈,我们的谈话仅供研究之用。请您根据下面的问题做一些回答,说一些您的看法。

1. 您认为一名合格"蒙汉"双语幼儿教师应该具备哪些条件和素质?为什么?
2. 您认为目前自己的双语教学能力最需要提高的是哪些方面?
3. 您认为是什么因素影响您教学能力的发展?请说明。
4. 您认为提升蒙古族幼儿双语教师教学能力的有效途径是什么?您所在的上级管理部门及幼儿园有没有采取过相应的措施?请您简单介绍一下情况。
5. 您觉得目前双语授课对您是否有压力?如有,主要来自哪些方面?
6. 为了提高双语教学能力您最想得到哪些帮助和支持?
7. 作为一名双语教师,您在教学中有哪些困惑、难题或让您比较失望的问题?

# 参考文献

[1] 麦凯·M F,西格恩·M. 双语教育概论[M]. 严正,柳秀峰,译. 北京:光明日报出版社,1989.

[2] IRUJO SUZANNE. 双语儿童教学:理念与行为[M]. 董奇,译. 北京:北京师范大学出版社,2006.

[3] 阿拉坦巴根,刘晓明. 幼儿园教师职业压力问卷编制与现状分析[J]. 学前教育研究,2014(2):21-26.

[4] 蔡慧君,雷玉英. 论教师职业倦怠[J]. 教育探索,2004(9):107-108.

[5] 曹艳梅. 基于《幼儿园教师专业标准(试行)》的新手幼儿教师专业素养调查研究[D]. 西安:陕西师范大学,2014.

[6] 昌利娜. 《幼儿园教师专业标准(试行)》解读[J]. 早期教育(教科研版),2012(5):14-17.

[7] 陈冬梅. 我国幼儿教师职业道德规范研究:以武汉市、枣庄市幼儿园为例[D]. 武汉:武汉工程大学,2014.

[8] 陈帼眉. 学前心理学[M]. 北京:北京师范大学出版社,2015.

[9] 陈琦. 当代教育心理学[M]. 北京:北京师范大学出版社,2007.

[10] 陈琴. 农村幼儿教师的生存环境及相关建议[J]. 当代教育论坛,2007(4):22-23.

[11] 陈永明. 教师教育研究[M]. 上海:华东师范大学出版社,2003.

[12] 楚翘. 当前幼儿教师职业道德研究[D]. 齐齐哈尔:齐齐哈尔大学,2015.

[13] 崔海英. 美国以心理学为基础的虐童防控对策探析[J]. 青少年犯罪问题,2013(2):26-31.

[14] 崔丽娜. 美国幼儿教师专业标准研究[D]. 金华:浙江师范大学,2011.

[15] 但汉礼. 中小学体罚或变相体罚现象的特点与成因[J]. 现代中小学教育,2004(2):49-51.

[16] 丁海东. 论我国幼儿教师专业标准的功能定位与内容构架[J]. 中国教师,2011(6):19-21.

[17] 丁巧灵. 顺应课改需要,提高保育员素质[J]. 学前教育研究,2005(2):54.

[18] 丁昀. 幼儿教育管理[M]. 北京:北京师范大学出版社,2001.

[19] 董伟. 国内近十年数字图书馆领域研究热点分析:基于共词分析[J]. 图书情报知识,2009(5):58-63.

[20] 杜学元,王新兵. 社会转型时期我国教师职业声望的现状成因及对策[J]. 内蒙古师范大学学报,2006(3):30-33.

[21] 方燕. 谈幼儿园的赏识与挫折教育[J]. 科技咨询导报,2007(5):111.

[22] 弗兰克·戈布尔. 第三思潮：马斯洛心理学 [M]. 吕明, 等译. 上海：上海译文出版社, 2011.

[23] 夸美纽斯. 大教学论 [M]. 傅任敢, 译. 北京：教育科学出版社, 1999.

[24] 约翰·洛克. 教育漫话 [M]. 傅任敢, 译. 北京：教育科学出版社, 1999.

[25] 高秀红. 幼儿园保育员的现状及对策 [J]. 山东教育, 2004 (12)：45-47.

[26] 顾明远. 教育大辞典 [M]. 上海：上海教育出版社, 1998.

[27] 郭海燕. 幼师虐童的心理原因及对策探析 [J]. 产业与科技论坛, 2012 (9)：142-143.

[28] 郭平. 农村幼儿教师队伍建设现状与对策研究 [D]. 南昌：江西师范大学, 2012.

[29] 郭艳君. 从"虐童"事件谈幼儿园教师心理健康管理 [J]. 科技视界, 2012 (36)：30, 53.

[30] 哈经雄, 藤星. 民族教育学通论 [M]. 北京：教育科学出版社, 2001.

[31] 韩剑平. 中小学体罚和精神虐待现象的原因及对策 [J]. 濮阳职业技术学院学报, 2004 (4)：45-46.

[32] 韩映红. 不同阅读方式下5~6岁幼儿无字图画书阅读的眼动研究 [D]. 天津：天津师范大学, 2013.

[33] 贺敏. 幼儿教师心理健康现状分析 [J]. 西华师范大学学报, 2006 (4)：87-90.

[34] 胡曙东. 我国未成年人保护法的完善：温州虐童案引发的思考 [J]. 湖北民族学院学报, 2013 (7)：97-101.

[35] 华东七省市. 幼儿教育学 [M]. 上海：上海教育出版社, 1993.

[36] 黄建玲. 幼儿园惩罚教育探究 [J]. 幼儿教育, 2007 (18)：19-20.

[37] 黄瑾. 幼儿园教育活动设计与指导 [M]. 上海：华东师范大学出版社, 2007.

[38] 黄荣. 幼儿教师的职业道德研究 [D]. 长沙：湖南师范大学, 2014.

[39] 黄媛媛. 加拿大幼儿教师队伍建设研究 [D]. 重庆：西南大学, 2014.

[40] 黄志斌. 幼儿园科学管理的几个问题 [J]. 教育导刊, 1999 (s6)：19-20.

[41] 姬生凯. NAEYC幼儿教师伦理操守准则与承诺声明的演进与启示 [D]. 金华：浙江师范大学, 2014.

[42] 季彩君. 中小学教师非理性行为研究 [D]. 上海：华东师范大学, 2004.

[43] 简楚瑛. 幼儿教育与保育的行政与政策：英、美、澳篇 [M]. 上海：华东师范大学出版社, 2005.

[44] 蒋亚莉. 教师体罚学生引发的反思 [J]. 科教文汇, 2009 (12)：16-17.

[45] 教育部基础教育司. 教师专业化的理论与实践 [M]. 北京：人民教育出版社, 2002.

[46] 教育部基础教育司.《幼儿园教育指导纲要（试行）》解读 [M]. 南京：江苏教育出版社, 2001.

[47] 金光发. 腾冲县农村幼儿教师队伍建设初步研究 [D]. 昆明：云南师范大学, 2011.

[48] 靳婷婷. "虐童"现象所反映出的幼师心理健康问题 [J]. 教育观察, 2012 (10): 7-9.

[49] 康建琴. 幼儿教师专业能力标准框架的初步构建 [J]. 继续教育研究, 2007 (3): 109-111.

[50] 冷启中. 教师必备的十大职业精神 [M]. 长春: 吉林大学出版社, 2010.

[51] 李浩泉. 幼儿情绪你关注了多少 [J]. 教育导刊(下半月), 2007 (6): 33.

[52] 李辉. 幼教改革对幼儿教师现有素质结构的冲击及有关对策 [J]. 学前教育研究, 2004 (5): 48-49.

[53] 李季湄, 肖湘宁. 幼儿园教育 [M]. 北京: 北京师范大学出版社, 1997.

[54] 李季湄, 夏如波.《幼儿园教师专业标准》的基本理念 [J]. 学前教育研究, 2012 (8): 3-6.

[55] 李君. 对当前幼儿园保育工作问题及对策的思考 [J]. 学前教育研究, 2004 (4): 80-82.

[56] 李丽, 蔡迎旗, 张维春. 试论我国公办幼儿园的地位与作用 [J]. 幼儿教育, 2010 (s3): 48-52.

[57] 李梅. 幼儿园"虐童"事件探析 [J]. 山东警察学院学报, 2013 (3): 79-88.

[58] 李美善, 金春德. 双语教育: 民族幼儿教育的一个重要环节——朝鲜族幼儿双语教育研究报告 [J]. 中国民族教育, 2006 (10): 21-23.

[59] 李娜, 张冉. 我国幼儿教师队伍建设之现存问题与对策思考 [J]. 中国成人教育, 2011 (11): 26-27.

[60] 李生兰. 学前教育学 [M]. 上海: 华东师范大学出版社, 2006.

[61] 李香. 浅谈农村幼儿园保育工作存在的问题及对策 [J]. 湖南工业职业技术学院学报, 2011 (5): 143-145.

[62] 李向玲. 延安市农村幼儿教师队伍建设问题研究 [D]. 延安: 延安大学, 2012.

[63] 李晓钦. 浅谈教师体罚学生现象的成因及对策 [J]. 科学咨询, 2008 (7): 25.

[64] 李颖, 李敏. 农村幼儿教师队伍现状问题及其发展对策 [J]. 安庆师范学院报, 2010 (9): 122-126.

[65] 李镇西. 爱心与教育: 素质教育探索手记 [M]. 桂林: 漓江出版社, 2004.

[66] 梁涛. 重提惩罚教育 [J]. 教育理论与实践, 2007 (6): 57-60.

[67] 林聚任. 社会网络分析: 理论、方法与应用 [M]. 北京: 北京师范大学出版社, 2009.

[68] 林少玲. 幼儿园保育员专业化成长的策略浅析 [J]. 学前教育研究, 2007 (8): 108-110.

[69] 林伟红. 长沙市幼儿英语教师专业素质现状研究 [D]. 长沙: 湖南师范大学, 2008.

[70] 林正范. 对教师行为研究的认识 [J]. 教师教育研究, 2006 (2): 23-26.

[71] 刘春霞. 教师体罚学生的危害及其对策研究 [J]. 教育与职业, 2006 (11): 185-186.

[72] 刘杭玲, 苏正旺. 中小学校体罚现象的调查与分析 [J]. 中国教育学刊, 1997 (3): 59-62.

[73] 刘晶波, 丰新娜, 李娟. 1996—2006 年我国学前教育领域研究方法的运用状况与分析: 基于三所高校硕士、博士学位论文的研究 [J]. 学前教育研究, 2007 (9): 15-23.

[74] 刘晶波, 孙永霞, 王磊. 1996—2006 年我国学前教育领域关于"教师选题"的研究状况与分析: 基于三所高校硕士、博士学位论文的研究 [J]. 学前教育研究, 2007 (10): 13-20.

[75] 刘晓东. 儿童文化与儿童教育 [M]. 北京: 教育科学出版社, 2006.

[76] 柳静. 幼儿喜欢什么样的教师 [J]. 幼儿教育, 2006 (17): 7.

[77] 卢佳鑫. 幼儿园软暴力的现状及对策研究 [D]. 石家庄: 河北师范大学, 2015.

[78] 卢乐山, 林崇德, 王德胜. 中国学前教育百科全书: 教育理论卷 [M]. 沈阳: 沈阳出版社, 1995.

[79] 罗树华, 李洪珍. 教师能力学: 修订版 [M]. 济南: 山东教育出版社, 2000.

[80] 罗旭. 关注农村幼儿教师的生存状态 [N]. 光明日报, 2010-03-06 (10).

[81] 吕国光, 王嘉毅. 中小学教师新课程信念的调查研究 [J]. 当代教育科学, 2004 (13): 33-35.

[82] 马春燕. 教师语言暴力对师生关系的影响 [D]. 成都: 四川师范大学, 2009.

[83] 马克斯·范梅南. 教学机智: 教育智慧的意蕴 [M]. 李树英, 译. 北京: 教育科学出版社, 2001.

[84] 马莉. 浅析幼儿园保育工作被轻视的原因 [J]. 沧桑, 2014 (5): 153-155.

[85] 马晓雯. 中学教师语言暴力问题分析和对策研究: 以 X 中学为个案 [D]. 重庆: 西南大学, 2014.

[86] 孟淼. 幼儿教师队伍现状分析及对策研究 [D]. 青岛: 青岛大学, 2012.

[87] 孟云. 幼儿园双语教育研究: 基于昆明市幼儿园英语教育调查 [D]. 昆明: 云南师范大学, 2006.

[88] 孟昭兰. 普通心理学 [M]. 北京: 北京师范大学出版社, 1994.

[89] 庞丽娟. 《幼儿园教师专业标准》的研制背景、指导思想与基本特点 [J]. 学前教育研究, 2012 (7): 3-6.

[90] 庞丽娟. 教师与儿童发展 [M]. 北京: 北京师范大学出版社, 2003.

[91] 彭兵, 邱安娜, 陆楚生. 区域性幼儿教师专业标准的探索与思考: 以武汉市幼儿教师专业标准的编制为例 [J]. 学前教育研究, 2011 (3): 25-29.

[92] 乔建中. 情绪研究 [M]. 南京: 南京师范大学出版社, 2003.

[93] 秦晓智. 大学教师教学能力及其培养研究 [D]. 长沙: 湖南大学, 2006.

[94] 邱桂萍. 关于学前双语(汉英)教学语境中的第二语言教学问题探讨 [D]. 武汉: 华中师范大学, 2008.

[95] 邱均平, 邹菲. 关于内容分析法的研究 [J]. 中国图书馆学报, 2004 (2): 12-17.

[96] 饶淑园. 幼儿教师职业能力结构的理论构想 [J]. 江西师范大学学报, 2002 (4): 111-113.

[97] 桑青松. 小学教师语言暴力成因及消解对策 [J]. 教育科学研究, 2007 (12): 54-56.

[98] 沙鑫冲, 邵明星. 幼儿园虐童事件频发的缘由及对策分析 [J]. 现代中小学教育, 2013 (11): 84-86.

[99] 沈堰奇. 提高高师幼教师资培养质量的思考: 重读"艺友制"的启示 [J]. 成都中医药大学学报, 2008 (4): 63-65.

[100] 师国霞. "我"的教育信念 [D]. 西安: 陕西师范大学, 2014.

[101] 时丽. 当前我国幼教师资培养存在的问题及对策: 以中等幼儿师范改革为例 [D]. 济南: 山东师范大学, 2005.

[102] 宋晶晶. 幼儿教师威胁性语言研究 [D]. 武汉: 华中师范大学, 2013.

[103] 宋寅喆. 我国农村幼儿教师培训需求现状与对策研究 [D]. 上海: 华东师范大学, 2012.

[104] 孙彩霞. 中小学教师语言暴力问题研究 [D]. 开封: 河南大学, 2008.

[105] 孙雅婷. 幼儿教师流动与幼儿园管理的相关研究 [D]. 武汉: 华中师范大学, 2010.

[106] 孙亚玲. 课堂教学有效性标准研究 [D]. 上海: 华东师范大学, 2004.

[107] 唐建忠. 我国幼儿教育体系的反思与重构: 从幼儿园虐童事件谈起 [J]. 宜宾学院学报, 2013 (8): 113-116.

[108] 唐志龙. 虐童事件频发的分析与反思 [J]. 法学研究, 2012 (5): 124-126.

[109] 涂阳慧. 对我国幼儿园教师培训现状的思考与展望 [J]. 幼儿教育, 2007 (12): 21-23.

[110] 万明钢, 邢强, 李艳红. 藏族儿童的双语背景与双语学习研究 [J]. 民族教育研究, 1999 (3): 29-32.

[111] 汪海彬. 职前教师情绪觉察的特点及优化 [D]. 上海: 上海师范大学, 2013.

[112] 王斌华. 双语教育与双语教学 [M]. 上海: 上海教育出版社, 2003.

[113] 王丹丹. 幼儿教师职业道德规范建设研究: 以发展的视角 [D]. 齐齐哈尔: 齐齐哈尔大学, 2014.

[114] 王欢. 昆明市幼儿教师职业倦怠研究 [D]. 重庆: 西南师范大学, 2005.

[115] 王萍, 曹蕊, 秦姜艳. 幼儿园教师职业压力来源及其应对策略 [J]. 学前教育研究, 2015 (4): 58-63.

[116] 王少妮. 美国幼教师资职前培养体系研究 [D]. 成都: 四川师范大学, 2008.

[117] 王书荃. 学校心理健康教育概论 [M]. 上海: 华夏出版社, 2005.

[118] 王松云. 小学教师情绪觉察的实证研究 [D]. 上海: 上海师范大学, 2013.

[119] 王卫东. 教师职业信念问题初探 [J]. 华东师范大学学报(教育科学版), 2000 (4): 8-13.

[120] 王卫国. 基于专业标准的幼儿教师情绪管理对策探析 [J]. 教育探索, 2015

(1): 37-40.

[121] 王宪平. 课程改革视野下教师教学能力发展研究 [D]. 上海：华东师范大学，2006.

[122] 王雪芹. 浅谈农村幼儿教师队伍的建设 [J]. 中国成人教育，2010 (2): 72-73.

[123] 王亚凤. 美国幼儿教师专业标准研究 [D]. 上海：华东师范大学，2011.

[124] 王以仁. 教师心理卫生 [M]. 广州：广东世界图书出版公司，2003.

[125] 王茝. 幼儿教师道德评价标准探析 [J]. 中国成人教育，2010 (2): 25-26.

[126] 位新丽. 小学数学双语教师基本素质的研究 [D]. 济南：山东师范大学，2007.

[127] 魏淑华，王琦. 幼儿教师职业道德的基本特征与维度构建 [J]. 济南大学学报：社会科学版，2014 (4): 60-64.

[128] 吴卉卉，王凌. 幼儿教师"虐童"行为的原因分析及对策 [J]. 临沧师范高等专科学校学报，2013 (9): 81-85.

[129] 吴伟俊. 幼儿园保育工作中存在的问题及对策 [J]. 幼儿教育，2003 (12): 46-47.

[130] 吴小贻. 教师专业自主权的解读及实现 [J]. 教育研究，2006 (7): 52-55.

[131] 吴夷雯. 儿童文化与成人文化 [J]. 少年儿童研究，2011 (2): 34-37.

[132] 吴夷雯. 论幼儿教师形象自觉 [D]. 桂林：广西师范大学，2011.

[133] 吴泽. 关于虐童事件的几点思考 [J]. 法制与社会，2014 (3): 91-92.

[134] 武林. 中小学体育课中体罚现象探析 [J]. 教学与管理，2006 (15): 44-45.

[135] 现代汉语词典 [Z]. 北京：商务印书馆，2002.

[136] 辛涛，申继亮. 论教师的教育观念 [J]. 北京师范大学学报，1999 (1): 14-19.

[137] 徐波. 特殊教育幼儿教师教学反思的个案研究 [D]. 重庆：重庆师范大学，2009.

[138] 徐慧艳. 4~6岁幼儿心目中的幼儿教师形象研究 [D]. 武汉：华中师范大学，2013.

[139] 徐珊璐，吴婷. NAEYC儿童教师伦理操守准则与承诺声明的核心价值观述评 [J]. 教育文汇，2015 (11): 23-25.

[140] 闫伟鹏. 农村幼儿教师的生存状态的叙事研究 [D]. 重庆：西南大学，2010.

[141] 阎岩. 幼儿园保育 [M]. 北京：北京师范大学出版社，2001.

[142] 杨兵. 重庆市农村幼儿教师专业素养现状研究 [D]. 重庆：西南大学，2010.

[143] 杨飞龙，张尧. 《幼儿园教师专业标准》定位下的幼儿教师角色 [J]. 教育探索，2014 (8): 101-102.

[144] 杨礼. 学前教育专业师范生师德教育问题探究：以成都大学为例 [J]. 高教学刊，2016 (10): 224-225.

[145] 杨莉君，周玲. 农村幼儿教师生存状态的研究：以中部四省部分农村幼儿教

师为例 [J]. 教师教育研究, 2010 (5): 27-31.

[146] 杨文婧, 胡海兰. 幼儿园保育员研究综述: 基于近二十年我国期刊论文的分析 [J]. 早期教育 (教师版), 2008 (1): 11-13.

[147] 叶丽. 重庆幼儿教师专业能力的现状调查研究 [D]. 重庆: 西南大学, 2008.

[148] 易凌云. 美国优秀幼儿教师专业标准及其启示 [J]. 学前教育研究, 2008 (10): 42-46.

[149] 银小贵. 园本教研促进幼儿教师专业成长的研究 [D]. 长沙: 湖南师范大学, 2009.

[150] 余国良. 反思型教师的自我培养 [J]. 中国教育学刊, 2009 (1): 55-57.

[151] 余珍有. 教师的交际行为研究: 幼儿园教师语言的语用学分析 [D]. 南京: 南京师范大学, 2004.

[152] 虞永平, 王春艳. 学前教育学 [M]. 北京: 高等教育出版社, 2012.

[153] 袁爱玲, 单文顶. 身份重构: 提高农村幼儿教师地位之路径 [J]. 当代教育论坛, 2015 (3): 52-59.

[154] 袁爱玲. 对未来社会幼儿教师素质与能力的透视 [J]. 教育导刊, 1997 (1): 12-14.

[155] 展秀萍. 幼儿教师形象及其建构 [D]. 兰州: 西北师范大学, 2013.

[156] 张凤, 刘云艳. 教师不良心理素质对幼儿的消极影响 [J]. 幼儿教育, 2005 (19): 40-41.

[157] 张娟. 教师职业倦怠的危害及对策 [J]. 当代教育论坛, 2011 (10): 35-36.

[158] 张君. 浅谈当前形势下幼儿教师素质的提高 [J]. 剑南文学, 2012 (11): 397.

[159] 张丽娟, 张炜, 张丽玲. 幼儿教师生存状态的国内研究综述 [J]. 现代交际, 2012 (10): 156.

[160] 张莉萍. 健康心理的标志之一: 幼儿良好情绪的养成 [J]. 教育导刊, 2005 (2): 24-26.

[161] 张世萍, 魏勇刚, 牟映雪. 幼儿教师归因方式对其职业倦怠的影响 [J]. 学前教育研究, 2012 (8): 50-54.

[162] 张婷. 小学教师体罚现象研究 [D]. 长沙: 湖南师范大学, 2011.

[163] 张晓辉. 幼儿教师的社会地位 [J]. 学前教育研究, 2010 (3): 55-57.

[164] 张雪梅. 教师语言暴力调研报告 [J]. 中国教师, 2006 (6): 51-54.

[165] 赵丽君. 从"虐童"事件看幼儿教师的师风师德建设 [J]. 科教导刊, 2013 (12): 50, 102.

[166] 赵志荣. 培养幼儿活泼开朗的性格 [J]. 山东教育, 2006 (s6): 101-102.

[167] 郑日昌, 崔丽霞. 二十年来我国教育研究方法的回顾与反思 [J]. 教育研究, 2001 (6): 17-21.

[168] 中国教育报评论员. 教师要时刻铭记教书育人的使命 [N]. 中国教育报, 2014-05-17 (1).

[169] 周安民. 幼儿教师队伍建设存在的问题及其对策研究 [D]. 重庆: 重庆师

范大学，2012.
[170] 周洪万. 教师职业压力的自我调控［J］. 成都教育学院学报，2004（3）：24-26.
[171] 朱佳梅. 我国幼儿教师聘任制度的研究［D］. 武汉：华中师范大学，2010.
[172] 朱新民. 体罚的危害与防治［J］. 江苏教育研究，2008（3）：58-61.
[173] 朱智贤. 心理学大辞典［M］. 北京：北京师范大学出版社，2003.
[174] 邹竹林，丁道群. 进化心理学视角下的情绪管理［D］. 长沙：湖南师范大学，2013.

# 后　记

　　幼儿教师既要有为人师表、以身作则、循循善诱、诲人不倦等师德的规范，又要有良好人格、天赋耐心、高尚情操。我国学前教育泰斗陈鹤琴先生在《怎样做人民的幼稚园教师》一文中写道："热爱儿童是做一个优秀教师的起码条件。"他说："一个热爱儿童的教师，他是全心全意地为儿童谋幸福，继续不断地改进自己的工作的。反之，一个不热爱儿童的教师，他是不会时时刻刻想到如何指导儿童的生活，如何使儿童得到合理的教养的。"纵观前辈的教育理念，我们要树立良好的价值取向，强化良好师德，以促进幼儿健康成长。

　　关于一名幼儿教师应该树立什么样的价值取向，以何种价值观念引导他的行为，一直以来是我们关注的重点。我认为，幼儿教师应该修研自己的德行，磨炼自己的专业素养，增强自己的专业认同感，体会自己的幸福感。只有做到这些，才能拥有正确的价值取向，才能在工作中成为一名受人尊敬、自我幸福成长的教育者。因此，撰写了本书，希望通过梳理一些问题，使部分一线教师能有所感悟。

　　诚然，部分专家也就此问题展开过一些有层次与高度的理论阐释。但是，专家的理论也同样存在学科壁垒的局限性，况且教学实践是动态万变的。这就促使我的论述在忠于专家理论的同时，更具有实践性。通过对一线教师进行调研，将获得内容加工、内化、重构，这远比直接套用别人的理论或是别人的说辞更具有价值。作为一名长期接触幼儿园一线的高校教师，我的优势是看到并理解了一线教师的所思所想。这些所思所想的实践因为鲜活而真实，对于本研究具有重要的现实价值。

　　正是上述想法支撑我完成了书稿的撰写。在整理完书稿时，我也曾一度犹豫不自信。一方面，由于缺少系统的过程与深层的归纳，观点的表达好像"什么都是，又什么都不是"；另一方面，作为一名基层的学前教育工作者，侧重于教学实践层面的研究，总觉得理论层次稍浅显。然而，再次阅读书稿，我又燃起希望，因为那是我想说的，想表达的感想。书稿中也有一些前人写过的内容，有时也有"吃了别人嚼过的馒头没有味道"之感，或有一种"班门弄斧"之嫌。但一个教育信念始终支撑着我，那就是我不断努力循序上进的学术研究目标。更为重要的是，作为一名教师，在研究的过程中对自身生命发展的历练。历练就有不足的地方，同时也才能有所提升，在借鉴、吸收别人观点的同时，又有自己的思考。两者的结合不就是恰到好处吗？研究的路还很长，我希望通过自我表达向别人呈现我的想法、我的感悟，希望通过别人来反观自己的不足，激励自己在学前教育研究的道路上走得更远、更长。我想，这就是我撰写本书的价值所在吧！

　　最后，我要衷心感谢支持和帮助我的专家，感谢领导的指点和同行的帮助与鼓励。

何　菲<br>
2017 年 9 月 23 日于家中